CONTES

DE LA VEILLÉE

PARIS. — IMP. SIMON RAÇON ET COMP., RUE D'ERFURTH, 1.

CONTES

DE LA VEILLÉE

PAR

CHARLES NODIER

DE L'ACADÉMIE FRANÇAISE

> Permettez aux petits de venir, car il
> n'y a pas de danger pour eux à écouter
> mes récits, et vous me connaissez assez
> pour me croire.　　　CH. NODIER.

PARIS

CHARPENTIER, LIBRAIRE-ÉDITEUR

28, QUAI DE L'ÉCOLE

1868

AVERTISSEMENT.

« Après le plaisir d'entendre des contes, a dit Nodier, il n'en est pas de plus doux que d'en raconter. » C'est qu'en effet Nodier racontoit si bien! « Quand il parloit, dit à son tour l'un de nos maîtres dans l'art de narrer, tout le monde écoutoit, petits enfants et grandes personnes. C'étoit tout à la fois Walter Scott et Perrault, c'étoit le savant aux prises avec le poëte, c'étoit la mémoire en lutte avec l'imagination. Non-seulement alors Nodier étoit amusant à entendre, mais encore Nodier étoit charmant à voir. Son long corps efflanqué, ses longs bras maigres, ses longues mains pâles, son long visage plein d'une mélancolique bonté, tout cela s'harmonioit avec sa parole un peu traînante que moduloit, sur certains tons ramenés périodiquement, un accent franc-comtois que Nodier n'a jamais entièrement perdu. Oh! alors le récit étoit chose inépuisable, toujours nouvelle, jamais répétée. Le temps, l'espace, l'histoire, la nature étoient pour Nodier cette bourse de Fortunatus d'où Pierre Schlemill tiroit ses mains toujours pleines[1]. »

Que de récits aimables se sont envolés ainsi des lèvres du conteur comme des oiseaux qui ne doivent plus retrouver leur nid! Que de fantaisies charmantes qui n'ont laissé de traces que dans la mémoire des visiteurs fidèles admis à l'intimité des soirées de l'Arsenal! que de choses gracieuses perdues sans retour, sans que la plume les ait jamais fixées, « causeries vives et piquantes, bons mots ingénieux, satires innocentes, souvenirs, histoires, inventions, tout Nodier enfin, censeur plus calme, plus simple, mais non pas moins abondant et moins écouté que Diderot[2]! »

[1] Alexandre Dumas, *La Femme au collier de velours*, III, l'Arsenal.
[2] Charles Nodier, par Jules Janin, en tête de *Franciscus Columna*. Paris, 1844, 1 vol. gr. in-16.

Heureusement pour le public qui ne pouvoit l'entendre, Nodier, pour se délasser de vivre, amusoit son imagination en écrivant des contes. Il ne songeoit pas, lui si modeste et si peu inquiet de ses œuvres, à les présenter au public dans la toilette d'un volume d'apparat, et il semble qu'il n'appartenoit pas à cette époque où, comme il l'a dit lui-même, les hommes de génie étoient fort occupés de leur gloire et les hommes d'esprit de leur fortune. Il éparpilloit ses récits dans les *revues,* dans les *keepseakes,* dans les *feuilletons,* puis il les oublioit, et cependant, à côté de ses *nouvelles,* de ses *romans,* de ses *souvenirs de jeunesse,* il y avoit là dans un cadre plus étroit, et souvent en quelques pages, de véritables petits chefs-d'œuvre, miniatures charmantes auprès de tableaux plus vastes et non moins charmants, où se retrouvent, à un degré supérieur, les qualités distinctives de l'auteur, le style, la sensibilité, la grâce.

Une partie des *contes* de Nodier a déjà paru dans cette *bibliothèque;* mais lorsqu'il s'agit d'une édition définitive, lorsque la mort a frappé un écrivain d'élite, et que désormais aucune page, aucune ligne ne doit s'ajouter à ses œuvres terminées avec la vie, il est du devoir d'un éditeur de recueillir avec un soin religieux cet héritage sacré de l'esprit qui appartient à la postérité tout entière. Il restoit à rassembler ces pages errantes, « à ramener au bercail, comme l'a dit M. Jules Janin, ces brebis vagabondes que le berger n'a pas eu le temps de réunir faute d'un chien de garde, et seulement alors on pourra juger quel étoit cet homme d'une imagination si fraîche, d'une science si charmante. » Nous avons cherché de toutes parts pour tout réunir, et notre moisson faite, nous avons choisi et rangé dans un même ordre bibliographique les compositions qui appartiennent à un même genre. Nous avons de la sorte établi parmi les *contes* plusieurs séries, et nous les offrons au public, classés comme l'auteur l'eût fait lui-même, s'il s'étoit donné la peine de rassembler, pour former son écrin, les perles qu'il avoit semées sur sa route, avec l'insouciante prodigalité d'une richesse inépuisable; car nous avions, pour nous guider dans ce travail, la volonté et les indications de l'auteur lui-même, ce maître dans l'art des préfaces, attachant pour ainsi dire une préface à chacune de ses histoires, et prévenant le lecteur ou l'éditeur qu'il s'agit, tantôt d'un *conte fantastique,* tantôt d'un *conte moral,* tantôt d'un *conte de la veillée.*

Initié par une lecture immense à tous les trésors des littératures étrangères et aux trésors oubliés de la littérature françoise, Nodier sait les trouvères, le Pogge, Rabelais, Cazotte, Chaucer, Prior, Hoffmann, Tieck, Voltaire et Gœthe; et cependant à côté de tant de maitres il garde une place tout à fait à part, et conserve un cachet particulier. Pour surprendre à Rabelais les secrets de son étonnant langage, il copie trois fois de sa main *Pantagruel* et *Gargantua*, et de cette étude, que le cynisme élevé à la puissance du génie rend souvent périlleuse, il ne garda qu'un sentiment finement railleur, mais encore bienveillant. Il en est de même de ses études sur l'Allemagne; il reste Athénien dans ses voyages chez les Scythes, et l'inspiration germanique, en touchant avec lui la terre françoise, échange sa bizarrerie native contre une gracieuse originalité.

Écrits à de longues distances, dispersés de toutes parts, les *Contes de la Veillée* se rattachent néanmoins dans leur variété multiple à un ordre de sentiments et de pensées qui sont comme le fonds inaliénable du talent de Nodier. Dans les *Souvenirs de la Révolution*, il se range de préférence du côté des vaincus et des victimes. Dans les *Contes de la Veillée,* il se passionne pour *Jean-François-les-Bas-Bleus,* le pauvre idiot de Besançon; pour *Baptiste Montauban*, le rêveur attristé, à la blanche et gracieuse figure : *Jean-François* et *Baptiste,* les pauvres d'esprit de l'Évangile, que la société repousse parce qu'ils vivent absorbés dans leurs rêves, l'un regardant le ciel, l'autre nourrissant des oiseaux, et que Nodier adopte comme des amis parce qu'ils sont inoffensifs et doux, et que la bonté peut-être vaut mieux que la raison! Dans *Lidivine*, dans *les Aveugles de Chamouni*, il nous intéresse encore à ces humbles destinées, ignorées du monde, et sanctifiées par la souffrance ou le dévouement. Écrivain politique, il flétrit avec éloquence les cruautés des partis; conteur, il reprend, à propos d'*Hélène Gillet*, son éloquent plaidoyer en faveur de l'abolition de la peine de mort; car nous devons rappeler à sa gloire qu'il fut chez nous l'un des premiers écrivains qui préparèrent la révolution contre l'échafaud. La beauté, la vertu éveillent en lui des sympathies mystérieuses. Pour peindre la nature, les champs, la jeunesse, les fleurs, il sait des mots frais comme la jeunesse et gracieux comme les fleurs, et son imagination s'attendrit sans cesse de la mélancolie du poëte. Quand l'art, infidèle à sa mission, semble trop souvent de nos jours s'attacher à la reproduction des types flétris, il est doux de retrouver dans une lecture intéressante des sentiments honnêtes, et de se sentir attiré vers l'écrivain par son cœur autant que par son esprit. Ces sentiments, cette chaleur du cœur sont partout dans Nodier avec le bon sens et la simplicité. Il est irréprochable dans sa pensée comme dans son style, et il le sentoit si bien lui-même, qu'il nous a donné dans cette phrase l'épigraphe de ce volume : « Permettez aux petits de venir, car il n'y a pas de danger pour eux à écouter mes récits, et vous me connaissez assez pour me croire. »

Dans ses *contes*, ainsi qu'aux soirées de l'Arsenal, Nodier parcourt le temps, l'histoire et la nature, et passe sans effort du récit le plus simple aux fictions les plus élevées. Le volume, qui s'ouvre par un feuilleton charmant, se termine par un apologue où la poésie et la philosophie s'élèvent en se confondant à une égale hauteur. Le sentiment de la réalité, qui se mêle partout aux inventions des récits, leur donne une saveur nouvelle, et l'auteur atteint sans effort un but difficile ; il amuse, il intéresse, et souvent il fait penser. Nous n'insisterons pas, car cette œuvre se recommande assez d'elle-même, et, en présentant les *Contes de la Veillée* aux personnes qu'attire le charme des douces lectures, nous ne pouvons mieux faire que de répéter ces paroles de Nodier : « Vous craignez l'ennui des spectacles, vous craignez surtout l'ennui des salons ; c'est le cas de faire chez vous un grand feu, bien clair, bien vif et bien pétillant ; de baisser les lampes devenues presque inutiles ; d'ordonner à votre domestique, si par hasard vous en avez un, de ne rentrer qu'au bruit de la sonnette, et ces dispositions prises, je vous engage à raconter ou à écouter des histoires au milieu de votre famille et de vos amis. »

Lecteurs, faites un feu bien vif, et prêtez l'oreille, Nodier va conter.

JEAN-FRANÇOIS-LES-BAS-BLEUS.

En 1793, il y avoit à Besançon un idiot, un monomane, un fou, dont tous ceux de mes compatriotes qui
ont eu le bonheur ou le malheur de vivre autant que
moi se souviennent comme moi. Il s'appeloit Jean-
François Touvet, mais beaucoup plus communément,
dans le langage insolent de la canaille et des écoliers,
Jean-François *les Bas-Bleus*, parce qu'il n'en portoit jamais d'une autre couleur. C'étoit un jeune homme de
vingt-quatre à vingt-cinq ans, si je ne me trompe, d'une
taille haute et bien prise, et de la plus noble physionomie qu'il soit possible d'imaginer. Ses cheveux noirs
et touffus sans poudre, qu'il relevoit sur son front, ses
sourcils épais, épanouis et fort mobiles, ses grands yeux,
pleins d'une douceur et d'une tendresse d'expression
que tempéroit seule une certaine habitude de gravité, la
régularité de ses beaux traits, la bienveillance presque
céleste de son sourire, composoient un ensemble propre
à pénétrer d'affection et de respect jusqu'à cette populace grossière qui poursuit de stupides risées la plus
touchante des infirmités de l'homme : « C'est Jean-
François *les Bas-Bleus*, disoit-on en se poussant du
coude, qui appartient à une honnête famille de vieux
Comtois, qui n'a jamais dit ni fait de mal à personne, et

1.

qui est, dit-on, devenu fou à force d'être savant. Il faut
le laisser passer tranquille pour ne pas le rendre plus
malade. »

Et Jean-François *les Bas-Bleus* passoit en effet sans
avoir pris garde à rien; car cet œil que je ne saurois
peindre n'étoit jamais arrêté à l'horizon, mais incessamment tourné vers le ciel, avec lequel l'homme dont je
vous parle (c'étoit un visionnaire) paroissoit entretenir
une communication cachée, qui ne se faisoit connoître
qu'au mouvement perpétuel de ses lèvres.

Le costume de ce pauvre diable étoit cependant de
nature à égayer les passants et surtout les étrangers.
Jean-François étoit le fils d'un digne tailleur de la rue
d'Anvers, qui n'avoit rien épargné pour son éducation,
à cause des grandes espérances qu'il donnoit, et parce
qu'on s'étoit flatté d'en faire un prêtre, que l'éclat de ses
prédications devoit mener un jour à l'épiscopat. Il avoit
été en effet le lauréat de toutes ses classes, et le savant
abbé Barbélenet, le sage Quintilien de nos pères, s'informoit souvent dans son émigration de ce qu'étoit devenu son élève favori ; mais on ne pouvoit le contenter,
parce qu'il n'apparoissoit plus rien de l'homme de génie
dans l'état de déchéance et de mépris où Jean-François
les Bas-Bleus étoit tombé. Le vieux tailleur, qui avoit
beaucoup d'autres enfants, s'étoit donc nécessairement
retranché sur les dépenses de Jean-François, et bien
qu'il l'entretînt toujours dans une exacte propreté, il ne
l'habilloit plus que de quelques vêtements de rencontre
que son état lui donnoit occasion d'acquérir à bon marché, ou des *mise-bas* de ses frères cadets, réparées pour
cet usage. Ce genre d'accoutrement, si mal approprié à
sa grande taille, qui l'étriquoit dans une sorte de four-
reau prêt à éclater, et qui laissoit sortir des manches
étroites de son frac vert plus de la moitié de l'avant-bras,
avoit quelque chose de tristement burlesque. Son haut-
de-chausses, collé strictement à la cuisse, et soigneuse-

ment, mais inutilement tendu, rejoignoit à grand'peine
aux genoux les bas-bleus dont Jean-François tiroit son
surnom populaire. Quant à son chapeau à trois cornes,
coiffure fort ridicule pour tout le monde, la forme qu'il
avoit reçue de l'artisan, et l'air dont Jean-François le
portoit, en faisoient sur cette tête si poétique et si majestueuse un absurde contre-sens. Je vivrois mille ans
que je n'oublierois ni la tournure grotesque ni la pose
singulière du petit chapeau à trois cornes de Jean-François *les Bas-Bleus.*

Une des particularités les plus remarquables de la
folie de ce bon jeune homme, c'est qu'elle n'étoit sensible que dans les conversations sans importance, où
l'esprit s'exerce sur des choses familières. Si on l'abor-
doit pour lui parler de la pluie, du beau temps, du spectacle, du journal, des causeries de la ville, des affaires du
pays, il écoutoit avec attention et répondoit avec politesse ; mais les paroles qui affluoient sur ses lèvres se
pressoient si tumultueusement qu'elles se confondoient, avant la fin de la première période, en je ne
sais quel galimatias inextricable, dont il ne pouvoit débrouiller sa pensée. Il continuoit cependant, de plus en
plus inintelligible, et substituant de plus en plus à la
phrase naturelle et logique de l'homme simple le babil-
lage de l'enfant qui ne sait pas la valeur des mots, ou le
radotage du vieillard qui l'a oubliée.

Et alors on rioit ; et Jean-François se taisoit sans colère, et peut-être sans attention, en relevant au ciel ses
beaux et grands yeux noirs, comme pour chercher des
inspirations plus dignes de lui dans la région où il avoit
fixé toutes ses idées et tous ses sentiments.

Il n'en étoit pas de même quand l'entretien se résu-
moit avec précision en une question morale et scienti-
fique de quelque intérêt. Alors les rayons si divergents,
si éparpillés de cette intelligence malade se resserroient
tout à coup en faisceau, comme ceux du soleil dans la

lentille d'Archimède, et prêtoient tant d'éclat à ses discours, qu'il est permis de douter que Jean-François eût
jamais été plus savant, plus clair et plus persuasif dans
l'entière jouissance de sa raison. Les problèmes les plus
difficiles des sciences exactes, dont il avoit fait une étude
particulière, n'étoient pour lui qu'un jeu, et la solution
s'en élançoit si vite de son esprit à sa bouche, qu'on
l'auroit prise bien moins pour le résultat de la réflexion
et du calcul, que pour celui d'une opération mécanique,
assujettie à l'impulsion d'une touche ou à l'action d'un
ressort. Il sembloit à ceux qui l'écoutoient alors, et qui
étoient dignes de l'entendre, qu'une si haute faculté
n'étoit pas payée trop cher au prix de l'avantage commun d'énoncer facilement des idées vulgaires en vulgaire langage ; mais c'est le vulgaire qui juge, et l'homme
en question n'étoit pour lui qu'un idiot en bas bleus,
incapable de soutenir la conversation même du peuple.
Cela étoit vrai.

Comme la rue d'Anvers aboutit presque au collége,
il n'y avoit pas de jour où je n'y passasse quatre fois
pour aller et pour revenir; mais ce n'étoit qu'aux heures
intermédiaires, et par les jours tièdes de l'année qu'é-
clairoit un peu de soleil, que j'étois sûr d'y trouver Jean-
François, assis sur un petit escabeau, devant la porte de
son père, et déjà le plus souvent enfermé dans un cercle
de sots écoliers, qui s'amusoient du dévergondage de ses
phrases hétéroclites. J'étois d'assez loin averti de cette
scène par les éclats de rire de ses auditeurs, et quand
j'arrivois, mes dictionnaires liés sous le bras, j'avois
quelquefois peine à me faire jour jusqu'à lui ; mais j'y
éprouvois toujours un plaisir nouveau, parce que je
croyois avoir surpris, tout enfant que j'étois, le secret
de sa double vie, et que je me promettois de me confir-
mer encore dans cette idée à chaque nouvelle expérience.

Un soir du commencement de l'automne qu'il faisoit

sombre, et que le temps se disposoit à l'orage, la rue
d'Anvers, qui est d'ailleurs peu fréquentée, paroissoit
tout à fait déserte, à un seul homme près. C'étoit Jean-
François assis, sans mouvement et les yeux au ciel,
comme d'habitude. On n'avoit pas encore retiré son
escabeau. Je m'approchai doucement pour ne pas le distraire ; et, me penchant vers son oreille, quand il me
sembla qu'il m'avoit entendu : — Comme te voilà seul !
lui dis-je sans y penser ; car je ne l'abordois ordinairement qu'au nom de l'aoriste ou du logarithme, de l'hy-
poténuse ou du trope, et de quelques autres difficultés
pareilles de ma double étude. Et puis, je me mordis les
lèvres en pensant que cette réflexion niaise, qui le faisoit
retomber de l'empyrée sur la terre, le rendoit à son
fatras accoutumé, que je n'entendois jamais sans un violent serrement de cœur.

— Seul ! me répondit Jean-François en me saisissant
par le bras. Il n'y a que l'insensé qui soit seul, et il n'y
a que l'aveugle qui ne voie pas, et il n'y a que le para-
lytique dont les jambes défaillantes ne puissent pas s'appuyer et s'affermir sur le sol...

Nous y voilà, dis-je en moi-même, pendant qu'il continuoit à parler en phrases obscures, que je voudrois
bien me rappeler, parce qu'elles avoient peut-être plus
de sens que je ne l'imaginois alors. Le pauvre Jean-
François est parti, mais je l'arrêterai bien. Je connois
la baguette qui le tire de ses enchantements.

— Il est possible, en effet, m'écriai-je, que les planètes
soient habitées, comme l'a pensé M. de Fontenelle, et que
tu entretiennes un secret commerce avec leurs habitants,
comme M. le comte de Gabalis. Je m'interrompis avec
fierté après avoir déployé une si magnifique érudition.

Jean-François sourit, me regarda de son doux regard,
et me dit : — Sais-tu ce que c'est qu'une planète ?

— Je suppose que c'est un monde qui ressemble plus
ou moins au nôtre.

— Et ce que c'est qu'un monde, le sais-tu?

— Un grand corps qui accomplit régulièrement de certaines révolutions dans l'espace.

— Et l'espace, t'es-tu douté de ce que ce peut être?

— Attends, attends, repris-je, il faut que je me rappelle nos définitions... L'espace? un milieu subtil et infini, où se meuvent les astres et les mondes.

— Je le veux bien. Et que sont les astres et les mondes relativement à l'espace?

— Probablement de misérables atomes, qui s'y perdent comme la poussière dans les airs.

— Et la matière des astres et des mondes, que penses-tu qu'elle soit auprès de la matière subtile qui remplit l'espace?

— Que veux-tu que je te réponde?... Il n'y a point d'expression possible pour comparer des corps si grossiers à un élément si pur.

— A la bonne heure! Et tu comprendrois, enfant, que le Dieu créateur de toutes choses, qui a donné à ces corps grossiers des habitants imparfaits sans doute, mais cependant animés, comme nous le sommes tous deux, du besoin d'une vie meilleure, eût laissé l'espace inhabité?...

— Je ne le comprendrois pas! répliquai-je avec élan. Et je pense même qu'ainsi que nous l'emportons de beaucoup en subtilité d'organisation sur la matière à laquelle nous sommes liés, ses habitants doivent l'emporter également sur la subtile matière qui les enveloppe. Mais comment pourrois-je les connoître?

— En apprenant à les voir, répondit Jean-François, qui me repoussoit de la main avec une extrême douceur.

Au même instant, sa tête retomba sur le dos de son escabelle à trois marches; ses regards reprirent leur fixité, et ses lèvres leur mouvement.

Je m'éloignai par discrétion. J'étois à peine à quelques

pas quand j'entendis derrière moi son père et sa mère
qui le pressoient de rentrer, parce que le ciel devenoit
mauvais. Il se soumettoit comme d'habitude à leurs
moindres instances ; mais son retour au monde réel
étoit toujours accompagné de ce débordement de paroles sans suite qui fournissoit aux manants du quartier
l'objet de leur divertissement accoutumé.

Je passai outre en me demandant s'il ne seroit pas
possible que Jean - François eût deux âmes, l'une qui
appartenoit au monde grossier où nous vivons, et l'autre
qui s'épuroit dans le subtil espace où il croyoit pénétrer
par la pensée. Je m'embarrassai un peu dans cette théorie, et je m'y embarrasserois encore.

J'arrivai ainsi auprès de mon père, plus préoccupé,
et surtout autrement préoccupé que si la corde de mon
cerf-volant s'étoit rompue dans mes mains, ou que ma
paume lancée à outrance fût tombée de la rue des Cor-
deliers dans le jardin de M. de Grobois. Mon père m'in-
terrogea sur mon émotion, et je ne lui ai jamais menti.

— Je croyois, dit-il, que toutes ces rêveries (car je lui
avois raconté sans oublier un mot ma conversation avec
Jean-François *les Bas-Bleus*) étoient ensevelies pour
jamais avec les livres de Swedenborg et de Saint-Martin
dans la fosse de mon vieil ami Cazotte ; mais il paroit
que ce jeune homme, qui a passé quelques jours à Paris,
s'y est imbu des mêmes folies. Au reste, il y a une certaine finesse d'observation dans les idées que son double
langage t'a suggérées, et l'explication que tu t'en es faite
ne demande qu'à être réduite à sa véritable expression.
Les facultés de l'intelligence ne sont pas tellement indi-
visibles qu'une infirmité du corps et de l'esprit ne puisse
les atteindre séparément. Ainsi l'altération d'esprit que
le pauvre Jean-François manifeste dans les opérations
les plus communes de son jugement peut bien ne s'être
pas étendue aux propriétés de sa mémoire, et c'est
pourquoi il répond avec justesse quand on l'interroge

sur les choses qu'il a lentement apprises et difficilement retenues, tandis qu'il déraisonne sur toutes celles qui tombent inopinément sous ses sens, et à l'égard desquelles il n'a jamais eu besoin de se prémunir d'une formule exacte. Je serois bien étonné si cela ne s'observoit pas dans la plupart des fous ; mais je ne sais si tu m'as compris.

— Je crois vous avoir compris, mon père, et je rapporterois dans quarante ans vos propres paroles.

— C'est plus que je ne veux de toi, reprit-il en m'embrassant. Dans quelques années d'ici, tu seras assez prévenu par des études plus graves contre des illusions qui ne prennent d'empire que sur de foibles âmes ou des intelligences malades. Rappelle-toi seulement, puisque tu es si sûr de tes souvenirs, qu'il n'y a rien de plus simple que les notions qui se rapprochent du vrai, et rien de plus spécieux que celles qui s'en éloignent.

— Il est vrai, pensai-je en me retirant de bonne heure, que les *Mille et Une Nuits* sont incomparablement plus aimables que le premier volume de Bezout ; et qui a jamais pu croire aux *Mille et Une Nuits ?*

L'orage grondoit toujours. Cela étoit si beau que je ne pus m'empêcher d'ouvrir ma jolie croisée sur la rue Neuve, en face de cette gracieuse fontaine dont mon grand-père l'architecte avoit orné la ville, et qu'enrichit une sirène de bronze, qui a souvent, au gré de mon imagination charmée, confondu des chants poétiques avec le murmure de ses eaux. Je m'obstinai à suivre de l'œil dans les nues tous ces météores de feu qui se heurtoient les uns contre les autres, de manière à ébranler tous les mondes. — Et quelquefois le rideau enflammé se déchirant sous un coup de tonnerre, ma vue plus rapide que les éclairs plongeoit dans le ciel infini qui s'ouvroit au-dessus, et qui me paroissoit plus pur et plus tranquille qu'un beau ciel de printemps.

Oh ! me disois-je alors, si les vastes plaines de cet es-

pace avoient pourtant des habitants, qu'il seroit agréable de s'y reposer avec eux de toutes les tempêtes de la
terre ! Quelle paix sans mélange à goûter dans cette région limpide qui n'est jamais agitée, qui n'est jamais
privée du jour du soleil, et qui rit, lumineuse et paisible, au-dessus de nos ouragans comme au-dessus de
nos misères ! Non, délicieuses vallées du ciel, m'écriai-
je en pleurant abondamment, Dieu ne vous a pas créées
pour rester désertes, et je vous parcourrai un jour, les
bras enlacés à ceux de mon père !

La conversation de Jean-François m'avoit laissé une
impression dont je m'épouvantois de temps en temps ; la
nature s'animoit pourtant sur mon passage, comme si ma
sympathie pour elle avoit fait jaillir des êtres les plus insensibles quelque étincelle de divinité. Si j'avois été plus
savant, j'aurois compris le panthéisme. Je l'inventois.

Mais j'obéissois aux conseils de mon père; j'évitois
même la conversation de Jean-François *les Bas-Bleus*,
ou je ne m'approchois de lui que lorsqu'il s'alambiquoit
dans une de ces phrases éternelles qui sembloient n'a-
voir pour objet que d'épouvanter la logique et d'épuiser
le dictionnaire. Quant à Jean-François *les Bas-Bleus*, il
ne me reconnoissoit pas, ou ne me témoignoit en aucune manière qu'il me distinguât des autres écoliers de
mon âge, quoique j'eusse été le seul à les ramener, quand
cela me convenoit, aux conversations suivies et aux définitions sensées.

Il s'étoit à peine passé un mois depuis que j'avois eu
cet entretien avec le visionnaire, et, pour cette fois, je
suis parfaitement sûr de la date. C'étoit le jour même
où recommençoit l'année scolaire, après six semaines de
vacances qui couroient depuis le 1er septembre, et par
conséquent le 16 octobre 1793. Il étoit près de midi, et
je revenois du collége plus gaiement que je n'y étois
rentré, avec deux de mes camarades qui suivoient la
même route pour retourner chez leurs parents, et qui

2

pratiquoient à peu près les mêmes études que moi, mais qui m'ont laissé fort en arrière. Ils sont vivants tous deux, et je les nommerois sans craindre d'en être désavoué, si leurs noms, que décore une juste illustration, pouvoient être hasardés sans inconvenance dans un récit duquel on n'exige sans doute que la vraisemblance requise aux contes bleus, et qu'en dernière analyse je ne donne pas moi-même pour autre chose.

En arrivant à un certain carrefour où nous nous séparions pour prendre des directions différentes, nous fûmes frappés à la fois de l'attitude contemplative de Jean-François *les Bas-Bleus*, qui étoit arrêté comme un terme au plus juste milieu de cette place, immobile, les bras croisés, l'air tristement pensif, et les yeux imperturbablement fixés sur un point élevé de l'horizon occidental. Quelques passants s'étoient peu à peu groupés autour de lui, et cherchoient vainement l'objet extraordinaire qui sembloit absorber son attention.

— Que regarde-t-il donc là-haut? se demandoient-ils entre eux. Le passage d'une volée d'oiseaux rares, ou l'ascension d'un ballon ?

— Je vais vous le dire, répondis-je pendant que je me faisois un chemin dans la foule, en l'écartant du coude à droite et à gauche. — Apprends-nous cela, Jean-François, continuai-je; qu'as-tu remarqué de nouveau ce matin dans la matière subtile de l'espace où se meuvent tous les mondes?...

— Ne le sais-tu pas comme moi? répondit-il en déployant le bras, et en décrivant du bout du doigt une longue section de cercle depuis l'horizon jusqu'au zénith. Suis des yeux ces traces de sang, et tu verras Marie-Antoinette, reine de France, qui va au ciel.

Alors les curieux se dissipèrent en haussant les épaules, parce qu'ils avoient conclu de sa réponse qu'il étoit fou, et je m'éloignai de mon côté, en m'étonnant seulement que Jean-François *les Bas-Bleus* fût tombé si juste sur le nom de la dernière de nos reines, cette particularité positive rentrant dans la catégorie des faits vrais dont il avoit perdu la connoissance.

Mon père réunissoit deux ou trois de ses amis à dîner, le premier jour de chaque quinzaine. Un de ses convives, qui étoit étranger à la ville, se fit attendre assez long-temps.

— Excusez-moi, dit-il en prenant place; le bruit s'étoit répandu, d'après quelques lettres particulières, que l'infortunée Marie-Antoinette alloit être envoyée en jugement, et je mê suis mis un peu en retard pour voir arriver le courrier du 13 octobre. Les gazettes n'en disent rien.

— Marie-Antoinette, reine de France, dis-je avec assurance, est morte ce matin sur l'échafaud peu de minutes avant midi, comme je revenois du collège.

— Ah ! mon Dieu ! s'écria mon père, qui a pu te dire cela?

Je me troublai, je rougis, j'avois trop parlé pour me taire.

Je répondis en tremblant : C'est Jean-François *les Bas-Bleus*.

Je ne m'avisai pas de relever mes regards vers mon père. Son extrême indulgence pour moi ne me rassuroit pas sur le mécontentement que devoit lui inspirer mon étourderie.

— Jean-François *les Bas-Bleus?* dit-il en riant. Nous pouvons heureusement nous tranquilliser sur les nouvelles qui nous viennent de ce côté. Cette cruelle et inutile lâcheté ne sera pas commise.

— Quel est donc, reprit l'ami de mon père, ce Jean-François *les Bas-Bleus* qui annonce les événements à cent lieues de distance, au moment où il suppose qu'ils doivent s'accomplir? un somnambule, un convulsionnaire, un élève de Mesmer ou de Cagliostro?

— Quelque chose de pareil, répliqua mon père, mais

de plus digne d'intérêt; un visionnaire de bonne foi,
un maniaque inoffensif, un pauvre fou qui est plaint
autant qu'il méritoit d'être aimé. Sorti d'une famille
honorable, mais peu aisée, de braves artisans, il en étoit
l'espérance et il promettoit beaucoup. La première année d'une petite magistrature que j'ai exercée ici étoit la
dernière de ses études; il fatigua mon bras à le cou-
ronner, et la variété de ses succès ajoutoit à leur valeur,
car on auroit dit qu'il lui en coûtoit peu de s'ouvrir toutes les portes de l'intelligence humaine. La salle faillit
crouler sous le bruit des applaudissements, quand il vint
recevoir enfin un prix sans lequel tous les autres ne sont
rien, celui de la bonne conduite et des vertus d'une jeunesse exemplaire. Il n'y avoit pas un père qui n'eût été
fier de le compter parmi ses enfants, pas un riche, à ce
qu'il sembloit, qui ne se fût réjoui de le nommer son
gendre. Je ne parle pas des jeunes filles, que devoient
occuper tout naturellement sa beauté d'ange et son heureux âge de dix-huit à vingt ans. Ce fut là ce qui le perdit; non que sa modestie se laissât tromper aux séductions d'un triomphe, mais par les justes résultats de
l'impression qu'il avoit produite. Vous avez entendu
parler de la belle madame de Sainte-A.... Elle étoit alors
en Franche-Comté, où sa famille a laissé tant de souvenirs et où ses sœurs se sont fixées. Elle y cherchoit un
précepteur pour son fils, tout au plus âgé de douze ans,
et la gloire qui venoit de s'attacher à l'humble nom de
Jean-François détermina son choix en sa faveur. C'étoit,
il y a quatre ou cinq ans, le commencement d'une carrière honorable pour un jeune homme qui avoit profité
de ses études, et que n'égaroient pas de folles ambitions.
Par malheur (mais à partir de là, je ne vous dirai plus
rien que sur la foi de quelques renseignements imparfaits), la belle dame qui avoit ainsi récompensé le jeune
talent de Jean-François étoit mère aussi d'une fille, et
cette fille étoit charmante. Jean-François ne put la voir

sans l'aimer ; cependant, pénétré de l'impossibilité de s'élever jusqu'à elle, il paroit avoir cherché à se distraire d'une passion invincible qui ne s'est trahie que dans les premiers moments de sa maladie, en se livrant à des études périlleuses pour la raison, aux rêves des sciences occultes et aux visions d'un spiritualisme exalté ; il devint complétement fou, et renvoyé de Corbeil, séjour de ses protecteurs, avec tous les soins que demandoit son état, aucune lueur n'a éclairci les ténèbres de son esprit depuis son retour dans sa famille. Vous voyez qu'il y a peu de fond à faire sur ses rapports, et que nous n'avons aucun motif de nous en alarmer. —

Cependant on apprit le lendemain que la reine étoit en jugement, et deux jours après, qu'elle ne vivoit plus.

Mon père craignit l'impression que devoit me causer le rapprochement extraordinaire de cette catastrophe et de cette prédiction. Il n'épargna rien pour me convaincre que le hasard étoit fertile en pareilles rencontres, et il m'en cita vingt exemples, qui ne servent d'arguments qu'à la crédulité ignorante, la philosophie et la religion s'abstenant également d'en faire usage.

Je partis peu de semaines après pour Strasbourg, où j'allois commencer de nouvelles études. L'époque étoit peu favorable aux doctrines des spiritualistes, et j'oubliai aisément Jean-François au milieu des émotions de tous les jours qui tourmentoient la société.

Les circonstances m'avoient ramené au printemps. Un matin (c'étoit, je crois, le 3 messidor), j'étois entré dans la chambre de mon père pour l'embrasser, selon mon usage, avant de commencer mon excursion journalière à la recherche des plantes et des papillons. — Ne plaignons plus le pauvre Jean-François d'avoir perdu la raison, dit-il en me montrant le journal. Il vaut mieux pour lui être fou que d'apprendre la mort tragique de sa bienfaitrice, de son élève, et de la jeune demoiselle qui passe pour avoir été la première cause du dérangement de son esprit. Ces innocentes créatures sont aussi tombées sous la main du bourreau.

— Seroit-il possible! m'écriai-je... — Hélas! je ne vous avois rien dit de Jean-François, parce que je sais que vous craignez pour moi l'influence de certaines idées mystérieuses dont il m'a entretenu... — Mais i est mort!

— Il est mort! reprit vivement mon père; et depuis quand?

— Depuis trois jours, le 29 prairial. Il avoit été immobile, dès le matin, au milieu de la place, à l'endroit même où je le rencontrai, au moment de la mort de la reine. Beaucoup de monde l'entouroit à l'ordinaire, quoiqu'il gardât le plus profond silence, car sa préoccupation étoit trop grande pour qu'il pût en être distrait par aucune question. A quatre heures enfin, son attention parut redoubler. Quelques minutes après, il éleva les bras vers le ciel avec une étrange expression d'enthousiasme ou de douleur, fit quelques pas en prononçant les noms des personnes dont vous venez de parler, poussa un cri et tomba. On s'empressa autour de lui, on se hâta de le relever, mais ce fut inutilement. Il étoit mort.

— Le 29 prairial, à quatre heures et quelques minutes? dit mon père en consultant son journal. C'est bien l'heure et le jour!... — Écoute, continua-t-il après un moment de réflexion, et les yeux fixement arrêtés sur les miens, ne me refuse pas ce que je vais te demander! — Si jamais tu racontes cette histoire, quand tu seras homme, ne la donne pas pour vraie, parce qu'elle t'exposeroit au ridicule.

— Y a-t-il des raisons qui puissent dispenser un homme de publier hautement ce qu'il reconnoît pour la vérité? repartis-je avec respect.

— Il y en a une qui les vaut toutes, dit mon père en secouant la tête. La vérité est inutile.

HISTOIRE D'HÉLÈNE GILLET

L'hiver sera long et triste. L'aspect de la nature n'est pas joyeux. Celui du monde social ne l'est guère. Vous craignez l'ennui des spectacles. Vous craignez l'ennui des concerts. Vous craignez surtout l'ennui des salons. C'est le cas de faire chez vous un grand feu, bien clair, bien vif et bien pétillant, de baisser un peu les lampes devenues presque inutiles, d'ordonner à votre domestique, si par hasard vous en avez un, de ne rentrer qu'au bruit de la sonnette ; et, ces dispositions prises, je vous engage à raconter ou bien à écouter des histoires, au milieu de votre famille et de vos amis, car je n'ai pas supposé que vous fussiez seul. Si vous êtes seul cependant, racontez-vous des histoires à vous seul. C'est un autre plaisir encore, et il a bien son prix. J'ai goûté un peu de tout, et je ne me suis jamais réellement amusé d'autre chose.

Mais si vous êtes curieux d'histoires fantastiques, je vous préviens que ce genre exige plus de bon sens et d'art qu'on ne l'imagine ordinairement ; et d'abord, il y a plusieurs espèces d'histoires fantastiques.

Il y a l'histoire fantastique fausse, dont le charme résulte de la double crédulité du conteur et de l'auditoire, comme les *Contes des fées* de Perrault, le chef-d'œuvre trop dédaigné du siècle des chefs-d'œuvre.

Il y a l'histoire fantastique vague, qui laisse l'âme

suspendue dans un doute rêveur et mélancolique, l'endort comme une mélodie, et la berce comme un rêve.

Il y a l'histoire fantastique vraie, qui est la première de toutes, parce qu'elle ébranle profondément le cœur sans coûter de sacrifices à la raison; et j'entends par l'*histoire fantastique vraie*, car une pareille alliance de mots vaut bien la peine d'être expliquée, la relation d'un fait tenu pour matériellement impossible qui s'est cependant accompli à la connoissance de tout le monde. Celle-ci est rare, à la vérité, si rare, si rare que je ne m'en rappelle aujourd'hui d'autre exemple que l'histoire d'Hélène Gillet.

A une histoire vraie, le mérite du conteur est sans doute peu de chose. Si son imagination vient s'en mêler, la broderie risque fort de me gâter le canevas. Son principal artifice consiste à se cacher derrière son sujet. Quand on examine, il doit éclaircir; quand on discute, il doit prouver. Alors l'émotion va croissant, comme celle du spectateur d'une scène d'illusions, dont la main s'étend machinalement pour détourner un fantôme, et s'arrête, glacée d'horreur, sur un corps vivant qui palpite et qui crie; mais l'histoire d'Hélène Gillet demanderoit à ce compte un volume de développements écrits, et j'ai une excellente raison pour ne pas le faire : c'est qu'il est fait, et supérieurement fait, par un des hommes les plus instruits de l'époque où nous vivons[1]. Il en a puisé les documents dans le XI⁰ tome du vieux *Mercure français* de Richer et Renaudot, dans la *Vie de l'abbesse de Notre-Dame du Tart*, madame Courcelle de Pourlans[2], et dans les manuscrits authentiques de la chambre des comptes et de la mairie de Dijon, de sorte qu'il n'y a

---

[1] *Histoire d'Hélène Gillet*, ou *Relation d'un événement extraordinaire et tragique survenu à Dijon dans le dix-septième siècle*, par un ancien avocat. Dijon, Lagier, 1829; in-8 de 72 pages.

[2] Par Edme-Bernard Bourrée, oratorien, Lyon, Jean Certe, 1699; in-8 de 541 pages.

rien de mieux démontré, rien de plus exact d'analyse,
rien de plus complet de détails, dans les procès-verbaux
si pittoresques et si animés du sténographe des cours
d'assises. Et le livre de mon ami, c'est un livre que je
vous recommande en passant.

Ceci, c'est tout bonnement ce que je vous ai promis :
un conte de la veillée, une de ces causeries dont vous
me pardonnez quelquefois la longueur, quand elles vous
intéressent ; une *histoire fantastique vraie*, arrangée,
récitée à ma manière, avec aussi peu de latitude qu'en
puisse prendre l'imagination dans la disposition d'un tableau extraordinaire qu'elle n'aurait pas osé inventer.
— Rangez donc ces tisons prêts à crouler, bercez un peu
dans vos bras les enfants qu'ils ne s'éveillent, fermez le
tric-trac, s'il vous plaît ; et mettez vos chaises en rond,
pendant que je vous dirai ce qui me reste à vous dire
avant de commencer.

C'est qu'il faut que je vous en prévienne, l'histoire
d'Hélène se passe presque tout entière sur un théâtre
dont le seul aspect révolte les organisations délicates, et
il m'a fallu triompher, pour arriver à l'écrire, des répu-
gnances de mon propre cœur. Vous pourrez me suivre
sans danger maintenant, si vous êtes aguerris, par le
drame ou par le roman de nos jours, à des impressions
d'une certaine nature. Autrement, passez au piano, faites
cercle à l'écarté, ou entretenez-vous de pensées gracieuses avec le farfadet domestique, en faisant jaillir par
gerbes et par fusées les étincelles du brasier. Vous voilà
bien avertis.

En 1624, le châtelain ou juge royal de Bourg-en-
Bresse, au pied de nos chères montagnes du Jura et du
Bugey, s'appeloit Pierre Gillet, homme noble, droit, sévère et de bonne renommée. Il avoit une fille du nom
d'Hélène, âgée de vingt-deux ans, qu'on adoroit pour sa
beauté, qu'on admiroit pour son esprit et pour ses grâces,
qu'on respectoit pour sa piété et pour sa vertu. On ne

voyoit guère Hélène qu'à l'église ; mais l'église même est pour un mauvais esprit un lieu de mauvaises pensées. Elle eut le malheur d'être aimée d'un de ces hommes violents qui sacrifient tout à leur passion, jusqu'à la femme qui en est l'objet, quand ils ne peuvent espérer de l'épouser ni de lui plaire, et je vous dirois son nom, si l'histoire me l'avoit dit. Entraînée chez une fausse amie apostée pour sa perte, sous le prétexte de quelque action de charité chrétienne, elle y fut fascinée, comme les victimes du Vieux des Sept-Montagnes, par un breuvage narcotique. Dieu sait quels rêves de volupté inexplicable et inconnue elle fit pendant ce temps-là ! l'infortunée n'a jamais pu se les rappeler. Elle ignoroit, dans son innocence, les joies qui ouvrent la porte de l'enfer.

Cet événement ne lui avoit laissé qu'une tristesse vague et sans remords, car aucune pensée du crime ne se mêloit à ses souvenirs. Cependant les chuchotements ricaneurs des passants, le rire grossier des libertins, le regard attentif et profond des vieilles femmes, aiguisé par une curiosité amère, et surtout l'abandon journalier de ses plus chères compagnes l'avertirent peu à peu qu'elle étoit déchue de sa réputation aux yeux du monde, et que la société la repoussoit. Bientôt il ne lui resta qu'une amie, et elle cacha sa tête dans les bras de sa mère pour pleurer, parce qu'elle n'avoit rien à lui confier. Le mystère de son infortune commençoit à peine à se révéler à son esprit qu'elle fut saisie des angoisses de l'enfantement, ou plutôt qu'elle tomba dans un long évanouissement causé par la honte, le désespoir et la douleur. Ce fut un songe encore, un songe indéfinissable dont elle ne conserva pas plus l'idée que du premier. Épouse et mère, il ne lui restoit de ce double titre que l'opprobre de l'avoir porté sans la permission de la religion et de la loi. Ces deux immenses joies de la nature, si chèrement payées par les femmes, n'avoient été pour Hélène que des supplices stériles, dont rien ne rachetoit l'horreur, pas même

le souvenir d'un instant d'ivresse, pas même le sourire
d'une innocente créature qui s'éveille à la vie! Elle ne
s'étoit point connu d'amant, et son enfant, elle ne le
connut pas.

En effet, et comme elle étoit surprise encore de ce
sommeil des sens qui ressemble à la mort, mais qui ne
la vaut pas, un jeune homme qui guettoit depuis longtemps, et dès le point du jour, l'époque de l'accouche-
ment clandestin, pénétra dans la chambre d'Hélène
entre sa mère anéantie et une vieille servante qui dormoit. Il courut au lit, car on n'avoit pas préparé de
berceau, enveloppa le nouveau-né dans le premier linge
qui lui tomba sous la main, déposa un baiser frénétique
au front de la malade ou de la morte, et puis disparut.
L'enquête prouva à n'en pas douter que c'étoit un étudiant des environs de Bourg, « demeurant au logis d'un
sien oncle, » et qui avoit servi quelques mois de répéti-
teur aux jeunes frères d'Hélène. On ne l'a jamais retrouvé.

Lorsque Hélène se réveilla et qu'elle apprit toute sa
misère, elle chercha sans doute son enfant, qui n'y étoit
plus. Elle n'osa le demander, parce qu'il ne lui sembloit
pas qu'elle dût avoir un enfant. Et tout cela s'accumula
dans son esprit comme les caprices d'une vision.

Cependant quelque temps après, elle reparut dans la
ville et à l'église, accompagnée de sa mère, comme elle
avoit fait par le passé. On remarqua seulement qu'elle
paroissoit malade, que ses flancs s'étoient abaissés, et
que sa physionomie portoit une étrange expression
d'étonnement et de terreur. Le châtelain de Bourg-en-
Bresse avoit des ennemis comme tous les hommes puissants; mais cette belle et douce Hélène, elle n'avoit
point d'ennemis. On passa quelques jours à recueillir,
à échanger, à propager des conjectures sinistres, et
bientôt on n'en parla plus. L'instruction que la justice
avoit commencée, sur la foi des bruits populaires, s'étoit

subitement interrompue à défaut de preuves. Hélène sentoit pourtant que sa destinée de malheur n'étoit pas complète, et que la Providence lui réservoit des épreuves plus rigoureuses; mais elle s'y résignoit avec constance au pied des autels, parce qu'elle étoit sans reproche et qu'elle avoit foi en Dieu.

Or il arriva qu'un soldat qui se promenoit hors de la ville, en attendant sa maîtresse, fut frappé de l'action d'un corbeau qui plongeoit au pied d'une certaine muraille, à chutes réitérées, remuant et fouillant la terre de son bec, et l'éparpillant sous ses pieds, et remontant vers sa branche avec quelques lambeaux de linge sanglant; puis sautilloit de rameau en rameau, le cou tendu et l'œil fixe à l'endroit où il étoit descendu d'abord, et retomboit là comme une pierre pour se remettre à fouiller. Le soldat s'approcha, l'écarta d'un revers de sabre, agrandit de la pointe le trou que le corbeau avoit commencé de creuser, et en tira le cadavre d'un enfant roulé dans les restes d'une chemise marquée au nom d'Hélène Gillet. Là-dessus le présidial reprit ses informations; et, par sentence du 6 février 1625, Hélène Gillet fut condamnée, comme infanticide, à avoir la tête tranchée, car on sait que notre pauvre Hélène étoit noble, et on croyoit alors que le fer ennoblit le supplice. Il est devenu plus populaire depuis.

L'avocat d'Hélène appela de ce jugement au parlement de Dijon; car sa famille n'intervint point, et le vieux châtelain défendit même expressément qu'il lui fût jamais parlé d'elle, tant l'austérité des mœurs et de la justice pouvoit prévaloir dans ce cœur romain sur la plus douce des inclinations naturelles. Deux archers la conduisirent de Bourg-en-Bresse à la conciergerie du palais des États, sans autre compagnie qu'une malheureuse femme qui n'avoit pas voulu la quitter. J'ai à peine besoin de dire que c'étoit sa mère.

Ce n'étoit pas que madame Gillet comptât beaucoup

sur l'effet de ses pleurs auprès de messieurs les juges de
la Tournelle. Trop peu de temps s'étoit écoulé depuis
qu'elle l'avoit essayé en vain sur messieurs les juges du
présidial. Elle comptoit sur un juge qui réforme, quand
il lui plait, les jugements de la terre, et en qui les malheureux n'ont jamais placé inutilement leur espérance ;
mais la pieuse femme ne se croyoit pas digne de communiquer avec Dieu sans intermédiaire. Elle venoit donc
se placer au couvent des Bernardines de Dijon, sous la
protection des prières de la communauté, et particulièrement de sa noble parente, la mère Jeanne de Saint-
Joseph, qui avoit quitté le nom de Courcelle de Pourlans
pour devenir abbesse du saint monastère. Ce fut certainement un spectacle sublime et fait pour attirer les
bénédictions du Seigneur, si nos vaines douleurs par-
viennent jamais jusqu'à lui, que celui de ces vierges
prosternées sur les pavés du chœur, qui imploroient sa
pitié, avec des gémissements et des larmes, en faveur
d'une fille mère que la loi avoit proclamée coupable
d'assassinat sur son enfant, et obligées d'articuler dans
leurs pensées, pour désarmer les vengeances du ciel, les
syllabes presque blasphématoires qui désignent je ne
sais quels crimes inconnus. Madame Gillet n'étoit pas à
genoux comme les autres, mais étendue la face contre
terre, et on auroit cru qu'elle étoit morte si elle n'avoit
sangloté.

Il faut le dire toutefois, car on ne l'imagineroit pas,
il manqua quelque chose à la solennité de cette impo-
sante cérémonie. Une des religieuses n'y avoit point
paru, la sœur Françoise du Saint-Esprit, qui s'étoit appelée auparavant dans le monde madame de Longueval, et
que ses infirmités empêchoient depuis longues années
de descendre au sanctuaire. Elle avoit alors plus de
quatre-vingt-douze ans, s'il faut en croire les biogra-
phies hagiologiques, qui la font mourir en 1633, plus
que centenaire, en odeur de sainteté. La sœur Françoise

du Saint-Esprit étoit tombée, pour se servir des paroles
du vulgaire, dans cet état de grâce et d'innocence qui
ramène la vieillesse aux douces ignorances des enfants.
Elle ne savoit plus des choses de la vie commune que
celles qui se rapportent à l'autre, car elle vivoit d'avance
dans cette éternité où elle entroit déjà de tant de jours,
et comme son langage s'étoit empreint peu à peu des
sciences de l'avenir, les grands esprits de ce temps-là
doutoient de sa raison; mais ses paroles passoient encore
pour des révélations d'en haut dans le couvent des Bernardines. Pourquoi Dieu n'auroit-il pas accordé la
prévision de ses mystérieux desseins à quelques âmes
éprouvées par un long exercice de la vertu? Moi-même,
à l'heure où je vous raconte cela, je ne demanderois pas
mieux que de le croire. Heureusement la mère d'Hélène
le croyoit.

Elle ne quitta le sanctuaire que pour monter à la cellule où sœur Françoise du Saint-Esprit reposoit sur un
sac de paille, les deux mains dévotement croisées sur un
crucifix. Comme elle pensa que la sœur dormoit, parce
qu'elle étoit immobile, madame Gillet s'agenouilla dans
un coin, en retenant son souffle pour ne pas la réveiller;
mais elle n'y fut pas longtemps qu'elle s'entendit appeler. La main de sœur Françoise la cherchoit, car la
vieille sainte voyoit à peine. Madame Gillet la saisit, et
y colla respectueusement ses lèvres. « Bon, bon, dit
« madame de Longueval avec un sourire ineffable, vous
« êtes la mère de cette pauvre petite pour qui nos sœurs
« ont prié ce matin. Je vous déclare que c'est une âme
« pure et choisie devant le Seigneur, qu'il a daigné écou-
« ter les prières de ses servantes, et que votre enfant ne
« mourra point par la main du bourreau, puisque Hélène
« est appelée à parcourir une longue vie avec beaucoup
« d'édification. » Ces mots achevés, sœur Françoise du
Saint-Esprit parut oublier qu'il y eût quelqu'un auprès
d'elle, et revint à ses méditations accoutumées.

Pendant ce temps-là, — c'étoit le lundi 12 mai, qui étoit la dernière entrée de messieurs du parlement, — on s'occupoit, sur le rapport du conseiller Jacob, de l'appel du jugement de Bourg. La sentence fut confirmée de toutes voix avec une circonstance aggravante. La cour ordonna que la condamnée seroit conduite au supplice la hart au col, pour témoigner, par cette infamie, de l'énormité de son crime. L'exécution devoit être immédiate; et la malheureuse Hélène n'eut qu'à se rendre du prétoire à l'échafaud. Le bruit de l'événement du procès parvint bientôt au couvent des Bernardines. On les vit au même instant se répandre dans les chapelles, allumer tous les cierges, exposer toutes les reliques, frapper de leurs fronts les degrés de tous les autels, et confondre, suivant leur âge et leurs émotions, des prières, des lamentations et des cris. La mère Jeanne de Saint-Joseph couroit, en pleurant, des nefs au chœur, et du chœur à la cellule de sœur Françoise du Saint-Esprit, où madame Gillet s'étoi. laissée tomber sans voix, sans plainte et sans larmes, sur les marches du prie-Dieu. « Je vous ai dit cependant, répétoit sœur Fran « çoise dont la sérénité ne s'étoit pas altérée, que cette « jeune fille ne mourroit pas, et que longtemps après « nous elle prieroit pour nous sur la terre; car ceci est « la volonté de Notre-Seigneur. » Ensuite elle retournoit à la contemplation du ciel, comme s'il avoit été ouvert devant elle ; et la mère Jeanne de Saint-Joseph cherchoit des motifs d'espérer. Quant à madame Gillet, son attention n'étoit plus à cette scène; elle ne voyoit plus, n'écoutoit plus, ne sentoit plus.

Et tout à coup pourtant elle sursaillit en poussant un cri d'horreur, car elle venoit d'être tirée de son évanouissement par les éclats de la trompette qui appeloit es soldats à l'affreux sacrifice; et la trompette même du jugement ne saisira pas l'âme du méchant ressuscité d'une angoisse plus profonde. Elle se souleva sur les

mains, en prêtant une attention muette et terrible au signal de la mort de son Hélène bien-aimée, et le signal
se renouvela en se rapprochant du couvent. Peu à peu
d'autres bruits s'y mêlèrent, celui du pas monotone des
chevaux, qui faisoit retentir les pavés, et que couvroient
de moment en moment, comme une bouffée d'orage, les
rumeurs de la multitude. — La voilà! la voilà! crioient
mille voix qui ne formoient qu'une voix, et madame
Gillet retomba sans connoissance, parce qu'elle comprit
que sa fille passoit. — Écoutez, écoutez, ma sœur, disoit
la mère Jeanne de Saint-Joseph en se tordant les bras
de désespoir, auprès du grabat de sœur Françoise du
Saint-Esprit; oh! mon Dieu, ma sœur, n'entendez-vous
pas?

— J'entends comme vous, répondoit sœur Françoise
en ramenant sur elle son doux sourire d'enfant; j'entends la trompette qui sonne et les chevaux qui mar-
chent avec leurs cavaliers; j'entends le peuple qui parle,
les pénitents qui chantent. — Oui, continua-t-elle, j'entends très-bien. Je sais que cette pauvre innocente s'a-
vance, et qu'elle est là maintenant; je sais qu'on la mène
à la mort; mais je vous dis en vérité qu'elle ne mourra
pas. Vous pouvez le promettre à sa mère.

Hélène marchoit en effet à la mort, assistée de deux
jésuites et de deux capucins, qui lui présentoient tour à
tour une image du Christ qu'elle baisoit avec candeur.
Jamais on ne l'avoit vue aussi belle. Sa robe étoit blanche, en signe de la virginité de son âme. Ses beaux et
longs cheveux noirs n'avoient pas été coupés, soit que
l'exécuteur n'eût pas osé y porter les ciseaux, soit que
le cérémonial des exécutions d'apparat épargnât cet
outrage aux patients qualifiés; ils étoient retenus sur le
sommet de la tête par un nœud de ruban; mais l'agitation de la marche avoit relâché leur lien, et une partie
en étoit retombée en ondes épaisses sur l'épaule gauche
d'Hélène, où ils recouvroient la corde ignominieuse

qu'on avoit passée à son cou. Cette circonstance n'est pas inutile à l'intelligence du reste de mon récit.

Et maintenant, si vous voulez me prêter un instant la baguette magique d'Hugo ou de Dumas, je vais transporter la scène dans un autre lieu. Il y avoit à Dijon une place dont le nom indique assez la tragique destination. Elle s'appeloit le Morimont, ou la montagne de la Mort. Au milieu s'élevoit un échafaud, tendu d'un drap lugubre, où l'on montoit par huit degrés de bois, mais qui étoit exhaussé par une estrade en maçonnerie, formée de quatre degrés de pierre. Tout alentour, à un rayon de deux toises et demie, on avoit tracé une enceinte composée de planches et de pieux pour servir de barrière à la foule. L'intérieur étoit occupé par M. le procureur général du roi, escorté de ses huissiers d'honneur, et assis sur un pliant; par les pères capucins et jésuites qui faisoient la recommandation de l'âme, et par un peloton d'archers. Le long de la clôture, circuloient lentement six pénitents en sac noir, ouvert seulement à l'endroit des yeux, les pieds nus, les flancs ceints d'une corde de chanvre, et la torche au poing, qui quêtoient d'une voix lamentable pour les âmes du purgatoire. Hélène monta seule sur l'échafaud, et s'arrêta devant le billot, en élevant son cœur à Dieu; car Simon Grandjean n'étoit pas encore venu, parce qu'il achevoit ses prières à la Conciergerie, où il s'étoit communié le matin. Il étoit cependant quatre heures sonnées à toutes les paroisses, et le peuple appeloit Simon Grandjean avec des murmures qui se changèrent bientôt en rugissements. Simon Grandjean, c'étoit le bourreau.

Il parut enfin accompagné de la bourrelle, c'est-à-dire de sa femme, qui lui servoit d'aide dans les occasions importantes. Il étoit armé de son coutelas, et sa femme, d'une paire de ciseaux de demi-pied de longueur, dont elle venoit de se munir pour couper les cheveux flottants qu'elle avoit vus échapper au nœud de la coiffure d'Hé-

lène. Cette pensée devoit la préoccuper profondément,
car elle s'élança dans l'enceinte en brandissant ses ciseaux, et sans les perdre de vue ; mais, quand elle fut
arrivée auprès d'Hélène, elle les oublia.

Un mouvement et un signe que fit Simon Grandjean,
sur le devant de l'estrade, avertirent les spectateurs
qu'il avoit à parler ; événement tout à fait nouveau dans
l'histoire des exécutions judiciaires ; et le bruit qui
grondoit dans la multitude s'apaisa tout à coup, comme
celui de la tempête à la surface d'une mer surprise par
la bonace. Il est vrai que tout donnoit à cette scène un
intérêt horrible que je n'essaierai pas de relever par des
hyperboles empruntées à nos froids langages ; et le formidable acteur que je viens d'y faire apparoître pouvoit
lui-même, en ce moment, réclamer quelque part à la
pitié publique. Affoibli par le jeûne, et macéré des mortifications qu'il s'étoit prescrites pour se rendre capable
de remplir son terrible ministère, il se soutenoit à peine,
en s'appuyant sur la pointe de son coutelas, et ses traits
renversés annonçoient qu'il se livroit en lui une lutte
affreuse entre le devoir et la compassion. — Grâce !
grâce pour moi, s'écria-t-il ! Bénédiction, mes pères !...
Pardonnez-moi, messieurs de Dijon ; car voilà trois mois
que je suis grandement malade et affligé dans mon corps !
Je n'ai jamais coupé de têtes, et notre Seigneur Dieu m'a
refusé la force de tuer cette jeune fille !... Sur ma foi de
chrétien, je sais que je ne peux pas la tuer !

La foudre est moins prompte que ne le fut la réponse
des assistants : — Tue ! tue, dit le peuple. — Faites
votre office, dit le procureur du roi. — Et ces mots si-
gnifioient : Tue ! comme l'autre.

Alors Simon Grandjean releva son coutelas, s'approcha d'Hélène en chancelant, et tomba à ses pieds.
—Noble demoiselle, reprit-il en lui tendant le fer par la
poignée, tuez-moi ou pardonnez-moi !... — Je vous
pardonne et je vous bénis, répondit Hélène. — Et elle

appuya sa tête sur le billot. Le bourreau cependant, ex-
cité par la bourrelle qui l'accablait de reproches, ne
pouvoit plus que frapper. Le glaive brilla dans l'air
comme un éclair, aux acclamations de la populace; les
jésuites, les capucins et les pénitents crièrent : *Jésus!
Maria!*

Le fer s'abattit, mais le coup glissa sur les cheveux
d'Hélène, et ne pénétra que dans l'épaule gauche. La
patiente se renversa sur le côté droit. On crut un moment qu'elle étoit morte, mais la femme du bourreau
savoit qu'elle ne l'étoit pas; elle essaya d'affermir le
coutelas dans les mains tremblantes de son mari, pendant qu'Hélène se relevoit pour rapporter sa tête au poteau, et qu'une clameur furieuse couroit déjà sur le
Morimont; car la sanglante impatience du peuple avoit
changé d'objet, et s'étoit tournée en sympathie pour Hélène. Le fer s'abattit de nouveau, et la victime, atteinte
d'une blessure plus profonde que la première, tomba
sans connoissance et comme sans vie sur l'arme de l'exécuteur, qu'il avoit laissée échapper. — Ne me reprochez
pas ces cruels détails, âmes sensibles qui prenez une si
vive part aux infortunes du mélodrame et de la tragédie; je ne les rapporte que pour obéir aux exigences
de mon sujet, et sans dessein de les choisir ou de les
aggraver. Ceci n'est, par malheur, ni de la poésie ni du
roman; ce n'est, hélas! que de l'histoire.

Et vous verrez qu'avant de continuer j'avois besoin
de quelques précautions oratoires, dans l'intérêt même
du lecteur, qui doit être pressé de se dérober à ses émotions, d'en laisser de temps en temps le théâtre derrière
la toile, et de se rappeler avec moi, pendant que je reprends haleine, que les événements trop réels dont je
parle sont aujourd'hui comme s'ils n'avoient jamais été.
L'épouvantable scène du Morimont se prolonge en effet
après tant de péripéties plus épouvantables encore, que
je ne sais s'il n'est pas aussi pénible d'en être l'historien

que d'en avoir été le témoin. Tout l'art que je mettrois à
la réciter, si j'avois le secret d'un meilleur style, se bor-
neroit à en suspendre souvent l'horreur dans des réticences, ou à la voiler sous des paroles.

Je n'ai pas dit, en décrivant la tragique enceinte du
Morimont, qu'elle renfermât une autre construction que
celle de l'échafaud; il faut cependant qu'on le sache.
C'étoit une espèce de hutte en briques, où l'exécuteur
serroit ses ferrements, ses cordes, ses ceps, ses réchauds, et tout son hideux trousseau d'assassin judiciaire; cette exécrable succursale du cachot s'appeloit
la Chapelle, comme en Espagne, et c'est là que les con-
damnés achevoient leurs actes de dévotion, quand une
soudaine résipiscence les décidoit, coupables, à se réconcilier avec leur juge du ciel, innocents, à pardonner à leurs juges de la terre.

Hélène Gillet n'avoit pas eu besoin d'y descendre, mais
Simon Grandjean s'y cacha pour échapper aux coups
de la foule furieuse qui commençoit à franchir les bar-
rières en criant d'une voix terrible : SAUVE LA PATIENTE
ET MEURE LE BOURREAU! Les moines et les pénitents s'y
précipitèrent avec lui, présentant leurs crucifix au
peuple, afin de détourner sa colère, et de conjurer la
grêle de pierres qui les poursuivoit.

La corporation des maçons se mit en devoir de démo-
lir la chapelle, qui s'étoit refermée en dedans; la corporation des bouchers s'organisa derrière elle en corps
de réserve, toute disposée pour l'assassinat. Il n'y a ici
ni jeu des phrases ni combinaison de style, car ce sont
les termes exprès du procès-verbal dressé, quatre jours
après, à la chambre du conseil de la ville, et qui porte
la signature de l'échevin Bossuet, père de l'immortel
évêque de Meaux. Enfin les hommes de Dieu ouvrirent,
et sortirent d'un pas posé, en chantant les prières des
morts, comme s'ils eussent marché à leur propre supplice, et le peuple tua le bourreau.

Pendant que ceci s'accomplissoit, l'échafaud d'Hélène présentoit une scène plus épouvantable encore. La bourrelle avoit cherché inutilement le coutelas, — on se souvient peut-être qu'Hélène étoit tombée dessus ; — mais, en ce moment, ses ciseaux, qu'elle n'avoit pas quittés, lui revinrent en mémoire, et saisissant d'une main la corde qui nouoit le cou de cette misérable fille, de l'autre elle la frappa six fois, en la traînant à travers les huit degrés de bois et les quatre degrés de pierre, et en brisant de ses pieds, à tous les degrés qu'il frappoit de la tête, ce cadavre déjà noyé dans le sang ; quand elle fut en bas, les bouchers avoient fini leur premier ouvrage, et le peuple tua la bourrelle [1].

Je respire enfin et je crois qu'il en étoit temps pour nous tous. Heureusement voilà qu'Hélène n'est plus au Morimont, et que des bras charitables l'ont emportée à cette maison qui fait l'angle de la place, chez le bon

[1] Nous croyons devoir mettre ici sous les yeux des lecteurs la relation du supplice d'Hélène Gillet, empruntée au tome XI de ce vieux *Mercure françois* que Nodier a cité au commencement de ce récit, comme l'une des sources les plus importantes dans lesquelles il avoit puisé :

« Entre les trois et quatre heures après midy, elle fut menée au Morimont, assistée de deux jésuites et deux capucins. Le bourreau, qui s'estoit communié le matin dans la prison, tremble, s'excuse au peuple sur une fièvre qui le tenoit depuis trois mois, le prie de luy pardonner où il manqueroit à son devoir. Cependant qu'on exhortoit la patiente à souffrir constamment la mort, il donne toutes les marques d'une grande inquiétude, il chancelle, il se tord les bras, il les eslève au ciel avec les yeux, il se met à genoux, se relève, puis se jette à terre, demande pardon à la patiente, puis la bénédiction aux prestres qui l'assistoient.

« Enfin le bourreau, après avoir souhaitté d'estre en la place de la condamnée, qui tendoit le col pour recevoir le coup, il hausse le coutelas ; il se fait une huée du peuple · les jésuites et les capucins crioient : JÉSUS, MARIA. La patiente se doute du coup, porte les mains à son bandeau, découvre le coutelas, frissonne, puis se remet en mesme assiette qu'auparavant. Le bourreau, qui n'entendoit pas son mestier, luy pensant trancher le col, porte le coup dans l'espaule gauche : la patiente tombe sur le costé droict : le bourreau quitte son espée, se présente au peuple et demande à mourir. Le peuple s'esmeut, les pierres volent de tous costez ; la femme du bourreau, qui assistoit son mary en

chirurgien Nicolas Jacquin, dont l'honorable famille
exerce encore, après deux cents ans, la même profession
dans nos deux provinces de Bourgogne. Aucune des
blessures d'Hélène n'étoit mortelle, aucune ne se trouva
dangereuse. Quand elle reprit ses sens, son premier cri
fut celui de l'innocent qui entre au ciel, parce qu'elle
imagina qu'elle étoit tombée dans les mains de Dieu, à
qui le secret de toutes les pensées est connu.

Et au même instant, la sœur Françoise du Saint-
Esprit disoit en souriant toujours et en prêtant l'oreille
au bruit de la multitude qui revenoit dans ces quartiers :
— C'est bien, c'est bien, c'est fini ; c'est le peuple qui
s'en retourne joyeux, parce que cette jeune fille n'est pas
morte.

Parmi tant de miracles qui signalèrent la mémorable
journée du 12 mai, il ne faut pas oublier la circonstance
qui la faisoit concourir, ainsi que je l'ai dit, avec la der-

---

ceste exécution, releva la patiente, qui en mesme temps marcha d'elle-mesme
vers le poteau, se remit à genoux et tendit de rechef le col. Le bourreau, es-
perdu, reprend le coutelas de la main de sa femme et descharge un coup sur la
teste de la patiente, glissant au col, dans lequel il entra du travers du doigt,
duquel coup elle seroit encore tombée, ce qui augmenta la colère du peuple plus
fort qu'auparavant. Le bourreau se sauve en la chapelle qui est au bas de l'eschafaud, les jésuites après, puis les capucins. La femme du bourreau demeure
seule auprès de la patiente, qui estoit tombée sur le coutelas, duquel asseuré-
ment elle se seroit servi si elle l'eust vu : elle prit la corde avec laquelle la
patiente avoit esté menée et la luy met au col. La patiente se défend et jette sa
main sur la corde ; cette femme luy donne des coups de pied sur l'estomach et
sur les mains, et la secoue cinq ou six fois pour l'estrangler : puis, se sentant
frappée à coups de pierres, elle tire ce corps demy mort, la corde au col, la
teste devant à bas de la montée de l'eschafaud. Comme elle fut au-dessous,
proche des degrez qui sont de pierre, elle prend des ciseaux qu'elle avoit ap-
portez pour coupper les cheveux à la condamnée. Avec ces ciseaux, qui estoient
longs de deux pieds, elle luy veut coupper la gorge ; comme elle n'en peut venir
à bout, elle les luy ficha en divers endroicts. »

L'onziesme tome du Mercure françois ou l'histoire de nostre temps, sous le
règne du très-chrestien roy de France et de Navarre Louis XIII. Paris, 1629,
in-8°, pages 528 et suiv.

(Note de l'éditeur.)

nière audience du parlement. Les quinze jours que cette
illustre compagnie avoit à férier jusqu'à celui où elle
devoit reprendre ses travaux, laissoient l'action de la
justice suspendue, et les fonctions du bourreau sans
titulaire ! Ce délai, assez ordinaire entre la sentence et
l'exécution, mais que la forme abrupte du jugement
sembloit avoir abrégé à dessein, donnoit aux amis d'Hélène tout le temps nécessaire pour recourir à la grâce
royale, en faveur d'une infortunée dont le ciel venoit
de manifester l'innocence par des prodiges ; car c'étoit
alors un âge de candeur et de foi, où l'on ne supposoit
pas que l'ordre naturel des choses humaines s'intervertît
contre toute probabilité sans quelque dessein secret de
la Providence ; et je suis de ceux qui tiendroient encore
cette opinion pour raisonnable, à l'époque de perfectionnement intellectuel et d'immense amélioration sociale où nous avons eu le bonheur de parvenir, depuis que
la philosophie a déchu la Providence de son influence
morale sur les événements de la terre.

La demande en grâce fut couverte en un moment de
signatures innombrables par tout ce qui pouvoit lui
prêter à Dijon la recommandation d'un rang honorable
ou d'une haute piété ; mais on concevra facilement que
ce vœu de compassion, que portoit vers le trône l'élite
d'une population sensible, n'offrit lui-même qu'une
foible chance de succès à l'espérance et à la pitié.
Louis XIII régnoit, et ce jeune prince, qui n'avoit de
force que pour être cruel, annonçoit à vingt-quatre ans
la sévérité inflexible et sanglante qui lui a fait donner
le nom de JUSTE par ses flatteurs. Déplorable justice des
rois qui ne se montre dans l'histoire que pour servir
d'auxiliaire aux bourreaux !

Le sursis de l'exécution d'Hélène s'écoula donc en
prières, comme une agonie de quinze jours, dans la
chapelle des Bernardines, entre les baisers de joie et les
angoisses de terreur de sa mère, qui craignoit au moindre

bruit qu'on ne vînt la lui reprendre pour la tuer : cependant la sœur Françoise du Saint-Esprit continuoit à répéter, quand elle se souvenoit d'Hélène dont l'histoire
confuse se représentoit par intervalles à sa pensée : — Je
vous avois bien promis que cette innocente ne mourroit
pas ! — Les premiers mots d'Hélène, au moment où les
soins du chirurgien la ramenèrent à la vie, avoient ex-
primé la même confiance dans la protection divine : —
Quelque chose m'annonçoit dans mon cœur, dit-elle,
que le Seigneur m'assisteroit ! — Mais son âme, appau-
vrie par tant de douleurs, ne supportoit plus ces alter-
natives avec une constance toujours égale. Quelquefois
elle pâlissoit soudainement ; un grand tremblement
parcouroit ses membres, encore mal guéris de leurs
blessures, et on l'entendoit murmurer en imprimant
ses lèvres sur la croix de Jésus ou sur les reliques des
saints : — Mon Dieu ! mon Dieu ! est-ce que je ne retour-
nerai pas au Morimont, où j'ai souffert tant de mal ?
Est-ce qu'on ne me fera pas mourir ? Mon Dieu ! prenez
pitié de moi !...

On reçut en ce temps-là une dépêche de Paris qui
n'étoit pas datée, mais qui n'arriva probablement qu'au
terme préfix où la justice alloit reprendre ses droits de
sang ; car la charité des rois boite d'un pied plus lent
encore que celui de la prière. Cette dépêche apportoit
un miracle de plus. Louis XIII avoit fait grâce.

L'entérinement de ces lettres de pardon, « qui rele-
« voient Hélène de son infamie, et qui la restituoient en
« bonne renommée, » fut prononcé par le parlement de
Dijon, le cinquième de juin 1625, sur le plaidoyer de
maître Charles Fevret, auteur du *Traité de l'Abus*, si
connu des avocats qui ont étudié. Charles Fevret, dont
le plus grand mérite aux yeux des philologues est d'a-
voir été le bisaïeul du savant et ingénieux Charles-Marie
Fevret de Fontette, l'éditeur, ou, pour mieux dire, l'auteur d'un des plus précieux monuments de notre his-

toire littéraire, la *Bibliothèque historique* du père Le-
long[1], Charles Fevret passoit pour un grand orateur
dans son temps, et cette réputation n'est pas usurpée,
si l'éloquence se mesure au nombre harmonieux de la
phrase et à la pompe majestueuse de la parole. C'est
cette *dictio togata* du sénat et du Capitole qui a je ne
sais quoi de patricien et de consulaire, et qui s'élève au-
dessus du commun langage par des tours magnifiques
et des mots solennels, comme les magistrats des nations
se distinguent du vulgaire par l'hermine et la pourpre.
On croiroit entendre dans sa prose le retentissement
des vers de Malherbe, et on y pressent la manière de
Balzac, dans la profusion des images et dans le luxe des
allusions. C'est ainsi qu'il peint la pauvre Hélène, hum-
blement prosternée devant le parlement, et baisant le
tranchant de l'épée de la justice qui guérit les plaies
qu'elle a faites comme la lance d'Achille. Voici un mouvement qui est très-beau : « Quel prodige en nos jours
« qu'une fille de cet aage ait colletté la mort corps à
« corps, qu'elle ait lutté avec cette puissante géante
« dans le parc de ses plus sanglantes exécutions, dans
« le champ mesme de son Morimont ! et pour tout dire
« en peu de mots, qu'armée de la seule confiance qu'elle
« avoit en Dieu, elle ait surmonté l'ignominie, la peur,
« l'exécuteur, le glaive, la corde, le ciseau, l'estouffe-
« ment et la mort ! Après ce funeste trophée, que luy
« reste-t-il, sinon d'entonner glorieusement ce cantique
« qu'elle prendra doresnavant à sa part : *Exaltetur Do-*
« *minus Deus meus, quoniam superexaltavit misericor-*
« *dia judicium.*— Que peut-elle faire, sinon d'appendre,
« pour esternel mémorial de son salut, le tableau votif
« de ses misères, dans le sanctuaire de ce temple de la
« justice ? — Quel dessein peut-elle choisir de plus
« convenable à sa condition que d'ériger un autel dans

[1] Paris, 1768-1778, 5 vol. in-folio.

« son cœur, où elle admirera, tous les jours de sa vie, la
« puissante main de son libérateur, les moyens incogneus
« aux hommes par lesquels il a brisé les ceps de sa cap-
« tivité, et l'ordre de sa dispensation providente à faire
« que toutes choses aient encouru pour sa libéra-
« tion?... »

J'ai cité ce passage avec intention parmi beaucoup
d'autres qui ne sont pas moins remarquables, parce
qu'il résume d'avance tout ce qui me reste à dire de la
vie d'Hélène Gillet. La destinée de méditation et de
prière à laquelle son avocat semble l'appeler ici, c'est la
destinée qu'elle s'étoit faite. Il y a lieu de croire qu'elle
ne rentra point dans le monde, et peut-être qu'elle ne
quitta le couvent des Bernardines qu'après la mort de
sœur Françoise du Saint-Esprit. On sait qu'elle finit
par se rendre religieuse dans un couvent de Bresse, et
qu'elle y étoit morte depuis peu de temps, « avec beaucoup d'édification, » suivant les promesses de sa sainte
protectrice, quand le père Bourrée, de l'Oratoire, publia,
en 1699, l'*Histoire de la mère Jeanne de Saint-Joseph*,
madame Courcelles de Pourlans, abbesse de Notre-Dame
du Tart. On peut supposer, d'après le rapprochement
des dates, qu'elle étoit alors pour le moins nonagénaire.

J'ai omis ou plutôt je me suis réservé une circonstance
assez extraordinaire pour clore cette longue narration.
C'est que les lettres de grâce d'Hélène Gillet furent oc-
troyées dans le conseil de Louis XIII « en faveur de
« l'heureux mariage de la royne de la Grande-Bretagne,
« sa très-chère et très-aymée sœur, Henriette-Marie de
« France, » et, si l'on me permet de rappeler encore
une fois les expressions de Charles Fevret, « pendan
« que le roi et sa cour couloient des jours d'allégresse
« et de festivité. » Ces jours de *festivité,* dont l'allégresse fut si propice à l'innocence, étoient consacrés
aux cérémonies des noces de Charles Ier, qui concou-
roient jour pour jour avec l'exécution d'Hélène sur la

place du Morimont. Vingt-quatre ans après, la tête de Charles Ier tomboit à Whitehall sous une hache plus assurée que celle de Simon Grandjean, et la jeune fille de Bourg-en-Bresse eut le temps de prier pendant un demi-siècle pour l'absolution de son âme. Les desseins de Dieu sont impénétrables, et le cœur de l'homme est aveugle ; mais il n'est pas besoin d'avoir pénétré bien avant dans l'étude des choses passées pour reconnoître qu'il y a quelque chose de mystérieux et de symbolique au fond de toutes les histoires.

Et comme il faut une moralité aux contes les plus vulgaires, vous ne me défendrez pas, messieurs, d'en attacher une à celui-ci, qui est un des plus extraordinaires, et cependant des plus vrais, que vous ayez jamais entendu réciter. C'est qu'il seroit bien temps que le genre humain réprouvât d'une voix unanime cette justice impie qui a usurpé insolemment l'œuvre de la mort sur la puissance de Dieu, l'œuvre que Dieu s'étoit réservée quand il frappa toute notre race d'un jugement de mort qui n'appartenoit qu'à lui. Oh ! vous êtes de grands faiseurs de révolutions ! Vous avez fait des révolutions contre toutes les institutions morales et politiques de la société ! Vous avez fait des révolutions contre toutes les lois ! Vous en avez fait contre les pensées les plus intimes de l'âme, contre ses affections, contre ses croyances, contre sa foi ! Vous en avez fait contre les trônes, contre les autels, contre les monuments, contre les pierres, contre l'inanimé, contre la mort, contre le tombeau et la poussière des aïeux. Vous n'avez point fait de révolution contre l'échafaud, car jamais un sentiment d'homme n'a prévalu, jamais une émotion d'homme n'a palpité dans vos révolutions de sauvages ! Et vous parlez de vos lumières ! et vous ne craignez pas de vous proposer pour modèles d'une civilisation perfectionnée ! Oserois-je vous demander où elle est votre civilisation ? Seroit-ce par hasard cette stryge hideuse qui aiguise un triangle de fer pour couper des têtes ? — Allez, vous êtes des barbares !

Quant à vous, mes bons amis, rappelez-vous maintenant des histoires plus gracieuses, celles qui nous berçoient si mollement aux bassins du Doubs, dans nos nacelles chargées de fruits, de fleurs et de jeunes femmes, tandis que les rochers voisins nous rapportoient en longs échos le bruit des cornemuses. Ces histoires, je prendrois plaisir à les redire ou à les entendre aujourd'hui, car, je ne vous le cacherois pas, la parole a plus d'une fois manqué à mes lèvres, comme dit le poëte, pendant que je racontois celle-ci. — Mais nous vivons dans un temps de pensées sévères et de tristes prévisions, où les gens de bien peuvent avoir besoin, comme la noble populace du Morimont, de se coaliser d'avance contre le bourreau ; et si elle n'avoit pas tué le bourreau, ce qui est un crime aussi, je vous proposerois volontiers d'élever un monument à son courage.

Il ne faut tuer personne. Il ne faut pas tuer ceux qui tuent. Il ne faut pas tuer le bourreau ! Les lois d'homicide, il faut les tuer !...

M. CAZOTTE [1].

Le troisième jour, cet homme cria
« Malheur à Jérusalem! malheur à moi! »
Et une pierre, lancée par les balistes des
assiégeants, le tua sur les murailles !
PROPHÉTIE DE CAZOTTE.

AVERTISSEMENT.

Il n'est pas du tout question ici de la fameuse prophétie de
Cazotte, rapportée quelque temps après le 9 thermidor par La
Harpe converti. C'est une chose faite et à peu près jugée, que
je ne pourrois ni recommencer sans manquer aux convenances
de la modestie, ni étendre en développements sans manquer à
celles du goût. Je pense, comme tout le monde, que cette scène
est en grande partie d'invention, et je suis persuadé que
La Harpe lui-même n'a jamais conçu l'espérance de lui donner
l'autorité d'un fait véritable. Il y seroit cependant parvenu assez
facilement, s'il n'avoit exagéré, au delà de toute vraisemblance,
la puissance de prévision du vieillard inspiré, en caractérisant
les événements prédits par des circonstances trop positives,
que les vagues intuitions de la *seconde vue* ne saisissent point,
si elles saisissent quelque chose. La Harpe, homme d'esprit et
de talent, étoit tout à fait nul sous le rapport de l'imagination,
et il n'est pas étonnant qu'il ait maladroitement usé d'un instrument qui n'étoit point à son usage. On va loin quand on ne
sait où l'on va, et qui ne voit le but le passe. Pour faire illu-

---

[1] Ce fragment est tiré d'un roman que j'avois entrepris d'écrire dans le goût
de Cazotte. Des travaux très-obscurs, mais bien mieux appropriés à mon âge et
à mes études, m'ont forcé à l'abandonner. Il n'en paroîtra jamais autre chose.

(*Note de l'Auteur.*)

4

sion aux autres, il faut être capable de se faire illusion à soi-même, et c'est un privilége qui n'est donné qu'au fanatisme et au génie, aux fous et aux poëtes.

Avec l'art que cette combinaison exigeoit, il n'y avoit rien de plus aisé, je le répète, que de faire accepter à la génération qui avoit vu Cazotte de merveilleuses prédictions de Cazotte, car ce digne homme étoit presque toujours sur le trépied, et la plupart des choses qu'il annonçoit se réalisoient dans leur temps de la manière la plus naturelle. Il n'y a aucun effort à faire pour comprendre ce résultat, tout extraordinaire qu'il paroisse au premier abord. La faculté de prévoir l'avenir, dans un certain ordre d'événements, est fort indépendante, en effet, de révélations, de visions et de magie. Elle appartient à quiconque est doué d'une profonde sensibilité, d'un jugement droit, et d'une longue aptitude à l'observation. La raison de ce phénomène saute aux yeux. C'est que l'avenir est un passé qui recommence. Tout le monde sait prédire le jour et le printemps, parce que tout le monde a vu succéder le printemps à l'hiver et le jour à la nuit. Il en est de même de tous les conséquents qui ont des antécédents semblables. L'histoire future n'est pas moins lucide aux yeux du philosophe, à quelques dates et à quelques noms près, que les histoires anciennes les plus avérées. Nostradamus qui n'avoit, le pauvre homme, qu'une science d'almanach fort superficielle et fort confuse, a quelquefois rencontré juste. Avec la science des affaires et la connoissance des hommes, il se seroit rarement trompé ! C'est, comme on sait, ce qui ne manquoit point à Cazotte, et il n'étoit pas difficile de prévoir, de son temps, qu'une révolution de la nature de la nôtre passeroit par toutes les périodes qui sont propres aux révolutions. Les révolutions n'avortent point; elles ne meurent que de vieillesse. Il n'y a personne au monde qui n'ait eu occasion de l'apprendre de l'expérience ou de l'histoire, à l'exception des gens qui commencent les révolutions, et qui s'efforcent follement, après, de les contenir dans de certaines bornes. Quelle pitié !

La particularité, beaucoup plus extraordinaire, qui fait le fonds de ce petit roman, n'est pas, comme on pourroit le croire, un simple jeu de l'imagination. Je me souviens très-distinctement d'avoir entendu raconter le fait principal par Cazotte, quand j'étois à cet âge de l'enfance qui est déjà celui des vives perceptions et des imperturbables souvenirs, et je pense

même que c'est la partie de ce récit où il est question de
l'étrange longévité de Marion Delorme, désignée dans le *Fragment* sous le nom de Mme Lebrun, qui donna lieu à M. Dela-
borde, fort intimement lié avec Cazotte, d'écrire la singulière
lettre de Marion Delorme au rédacteur du Journal de Paris,
qu'on lit à la suite de son *Recueil de pièces intéressantes sur le
procès de Chalais,* Londres, 1781, in-12; lettre curieuse et piquante qui fit grande sensation alors, quoique son tour frivole
et badin fût des plus mal appropriés à une question de biographie si importante, mais c'était le caractère convenu des productions du temps. L'air de scepticisme et d'ironie que l'auteur
lui avoit donné n'empêcha pas les savants de profession de s'en
occuper avec intérêt, et mon ami M. Beuchot n'a pas dédaigné de
tenir compte de cette singulière hypothèse dans la *Biographie
universelle,* en sauvant à demi l'aventureuse témérité de
l'anecdote suivante sous quelques réticences qui prouvent qu'il
n'étoit pas entièrement convaincu. J'ai poussé mes recherches
plus loin, et avec plus de confiance, parce que je m'appuyois
sur la tradition orale d'un témoin très-digne de foi, et je crois
sincèrement ce que j'en dis, ce qui est de toute rareté dans les
histoires fantastiques, et ce qui n'est pas commun dans les
autres. L'identité d'Anne-Oudette Grappin, veuve Lebrun, et
de Marion Delorme, s'est évidemment manifestée pour moi au
premier coup d'œil que j'ai jeté sur l'acte de mariage de sa
mère, qui s'appeloit Marie Delorme, ainsi qu'on peut le vérifier
dans un pays où les noms de Delorme et de Grappin étoient encore communs il y a vingt ans. Quant au village natal de Marion, mon bon frère d'études et de cœur, M. Weiss, qui a cousu
un petit nombre de notes à cette page biographique, n'auroit
pas été embarrassé de le reconnoître, si le docte bibliothécaire
de Besançon avoit eu, comme moi, sous la main, l'extrait mor-
tuaire de la veuve Lebrun, où il auroit lu *Baverans* au lieu de
Balheram. Je n'ai pas besoin de dire que la légère méprise de
l'auteur de la Lettre s'explique fort bien par l'orthographe surannée du teneur de registres, qui exprimoit le *v* consonne par
un *u* voyelle, suivant une vieille habitude que les grammairiens
ont depuis longtemps réformée dans la typographie, mais qui,
presque jusqu'à nos jours, s'est abusivement perpétuée dans
l'écriture. Quant à l'*s* finale qui suit une *n*, on sait qu'elle se
confond aisément en lettres cursives, sous la plume la plus

correcte, avec la troisième branche d'une *m*. Il suffira, pour me comprendre, de se représenter ce mot dans le griffonnage rapide et lâché d'un scribe de sacristie.

Après cette ennuyeuse excursion sur le terrain de la diplo-matique (j'en demande bien pardon à messieurs de l'École des chartes), je retourne à mes fantaisies que la plupart des lec-teurs m'auroient sans doute dispensé assez volontiers d'éclaircir et de justifier par la vérification ponctuelle d'un extrait mor-tuaire. — Qu'importe, me diront-ils, que votre histoire repose sur un fait véritable ou faux, si elle est propre à intéresser ou à plaire? — C'est une affaire de goût. Je suis moins insouciant ou plus délicat sur le choix des plaisirs de mon imagination, et j'avoue que je n'y trouve jamais plus de saveur que lorsqu'un peu de vérité les assaisonne. L'attrait d'une anecdote si piquante et si peu connue est même, avec le besoin de redemander à ma vieille mémoire une impression puérile, pour ne pas dire ridi-cule, mais tendre et véhémente de mes premières années, sur laquelle je m'expliquerai tout à l'heure, la raison la plus forte qui m'ait déterminé à écrire le dernier de mes romans. Ceci n'est pas autre chose. Plus heureux que La Fontaine, je peux me promettre au moins que ce travail est la dernière peine que l'amour me causera.

Ce seroit peut-être ici l'occasion de consacrer au vénérable Cazotte[1] une notice plus développée que celle de M. Bergasse, et qui viendroit d'autant mieux à ma matière dans la circon-stance présente, qu'on m'a quelquefois obligeamment reproché de circonscrire mes petites compositions dans des bornes trop étroites; mais que pourrois-je apprendre de nouveau sur Cazotte à une génération qui l'a suivi de si près? quel lecteur ne s'est pas amusé de ses suaves et riantes histoires? quelle âme sen-sible ne s'est pas émue à l'idée de ses nobles infortunes? Il fau-droit d'ailleurs recourir, pour leur emprunter des faits déjà vulgaires, à des ouvrages qui sont dans les mains de tout le

---

[1] Jacques Cazotte, né à Dijon en 1720, a été guillotiné à Paris le 25 sep-tembre 1792. (Voir la note XXVIIIe du *Dernier banquet des Girondins*, au tome Ier des *Souvenirs de la Révolution*.) On peut consulter sur Cazotte la *Biographie universelle*, article de M. Bergasse, et les *Souvenirs sur Marie-Antoinette*, par la comtesse d'Adhémar. Paris, 1836, in-8o, tome I, pages 2 et suivantes.   (*Note de l'Éditeur*.)

monde ; et j'aime mieux habiller mes livres un peu à l'étroit que de les étoffer aux dépens des autres. Et puis cette belle histoire nuiroit certainement à celle que j'écris : on ne me pardonneroit pas (et on feroit justice) de n'avoir trouvé dans une vie si pure et si glorieuse que le sujet d'une espèce de conte de fées.

Je m'en tiendrai sur ce chapitre à consigner, dans ma préface, une notion qui m'arrive aujourd'hui, et que les biographes ont mal à propos négligée. Le souvenir de l'héroïque Élisabeth Cazotte est inséparablement lié à celui de son père[1] ; mais on ne sait pas assez généralement que cet illustre vieillard a un fils vivant et digne de lui, que la restauration a oublié de convoquer aux honneurs de la pairie. Un des petits-fils de Jacques Cazotte, dont l'école Polytechnique a gardé un éclatant souvenir, est mort il y a quelques années dans la force et la beauté de son âge, au moment d'épouser une jeune personne qu'il aimoit, car le ciel n'épuise pas ses épreuves sur une seule tête dans les familles qu'il a choisies pour lui. Un autre a survécu. Si un gouvernement, plus libéral que les prétendus gouvernements représentatifs qui ont déjà surgi du chaos de nos révolutions, s'avise un jour de transporter sur des noms immortels, envers lesquels la postérité a contracté une dette imprescriptible, le moindre des honneurs politiques dont l'intrigue et l'argent seuls sont maintenant en possession, je me féliciterai de lui avoir rappelé que celui de Cazotte a un héritier.

---

[1] Voici ce qu'on lit à ce sujet dans la *Biographie universelle* :

« On n'a pas oublié comment, dans les terribles journées des 2 et 3 septembre, lorsque Cazotte, à son tour, fut livré aux assassins, l'héroïque Elisabeth se précipita sur lui, et, faisant au vieillard un bouclier de son corps, s'écria : « Vous n'arriverez au cœur de mon père qu'après avoir percé le mien. » Le fer, pour cette fois, tomba des mains du crime, et Cazotte et sa fille, au lieu d'être massacrés, furent portés en triomphe jusque dans leur maison ; mais ils n'y restèrent pas longtemps paisibles. » — Nous ajouterons qu'après la seconde arrestation de son père, mademoiselle Cazotte réussit à se faire autoriser à le servir dans son cachot, et qu'elle prépara avec autant d'habileté que de dévouement, non-seulement des moyens de défense, mais même des moyens d'évasion. Elle s'étoit assuré la coopération de quelques Marseillois qu'elle avoit déjà vus à l'Abbaye et qu'elle avoit intéressés par ses grâces et son courage ; mais comme sa piété filiale effrayoit le tribunal révolutionnaire, on la mit au secret.

(Note de l'Éditeur.)

I.

RÉCIT DE L'AUTEUR[1].

N'entendez-vous pas, mes amis, une voix qui s'élève et retentit dans la postérité de la semaine prochaine, une voix qui crie : « Délivrez-nous du fantastique, Seigneur, car le fantastique est ennuyeux. » Quant à moi, je le trouve depuis longtemps aussi insipide que ces vérités triviales, qui ne valent plus la peine d'être répétées ; et j'ai fait tant de chemin, avec vos romanciers à la mode, sur le dos des serpents ailés, des endriagues et des griffons, que je n'aurois nulle pudeur de m'en délasser un moment sur le roussin de Sancho, si quelque heureuse fortune me le faisoit rencontrer à souhait. Ce seroit un mauvais moyen d'être le bienvenu chez vous, aujourd'hui qu'un conteur n'est pas volontiers admis à vos veillées, s'il ne descend par la cheminée ou n'arrive par la fenêtre ; et comme votre goût capricieux, mobile, et quelquefois hétéroclite, n'en est pas moins l'arbitre suprême de quiconque est réduit à écrire par sa mauvaise étoile et par la vôtre, il faut bien que je me décide à enfourcher encore une fois, bon gré mal gré, un des monstres de votre hippodrome. Cependant, comme mon instinct me ramène, en dépit de mon métier, au naturel et au vrai, je n'ose pas vous promettre de perdre tout à fait de vue les limites de cette terre promise où il me tarde d'être rappelé. Je serois même fort embarrassé de dire positivement si le récit que j'ai à vous faire tient plus du mensonge qui vous amuse que de la réalité qui me charme. C'est ce que vous apprendrez en m'écoutant

---

[1] Ce morceau a paru dans la *Revue de Paris*, nouvelle série, année 1836, tome XXXVI.

jusqu'à la fin, et puis après nous irons dormir chacun de
notre côté, si déjà vous ne dormez pas. M'y voilà donc.

Il est bon d'abord de vous remettre en mémoire qu'en
1792 je roulois gaiement, comme dit Montaigne, les
beaux jours de ma dixième année. Je passois alors pour
un petit garçon assez exemplaire et assez studieux, mais
dont les progrès ne répondoient qu'imparfaitement aux
avantages d'une organisation dont on auroit pu tirer un
meilleur parti. C'est que j'avois une aptitude extrême à
m'approprier des sentiments, et une incapacité bien
prononcée pour m'approprier des idées. Je prenois en
délices toutes les merveilleuses rêveries dont on berce
l'imagination des enfants, en antipathie toutes les études
positives dont on nourrit la première éducation des hommes; et, comme je n'ai pas changé depuis, je suis devenu, en vieillissant, une espèce d'homme, sans cesser
pour cela d'être une espèce d'enfant.

Dans les scènes multipliées qui se sont succédé devant
moi, je n'ai jamais saisi qu'un certain côté idéal des
choses, cette superficie plus ou moins colorée, qui n'est,
à vrai dire, que le vêtement des faits, et que la raison
compte souvent pour rien quand il s'agit de les apprécier. Pendant que mes contemporains amassoient labo-
rieusement des matériaux solides pour construire l'histoire, je bâtissois, moi, des châteaux de cartes, et je me
faisois des contes que je communiquois volontiers aux
autres, parce qu'après le plaisir d'entendre des contes,
il n'y a point de plaisir plus doux que celui de raconter.
Si je me formois de temps en temps une opinion un peu
plus arrêtée sur les événements ou sur les personnes,
elle tenoit toujours, en quelque chose, de cette vie fantastique que je m'étois composée, et qui n'étoit elle-
même qu'un conte un peu long, tantôt maussade, tantôt
riant, toujours singulier et bizarre. Comme j'en savois
d'avance le dénoûment, je m'ébattois de gaieté de cœur
aux épisodes de la route, me raccrochant, de çà, de là,

aux moindres caprices, aux plus vaines fantaisies, et as-
sortissant, tant bien que mal, tous les personnages, tous
les tableaux qui se présentoient à ma vue, au cadre de
ma lanterne magique. Cependant cette disposition d'esprit n'avoit pas tellement isolé ma jeune imagination du
monde vrai, que je n'y vécusse encore par quelques
vives sympathies; mais on conçoit facilement que ces
prédilections d'instinct devoient se rattacher, avec une
complaisance toute particulière, aux objets familiers de
mes goûts et de mes lectures. Ainsi, rien de ce qui
entre dans la combinaison monotone des événements
de notre vie ordinaire n'avoit le privilége de m'intéresser. Je ne croyais pas qu'un homme eût essentiellement
vécu quand il n'avoit cherché ou subi, dans une longue
carrière, d'autres vicissitudes de fortune que celles qu'a-
mènent pour tous les chances peu variées de notre destination commune. Il falloit, pour me remuer puissam-
ment, des gloires hasardeuses et aventurières; et plus
leur point de départ étoit inconnu, et plus l'ascendant
qu'elles avoient acquis sur le monde étoit téméraire et
inopiné, plus elles m'entraînoient irrésistiblement dans
leur parti. Je ne connoissois des passions que leurs mouvements et leurs résultats, mais c'étoit dans ce jeu véhé-
ment des sentiments exaltés que je faisois consister toutes
les réalités d'une existence digne d'envie.

La vue des femmes ne me faisoit encore éprouver
qu'une émotion extrêmement vague, qui n'étoit pas sans
quelque douceur; mais si un événement romanesque
relevoit le fond vulgaire de leur histoire; si leur nom se
trouvoit mêlé à des aventures touchantes ou à de grandes
catastrophes; si le hasard avoit imprimé à leur vie le
sceau d'une fatalité tragique, cette émotion indécise
passoit jusqu'à la frénésie. Pardonnez-moi ces longs
préliminaires. Ils ne sont pas inutiles à l'intelligence
du reste de mon récit; et il ne falloit rien moins pour
vous faire comprendre comment il étoit advenu qu'à

l'âge de dix ans mon âme fût préoccupée d'un sentiment plus exclusif, plus passionné, plus fanatique
que l'amour, et qu'il y eût alors une femme, disons
mieux, un simulacre, un fantôme, un rêve, qui étoit, à
lui seul, le charme de mes promenades solitaires, l'illusion de mon sommeil, la pâture éternelle de mes regrets
inutiles et de mes extravagantes espérances. Cette dame
unique de mes pensées (j'ose à peine aujourd'hui même
achever une confidence qui m'échappe tout entière pour
la première fois), c'étoit MARION DELORME.

A l'époque dont je vous parle, mes parents s'avisèrent
subitement de m'amener à Paris pour y recevoir le seul
complément possible d'une éducation si heureusement
commencée. Ce changement de situation me déplaisoit
beaucoup sous un point de vue, parce qu'il me menaçoit d'un système d'études plus suivi, et surtout d'une
surveillance plus exigeante que celle à laquelle j'étois
accoutumé; mais, d'un autre côté, il me rapprochoit
des lieux qu'avoit habités MARION DELORME, et la Place-
Royale me dédommageoit en perspective de toutes les
rigueurs du collége. C'est dans cette disposition que je
descendis en famille au vieil hôtel garni que tenoit alors
notre compatriote, M. Dauty, dans la rue de la Verrerie,
à l'angle de la rue Barre-du-Bec, au-dessus de ce rez-de-
chaussée où vous voyez maintenant un café d'assez belle
apparence, et qui étoit alors occupé par un orfévre,
nommé M. Brisbart. Je n'oserois assurer toutefois que ce
fût la même maison, car la rue Barre-du-Bec me paroît
fort élargie.

Indépendamment du motif principal de ce voyage,
mon père se promettoit à Paris le plaisir de revoir quelques amis plus ou moins célèbres alors, et qui le sont
devenus davantage. Delille de Salles, dont le roman mé-
taphysique, intitulé *Philosophie de la Nature*, conservoit
encore quelque vogue, avoit été son confrère dans l'ordre
de l'Oratoire. Legouvé se souvenoit d'avoir reçu de lui

les premiers éléments de la rhétorique et les premiers
principes de la versification. Des relations formées dans
le monde, et entretenues par un goût commun pour la
littérature, le tenoient depuis longues années en cor-
respondance avec Collin d'Harleville et Marsollier des
Vivetières, qui fut depuis la féconde providence de l'O-
péra-Comique. Une affection beaucoup plus étroite l'u-
nissoit à l'honnête Jacques Cazotte, son aîné de vingt
ans, dont il avoit fait la connoissance à Lyon, chez un
jeune officier nommé Saint-Martin, thaumaturge passionné d'une philosophie toute nouvelle, qui se recom-
mandoit peu par l'enchaînement des idées et par la clarté
des formules, mais qui avoit au moins, sur la triste philosophie du dernier siècle, l'avantage de parler à l'imagination et à l'âme. Mon père, qui étoit né avec un certain penchant pour le merveilleux, n'avoit cependant
pas conservé une longue fidélité aux théories des marti-
nistes. Il s'étoit arrêté depuis nombre d'années à des
systèmes moins séduisants, mais beaucoup plus positifs,
sans cesser d'aimer Cazotte et ses rêveries, sur lesquelles
il ne le contrarioit jamais. Le bon Cazotte, qui regardoit
cette tolérance quelque peu ricaneuse comme une ad-
hésion formelle, se félicitoit tous les jours de plus en
plus de la résipiscence de son adepte égaré, et ses visites
se multiplioient en raison de l'opinion qu'il se formoit
de ses progrès, car jamais homme ne fut animé d'une
plus rare ferveur de prosélytisme. Son arrivée étoit toujours accueillie avec la plus vive satisfaction par notre
société ordinaire, qui se composoit, avec les personnes
que j'ai déjà nommées, de quelques femmes aimables et
spirituelles de la connoissance de ma mère, ou que le
hasard avoit réunies dans notre hôtel ; mais il n'y avoit
certainement pas un seul habitué de nos veillées à qui
elle fût plus agréable qu'à moi. C'est qu'à une extrême
bienveillance, qui se peignoit dans sa belle et heureuse
physionomie ; à une douceur tendre, que ses yeux bleus,

encore fort animés, exprimoient de la manière la plus
séduisante; à l'ascendant naturel que lui donnoit son âge
avancé, M. Cazotte joignoit le précieux talent de raconter
mieux qu'homme du monde des histoires tout à la fois
étranges et naïves, qui tenoient de la réalité la plus commune par l'exactitude des circonstances, et de la féerie
par le merveilleux. Il avoit reçu de la nature un don particulier pour voir les choses sous leur aspect fantastique,
et on sait déjà si j'étois organisé de manière à jouir avec
délices de ce genre d'illusion. Aussi, quand un pas grave
se faisoit entendre à intervalles égaux sur les dalles du
petit vestibule qui nous servoit d'antichambre; quand la
porte s'ouvroit avec une lenteur méthodique, et laissoit
percer la lumière d'un falot porté par un vieux domestique moins ingambe que le maître, et que M. Cazotte
appeloit gaiement son page; quand M. Cazotte paroissoit
lui-même avec son chapeau triangulaire, sa longue re-
dingote de camelot vert bordée d'un petit galon, ses souliers à bouts carrés, fermés très-avant sur le pied par une
forte agrafe d'argent, et sa haute canne à pomme d'or,
je ne manquois jamais de courir à lui avec les témoignages d'une folle joie, qui étoit encore augmentée par
ses caresses.

Le jour dont j'ai à vous entretenir, M. Cazotte arriva
plus tard que d'ordinaire, au moment où la conversation
commençoit à s'engager sur une question sérieuse. Delille
de Salles s'occupoit alors d'une grande histoire du genre
humain qui fait peut-être partie de l'immense collection
de ses ouvrages presque oubliés, et il en développoit le
système avec cette abondance pompeuse et cette profusion
d'images et d'allusions qui caractérisent sa manière.
Quand il eut à peu près fini : « En vérité, dit mon père,
quoique je t'aie reproché souvent de mettre de la poésie
partout, je dois convenir que je ne te verrois pas sans
plaisir tenter de renouveler les formes du style historique. Il me semble que l'on s'est presque toujours mé-

pris sur la manière de présenter les faits passés et de leur rendre la vie et l'intérêt du moment où ils se sont accomplis. Je ne parle pas du vieux Plutarque et de notre Philippe de Commines, qui ne nous paroît guère moins vieux que Plutarque. Ces gens-là savent s'emparer d'une action, la mettre en scène, et m'appeler du rang des spectateurs au milieu des personnages, pour me faire assister de plus près encore à leurs débats, pour me faire participer plus intimement aux passions qui les remuent. C'est de l'histoire vivante. Dans tout ce qu'on appelle historiens, surtout en France, je ne vois presque d'ailleurs que de froids compilateurs, de froids documents, des greffiers, des feudistes, des gazetiers d'une part, et de l'autre que des rhéteurs ampoulés, des déclamateurs gonflés de paroles et de vent, qui paraphrasent le procès-verbal des premiers en *pathos* oratoire. A cinquante-quatre ans, j'ai vu de l'histoire, et si les événements continuent comme aujourd'hui, je pourrai me flatter avant peu d'en avoir vu plus qu'il ne s'en fait ordinairement dans trois ou quatre siècles. Cette histoire, à laquelle j'étois présent, on l'a déjà écrite en partie, et je suis tout surpris, quand j'essaye de la lire, de la trouver si commune, si insipide, si dénuée d'âme et de mouvement, à côté de mes sensations. J'oserois bien affirmer, pour tout ce qui concerne l'époque que notre mémoire peut embrasser, qu'on apprendroit cent fois plus dans la conversation d'un vieillard de bonne foi, pourvu qu'il fût doué d'un peu de sensibilité et de quelque jugement, que dans toutes les rapsodies de nos historiographes. C'est moi qui ai donné à M. de Voltaire l'anecdote du chevalier d'Assas, tué à Clostercamp, dans la nuit du 15 au 16 octobre 1760. Je la tenois d'un nommé Charpin, mon perruquier, qui avoit servi dans le régiment d'Auvergne, et qui la racontoit bien mieux que M. de Voltaire lui-même. »

Delille de Salles ne répondit point. Le nom du perru-

quier Charpin avoit mal sonné à son oreille, et il hocha
la tête, comme pour témoigner que cette autorité figu-
reroit mal dans une période à quatre membres terminée
par un spondée majestueux.

« Je suis de ton avis, dit M. Cazotte qui n'avoit pas
encore parlé, mais à cela près que ta circonspection ordinaire s'est effrayée d'une proposition vraie au moment
où elle a pu te présenter l'apparence d'un paradoxe, et
que tu as mal à propos restreint à l'histoire contempo-
raine ce qu'il falloit dire hardiment de toutes les histoires, depuis le commencement du monde jusqu'à nous.
L'homme a toujours été le même, ou il ne s'en faut
guère, et en faisant sagement la part de quelques modifi-
cations de temps et de lieu, il n'est pas plus difficile de
représenter, sous un point de vue animé et dramatique,
la bataille de Cannes et celle de Pharsale, que cette es-
carmouche de Clostercamp où ton perruquier figura si
heureusement pour la mémoire de son capitaine. Moïse
que tu n'as pas cité parmi les historiens empreints d'un
mérite extraordinaire de vérité locale, parce que son nom
est de mauvais goût aujourd'hui dans une discussion
philosophique, devoit cet avantage incontestable à la
tradition orale des patriarches, et votre ami Pascal, l'aigle de l'Oratoire comme de Port-Royal, en a très-bien
fait la remarque. Je pose en fait que le vieillard dont tu
parlois tout à l'heure, et que tu as supposé pourvu d'une
bonne judiciaire et d'une certaine chaleur d'âme, s'il a
vécu dans sa jeunesse avec des vieillards favorisés des
mêmes qualités, possède en propre plus de notions singulières et vraies qu'on n'en trouveroit dans la plupart
des livres, et il ne faudroit pas plus de dix intermédiaires
pareils pour remonter aux premiers jours positifs de
notre monarchie, en admettant seulement le bénéfice
d'une longévité peu commune, mais dont tous les siècles
offrent des exemples. Il me prend envie de vous fournir
tout de suite une preuve de ce que j'avance, mais il faut

pour cela que je sache d'abord à quel jour nous sommes du mois de mai.

— Cela n'est pas difficile, répondit mon père en tirant sa montre à quantièmes. C'est aujourd'hui le quatorze.

— Le quatorze! dit M. Cazotte : il y a maintenant cent quatre-vingt-deux ans, ni plus ni moins, que le bon roi Henri IV étoit déposé, quelques heures après sa mort, sur ce petit escalier du Louvre que je te faisois voir l'autre jour. Que diriez-vous si je vous racontois, avec autant de netteté que le peut faire un témoin oculaire, des particularités de l'assassinat d'Henri IV qui n'ont jamais été écrites, et sur lesquelles il m'est impossible d'élever le moindre doute? »

A ces mots, notre petit cercle se rétrécit encore autour de M. Cazotte, et nous attendimes son récit dans un profond silence.

« Il est vrai, reprit-il, que ces particularités ne sont qu'un épisode inconnu d'une anecdote encore moins connue; mais je n'ai pas oublié, continua-t-il en souriant, que je vous dois pour cette semaine une histoire que Charles m'a gagnée de plus franc jeu qu'à l'ordinaire, et je suis à un âge où l'on peut craindre de mourir insolvable. Je vous la dirai donc, si votre temps n'est pas autrement employé, et je tâcherai de la rendre courte. »

La proposition de M. Cazotte fut accueillie, comme on peut le penser, avec un vif empressement. Legouvé mit surtout dans ses instances plus d'expansion qu'on ne lui en connaissoit alors, et que n'en promettoit cette roideur un peu janséniste qu'il tenoit de Dieu ou de son père.

— Des particularités inconnues de la mort d'Henri IV! s'écria-t-il. J'aurai grand plaisir à les apprendre, car ce sujet m'intéresse, et j'ai toujours pensé à en faire une tragédie.

— Une tragédie? répliqua M. Cazotte. On ne rêve

donc plus les amours d'Astrée sur les rives du Lignon !
Hélas ! c'est le train du monde qui vieillit ! après les romans de l'innocence, les tragédies de l'histoire ! Parlons
donc de tragédies, continua-t-il en serrant la main de
Legouvé. Tu en verras bien d'autres ! »

Et il commença :

II.

RÉCIT DE M. CAZOTTE.

J'étois parvenu à l'âge de vingt ans sans sortir de Dijon où je suis né. En 1740, ma famille m'envoya à Paris
où elle comptoit pour moi sur la protection de quelques
grands seigneurs de notre duché de Bourgogne qui
étoient venus se *déprovincialiser* en cour. J'en fus accueilli avec cette politesse élégante que les bonnes gens
prennent pour de l'obligeance et de l'affection, et puis
on me laissa là. Il fallut renoncer à quelques prétentions qui n'avoient jamais eu beaucoup d'empire sur
mon esprit, et je m'y résolus sans efforts, parce que le
monde que j'avois à peine entrevu commençoit à me
lasser.

Quoique jeune et passablement dissipé dans l'occasion, j'aimois au fond la solitude, le recueillement, les
méditations vagues et rêveuses, et tout cela est incom-
patible avec le mouvement des affaires et des plaisirs où
je m'étois jeté d'abord. Je résolus de m'isoler tout à fait
et de presque tous, même par les formes les plus communes de la vie extérieure. Me voilà donc en habit long
soigneusement boutonné jusqu'au menton, en chapeau
rond et plat aux larges ailes rabattues, en guêtres de
cuir écru fermées à longues lanières par des boucles d'a-

cier. Si vous joignez à cela des cheveux sans poudre, coupés d'assez près sur le front, et tombant de quelques pouces sur mon collet et mes épaules, vous vous formerez une idée fort exacte de Jacques Cazotte ou d'un étudiant hibernois.

Je n'avois contracté aucune relation intime dans la haute société. Ce n'est pas là qu'on va chercher des amis. Les gens de cet étage ont trop à faire pour prendre le temps d'aimer. Les personnes mêmes qui m'avoient vu le plus souvent, ne m'auroient d'ailleurs pas reconnu, et je m'en félicitois, car je ne souhaitois nullement de les revoir. J'étois heureux, et je savois que j'étois heureux ! Avantage inappréciable et rare sans lequel tout bonheur n'est qu'une chimère.

Je me complaisois alors si délicieusement dans la douce liberté que je m'étois faite, je mettois si bien à profit les heures de la journée, qu'elles me paroissoient toujours trop courtes, et que je me serois plaint au sommeil de venir me troubler dans la jouissance de mes illusions, si les songes qu'il m'apportoit ne me les avoient souvent rendues. Je craignois de voir les hommes aux dépens de la volupté inexprimable que j'éprouvois à goûter ma pensée, et les ombrages n'étoient jamais assez épais à mon gré, les retraites les plus profondes n'étoient jamais assez obscures pour me soustraire à leur rencontre, pour me cacher dans les palais de mon Ginnistan, bien loin, bien loin de leur passage, avec mes sylphes et mes fées. C'est que la moindre distraction dissipoit mes enchantements, comme le chant d'un oiseau trop matinal disperse, au lever du soleil, les esprits gracieux qui se jouent sur l'oreiller; comme l'atome égaré dans l'air où il nage imperceptible brise et dissout, en la touchant, une bulle de savon plus limpide que le diamant et plus radieuse que l'arc-en-ciel. C'est que la création m'appartenoit, une autre création vraiment que celle que vous connoissez, bien plus variée en

productions, et bien plus riche en merveilles. J'ai entendu en ma vie une multitude de contes saisissants et
de touchantes aventures, mais jamais rien d'aussi péné
trant, d'aussi vivant, d'aussi intime que les contes que
je me faisois à plaisir, et dont j'étois toujours, comme de
raison, le principal personnage. Au moment où vous
m'auriez cru fatigué de traîner le poids d'une oisiveté
monotone, j'usois mon imagination et mon cœur à subir
des passions sans objet, à surmonter des obstacles sans
réalité, à lutter contre des périls qui ne me menaçoient
point ; j'animois tout, je peuplois tout, je faisois tout de
rien. Il n'y a point d'état qui rapproche autant notre essence de celle de la Divinité.

Cela dura quelques mois, mais j'étois trop avide d'é-
motions nouvelles, trop altéré de sympathies et d'affections, pour me suffire plus longtemps à moi-même. Ce
triste genre de sagesse ne m'a jamais tenté. Je voulais
seulement emprisonner mon expansion inconsidérée
dans une petite sphère, me rattacher quelque part des
doux liens de la vie intérieure et de l'amitié domestique ;
posséder, savourer mes jours sans les prodiguer, sans les
répandre au hasard comme on le fait à Paris. Je m'avisai heureusement tout à coup que mon père m'avoit
donné une lettre pour un certain M. Labrousse, dont
l'honnête et paisible ménage pouvoit passer pour un
phénomène, puisqu'il méritoit d'être cité, même en
province. M. Labrousse étoit un ancien droguiste en
gros qui avoit fait une fortune très-considérable dans le
négoce des marchandises de l'Inde. Satisfait de son sort,
il s'étoit retiré du commerce, quoique assez vert encore, et il habitoit comme principal locataire le premier
étage de cette grande et superbe maison dont la façade
sépare la rue du Figuier de la rue des Nonaindières. Je
me présentai chez lui, non sans un peu de honte, car
il y avoit un siècle que j'étois arrivé ; mais j'avois pris le
parti de l'avouer avec candeur et de dévorer de justes

reproches avec résignation. On me reçut comme si j'étois débarqué de la veille, et l'accueil qu'on me fit m'inspira des regrets que je peignis sans doute avec l'éloquence de la franchise et du sentiment ; je n'avois pas été là deux minutes sans les éprouver.

M. Labrousse étoit un bon homme d'une extrême simplicité ; il n'y avoit rien dans son air ni dans ses manières qui indiquât cette délicatesse de tact, cette finesse de combinaisons, cette prudence observatrice et méticuleuse qui devoient caractériser, selon moi, un marchand consommé devenu riche, et j'en conclus sur-le-champ que la probité peut mener à la fortune comme autre chose, quand elle se trouve jointe par hasard à un excellent jugement. Je n'ai jamais connu d'homme qui en eût davantage et qui l'exerçât sur moins d'objets. Quand une question échappoit par la tangente au cercle de ses idées habituelles et nécessaires, il n'étoit pas de ces esprits imperturbables qui vous la saisissent aux crins comme un cheval rétif, et ne l'abandonnent plus qu'ils ne l'aient soumise et morigénée. Vous ne l'auriez pas, pour toutes choses au monde, déterminé à la suivre ; il y restoit soudain aussi étranger que si la conversation s'étoit continuée en chinois ; mais si vous rentriez, par condescendance ou par cas fortuit, dans un sujet dont sa position et ses affaires lui eussent rendu l'étude utile ou agréable, vous étiez sûr d'obtenir de lui les solutions les plus lumineuses et quelquefois les plus subtiles sur toutes les difficultés qu'il pouvoit présenter. Il ne laissoit rien à désirer alors en instruction solide, en sages inductions, en précision et en bon sens. Le sophiste le plus intrépide, le disputeur le plus hargneux, n'auroient pas trouvé une objection contre ses jugements.

Je ne vous ferai pas grâce d'un portrait. C'est ma manière de procéder, et je suis trop vieux pour en prendre une autre. Madame Labrousse étoit une grosse femme, ronde au physique et au moral, dont l'immuable sérénité faisoit plaisir à voir ; on sentoit, en la regardant, qu'elle avoit été heureuse toute sa vie, et on le comprenoit à merveille ; sa physionomie n'annonçoit pas précisément de la gaieté, elle annonçoit du contentement, cette gaieté sérieuse de l'âme qui est infiniment plus rare, et qui prouve quelque chose de plus qu'une bonne situation de fortune et une bonne disposition d'esprit, c'est-à-dire une bonne organisation, une bonne santé, et surtout une bonne conscience.

Ces excellentes gens, dont vous me pardonnerez de vous parler trop au long, quoiqu'ils n'aient rien à faire à mon histoire, mais parce que j'aime beaucoup à me les rappeler, avoient trois filles aimables, de cette amabilité toute simple et toute facile, qui ne doit presque rien au monde et à l'éducation, et qui prend sa source dans un naturel essentiellement bienveillant. L'aînée, qui avoit une trentaine d'années, s'appeloit madame Lambert. Elle étoit veuve, et cet état sévère reflétoit sur son caractère je ne sais quoi de grave et de posé qui convenoit d'ailleurs à sa position dans la famille, où elle exerçoit une pleine autorité par la concession de ses parents. C'étoit exactement la maîtresse de la maison, car M. et madame Labrousse n'y figuroient en réalité que comme deux vieux enfants, insouciants par confiance et par goût, et qui achevoient de vivre, entourés des soins et des caresses des trois autres.

La troisième des filles se nommoit Claire ; elle touchoit à sa dix-septième année, mais le tour ordinaire de ses idées et de son entretien ne lui en auroit pas fait donner plus de douze. Sa beauté, qui étoit fort remarquable, résultoit surtout de cette fraîcheur pure et veloutée, qui est à la physionomie ce que leur poudre fleurie est aux fruits, ce que l'innocence est à l'âme ; et son esprit, qui paroissoit assez vif, devoit son plus grand charme à une naïveté étourdie qui révéloit à tout moment la charmante ignorance et la curiosité d'instinct d'un enfant ; sa pureté étoit si parfaite, que la conversation la plus commune sur les choses les plus vulgaires de la vie étoit pleine, pour elle, d'objets d'étonnement. Elle avoit l'âge de la pudeur ; elle n'en avoit pas encore la révélation savante, si précoce chez les femmes. La sienne étoit un organe involontaire, irréfléchi, comme celui de la sensitive, qui se replie timidement sur elle même au moindre contact, et qui n'a cependant aucune raison pour craindre d'être blessée.

Je ne vous ai rien dit de la seconde des demoiselles Labrousse, qui avoit trois ans de plus que celle-ci, et pourtant le ciel m'est à témoin que je ne l'oubliois pas. Angélique, c'est son nom, ne ressembloit, par ses traits, à personne de la famille ; elle ne ressembloit à aucune autre femme, et les femmes qui lui ont ressemblé sont fort rares sur la terre. Elle avoit d'ailleurs toute la bonté de ses parents, non plus sincère et plus affectueuse, mais plus expressive et plus ardente. Son esprit se distinguoit par une finesse exquise de perceptions, son cœur par une tendresse inépuisable de sentiments. Elle parloit fort peu, mais son regard plus animé, plus éloquent que la parole, sympathisoit comme un langage particulier de l'âme avec toutes les idées touchantes ou élevées. Cette communication de la pensée, qui résulte d'une émotion muette mais puissante, et qui se manifeste par je ne sais quelle effusion mystérieuse, c'étoit son langage. On la voyoit se répandre si naturellement autour d'elle, qu'il auroit fallu être indigne de l'entendre pour oser l'interroger. Les imaginations religieuses et recueillies dans leur foi conversent ainsi avec les intelligences supérieures, et c'est ainsi qu'elles comprennent ces voix sublimes qui vibrent inutilement pour les organes grossiers du vulgaire. Les anciens, qui attachoient une divinité familière à chaque foyer, l'auroient reconnue dans Angélique ; et vous ne me supposez pas assez maladroit dans la composition d'un conte pour

imaginer que ce nom me soit venu à l'occasion d'un
conte. C'est que ce n'est pas un conte que je vous fais ;
c'est qu'Angélique rappeloit véritablement l'ange envoyé
du ciel pour veiller tendrement sur tous ; et il n'y avoit
rien dans son extérieur qui ne confirmât cette apparence : sa taille élancée et flexible, ses traits nobles et
gracieux, son sourire grave et doux, son accent suave
et flatteur comme une musique éloignée qu'on entend
de nuit. Je ne serois pas étonné, en vérité, que ce souvenir prêtât quelque poésie encore à mes expressions,
car tout devenoit poésie dans l'atmosphère d'Angélique,
et je ne peux me rappeler mes troubles et mes ravisse-
ments de ce temps-là sans retrouver un peu du feu
presque éteint de ma jeunesse et de mon enthousiasme.
Cependant, l'impression qui naissoit le plus ordinairement de sa vue et de son entretien, et qui m'a fait oublier
un moment le style modeste et sans apprêt du conte de
la veillée, n'étoit pas de la joie. Elle laissoit au contraire
à l'esprit une longue et vague tristesse qu'on éprouvoit
sans l'expliquer. Je vous dirois à peine aujourd'hui
même ce que c'étoit : une notion obstinée mais confuse
de l'incertitude et de la fugitive rapidité du bonheur, un
doute obscur mais profond comme un pressentiment,
l'amertume indéfinissable qui corrompt une félicité inquiète... — Quand elle s'animoit surtout d'une subite
inspiration ; quand une émotion pénétrante faisoit
palpiter son sein ; quand son front, d'une éblouissante
blancheur, quand ses joues se coloroient comme un
nuage transparent derrière lequel passe le soleil ; quand
ses paroles tremblantes et entrecoupées expiroient sur
ses lèvres avec le foible bruit, avec le murmure mourant
d'une harpe qui finit de résonner sous les doigts, on
ressentoit l'anxiété cruelle du voyageur égaré qui voit
disparoître la lumière lointaine sur laquelle il se diri-
geoit. On trembloit, oserai-je le dire ? qu'Angélique ne
s'éteignît. Il y avoit si peu de chose en elle qui appartînt

à notre nature commune, qu'on auroit dit qu'elle ne s'y
étoit associée que par un effort de complaisance et de
tendresse, et en se réservant à tout moment le droit de
s'en aller. Si vous avez dormi de ce sommeil où la
pensée suspendue ne dort pas encore ; si votre songe
douteux a été flatté alors d'une illusion riante que vous
auriez été heureux de prolonger, et dont vous vous êtes
efforcé de retenir sans espoir la déception prête à s'éva-
nouir ; si, dans cet état, vous avez prescrit l'immobilité
à vos membres et le silence à votre souffle, de crainte
de vous éveiller et de voir disparoître, avec le rêve
enchanteur qui vous berce en fuyant, une erreur mille
fois préférable à toutes les réalités de la vie, vous n'êtes
pas trop éloigné de comprendre Angélique.

Je l'aimois comme il étoit permis de l'aimer, comme
cette illusion qui échappe à l'âme, comme le songe qu'on
essaie inutilement de fixer. Dieu sait que je ne m'étois
jamais bercé près d'elle d'une trompeuse espérance, que
je ne m'étois jamais promis de pouvoir l'appeler ma
femme. Ses parents en décidèrent autrement. Ils étoient
beaucoup plus riches que moi, mais ils me portoient une
estime et un attachement qui sauvoient entre nous toutes
les différences de la fortune. Mes fréquentes visites à la
maison m'y avoient peu à peu rendu nécessaire, et on
ne m'y désignoit plus que sous le nom de l'ami Jacques.
Les douceurs de cette nouvelle intimité de famille étoient
même parvenues à me distraire complétement du goût
passionné qui avoit entraîné mon enfance vers les voyages
et les aventures. Vous pensez bien qu'on n'eut pas besoin de sonder avec de grandes précautions mes sentiments pour Angélique. Je ne me connoissois aucune raison de les dissimuler à ses parents, et je les révélois à
tout instant par les élans d'une admiration naïve. Pourquoi en aurois-je fait un mystère ? Ce n'étoit pas une
passion, c'étoit une espèce de culte ; mais le bon sens
naturel et la raison froide et posée de M. et de madame

Labrousse ne seroient jamais arrivés à saisir cette nuance délicate, presque imperceptible peut-être à des esprits plus exercés, et qui m'échappoit quelquefois à moi-même. Ils n'attribuoient ma timidité qu'à la juste réserve que m'imposoient la médiocrité de mon patrimoine et le mauvais succès de mes prétentions auprès des protecteurs qu'on m'avoit promis. Ils prirent donc sur eux la démarche des avances avec une candeur et une générosité dont les exemples sont devenus de plus en plus rares tous les jours, depuis que la maison de l'homme civilisé a remplacé la tente du patriarche. Il me sembla que je devenois fou. Ma surprise, mon ivresse, le désordre que la seule apparence d'un bonheur si peu attendu jeta dans mes idées ne purent se manifester que par des larmes. Leurs larmes se mêlèrent aux miennes. Ils étoient si heureux de ma joie!

Enfin le moment arriva où cette communication, changée en formalité sérieuse, devoit avoir lieu devant Angélique elle-même. Je tremblois; mon cœur battoit à coups précipités dans ma poitrine, comme s'il avoit tenté de l'élargir ou de la briser; j'aurois voulu n'être pas là; j'aurois voulu qu'une visite ou un événement imprévu remît la conférence à une autre fois; je n'osois tourner mes yeux sur Angélique, parce que je savois qu'un de ses regards alloit m'apprendre mon sort; je m'y décidai pourtant. Elle étoit plus pâle encore que de coutume. Elle paroissoit plongée dans une profonde méditation, depuis que les intentions de sa famille s'expliquoient à son esprit.

Tout à coup elle passa ses doigts sur son front... — Ne me parlez pas de cela, dit-elle d'une voix assurée... — Puis elle se pencha vers moi, et saisissant ma main qui tremblait dans la sienne : — J'aime Jacques, reprit Angélique, et si je sais ce que c'est qu'aimer, je l'aime autant qu'on puisse aimer. Jamais je n'aurois fait un autre choix... si j'avois eu un choix à faire!... Mais je ne l'épouserai point! Hélas! je ne l'épouserai point!

Je gardois le silence. Je n'éprouvai ni confusion, ni désespoir, ni étonnement. Je me sentis, au contraire, affranchi d'une axiété importune. Cet état est difficile, peut-être impossible à concevoir comme à décrire. La réponse d'Angélique étoit extraordinaire, et je ne sais pourquoi, cependant, je l'avois devinée.

— Que dis-tu là? s'écria M. Labrousse. Tu l'aimes, et tu ne l'épouseras point! Que signifie ce caprice étrange?...

— Un caprice? répondit Angélique d'un air sombre et réfléchi... Un caprice, en effet! Vous ne pouvez penser autre chose! Je l'aime et je ne l'épouserai point. Mon cœur est libre, ou plutôt il est à lui; et je lui refuse, et je dois lui refuser ma main! Oh! c'est là, j'en conviens, un incompréhensible mystère... une illusion; qui sait? une folie! Si je me trompois sur le motif, sur le mouvement qui me faisoit agir!... S'il étoit possible encore!...

— Écoutez, écoutez, continua-t-elle avec exaltation!... Non, non, je ne décide rien! je ne suis pas sûre de ce que je dis! Moi aussi, j'ai besoin de bonheur, d'espérance, d'avenir; moi aussi, je voudrois vivre! Nous reparlerons de cela un jour, si nous sommes ici tous alors... Nous en reparlerons trois mois après la mort de madame Lebrun.

— Trois mois après la mort de madame Lebrun! interrompit M. Labrousse avec une vivacité brusque et impatiente qui n'étoit pas naturelle à son caractère. — Trois mois après la mort de madame Lebrun! Et je voudrois bien savoir ce que madame Lebrun peut avoir à démêler dans l'établissement de mes filles? Que madame Lebrun vive ou meure, je n'y prends d'autre intérêt que celui qui m'est suggéré par la charité chrétienne. Extravagues-tu, mon enfant? Qui pourroit dire quand mourra madame Lebrun? Qui pourroit dire si elle mourra?...

Angélique sourit.

J'avois entendu parler vaguement de madame Lebrun,
deux ou trois fois tout au plus. C'étoit une femme extrêmement âgée qui habitoit le second étage de la maison,
et chez laquelle madame Labrousse et ses filles passoient
au moins une soirée par semaine; Angélique y alloit
plus souvent seule, et je me souvenois de l'en avoir vue
descendre avec une émotion que ses traits expressifs ne
pouvoient déguiser; mais cette observation n'avoit laissé
alors aucune trace dans mon esprit; elle me revint tout
à coup.

Lorsque je m'aperçus qu'il n'y avoit plus là que
M. Labrousse qui me pressoit tendrement la main, pour
suppléer par cette marque d'intérêt à une explication
impossible:

—Qu'est-ce donc, lui dis-je tristement, que cette madame Lebrun dont le nom me réveille de tous mes
songes?... Il me sembloit, comme vous venez de le remarquer, qu'elle avoit peu d'influence sur vos affaires,
et que vous la connaissiez à peine?

—Madame Lebrun? répliqua-t-il sur-le-champ,
heureux probablement de saisir un sujet de conversation qui lui épargnoit l'explosion de ma douleur. —
Madame Lebrun?... Ma foi, je serois fort embarrassé de
le dire! Il y a plus de trente-quatre ans (c'étoit en 1706)
que je la vis pour la première fois à l'enterrement de la
fameuse mademoiselle de Lenclos, et, ce que je puis
affirmer, c'est qu'elle paroissoit alors aussi vieille qu'aujourd'hui. Elle revenoit de voyages lointains, où elle ne
s'étoit pas enrichie, et on disoit qu'elle étoit arrivée un
jour trop tard pour pouvoir tenir une place dans le testament de la défunte, à la succession de laquelle on
croyoit généralement qu'elle auroit eu des droits à faire
valoir, comme parente ou comme amie; mais c'est ce
dont je n'ai jamais tenté de m'éclaircir. Je ne sais plus
comment elle s'appeloit, ou plutôt comment elle préten-
doit s'appeler, car sa vie antérieure est couverte de quel-

que mystère qu'elle paroit avoir fort à cœur de ne pas
laisser pénétrer. Elle épousa dans ce temps-là, pour la
forme, sans doute, et dans la seule intention de se donner un état, je ne sais quel quidam franc-comtois nommé M. Lebrun, qui se mèloit d'affaires, et qui semble
être parvenu à rétablir un peu les siennes. Il n'est pas
étonnant qu'à son âge elle ait trouvé par-ci par-là de
faibles portions d'héritages à recueillir. Tant de générations ont passé de vie à trépas depuis qu'elle est sur
terre! Dès lors, je l'avois tout à fait perdue de vue, jusqu'à une de ces dernières années, qu'elle vint prendre
un logement dans cette maison. Son mari était mort
depuis longtemps, et je ne pense pas qu'elle connoisse
maintenant personne, si ce n'est ma famille qui prend
plaisir à sa conversation, parce qu'elle est réellement
fort curieuse et fort variée, cette vieille femme, qui est
née avec de l'esprit et qui a reçu de l'éducation, ayant
beaucoup vu et beaucoup retenu.

Ce qu'il y a de plus certain, c'est que c'est une digne
créature, pieuse, charitable, bienveillante envers tout
le monde, qui paye fort exactement son terme, et à laquelle je n'aurois aucun reproche à faire, si je n'imagi-
nais qu'elle a troublé, pour notre malheur, la tête de
mon Angélique de quelques rêveries auxquelles les
personnes d'âge sont sujettes. Voilà, en vérité, mon
cher Jacques, tout ce que je sais de l'histoire de madame Lebrun, à la considérer de son côté naturel.

Cette réticence excita vivement ma curiosité.

— De son côté naturel? repris-je, et de quel autre,
s'il vous plaît?

— Je ne sais si j'oserai vous en parler, répondit
M. Labrousse en me regardant d'un air soucieux. Il y
auroit de quoi diminuer de beaucoup l'estime que vous
voulez bien faire de mon jugement, si vous pouviez
penser que j'attache à ces folies plus d'importance que
vous; mais je vous les donnerai pour ce qu'elles sont.

Le peuple, toujours porté à penser que la vieillesse réunit à la connoissance expérimentale du passé quelque prescience plus ou moins claire de l'avenir, a choisi la vie de madame Lebrun pour texte des romans les plus bizarres. C'est dans son sens une espèce de juif-errant femelle qui se repose, et je ne répondrois pas que les aventures qu'on lui attribue n'aient déjà été imprimées à Troyes. Quoiqu'on l'appelle communément *la fée d'i-voire*, à cause de l'aspect remarquable que l'âge lui a donné, et dont il n'est possible de se faire une juste idée qu'en la voyant, les uns la désignent sous le nom de la princesse d'Égypte, les autres la tiennent pour une reine détrônée de la Chine ou du Japon. Comme elle parle assez familièrement des seigneurs et des princes du temps passé, j'ai connu des gens très-convaincus qu'elle avoit autrefois régné en France, et certains vous soutiendront fermement qu'elle n'est autre que l'infortunée Marie Stuart, pour qui une de ses femmes a jadis livré sa tête aux bourreaux de Fotheringay. Tous s'accordent à lui conférer le don de divination. C'est bien le moins; et quoiqu'elle ne soit assurément pas riche, une opinion fondée sur l'élégance encore recherchée de sa toilette, sur l'apparence de quelques bijoux échappés par hasard aux revers de sa fortune, et sur la libéralité des aumônes, qui sont, à la vérité, sa principale dépense, lui prête, avec tout autant de fondement, le secret de la pierre philosophale. Il semble même qu'elle prenne plaisir à entretenir ces ridicules suppositions par des singularités fort étranges de langage, de manières et de conduite. Je vous en citerai une seule, parce que nous ne sommes pas éloignés du moment où il en sera question ici. Vous venez d'apprendre de ma bouche qu'elle n'avoit de fréquentation habituelle qu'avec nous; et cependant, au retour de chaque année, elle s'absente régulièrement un mois durant, sans qu'on sache aucunement ce qu'elle devient alors. Le 1er janvier, après avoir été fort exacte

à étrenner ses jeunes amies de quelques vieilleries curieuses qu'elle a rapportées des pays étrangers, elle descend, au coup de dix heures du soir, suivie d'une femme
de chambre fort sérieuse et presque aussi surannée que
sa maîtresse, dont personne n'a jamais tiré un mot, et
qui paroît chargée d'un assez grand panier, propre à
contenir des provisions. Cela dure jusqu'au 1er février,
qu'elle rentre à la même heure, plus saine, plus nette
et plus leste qu'elle n'étoit partie. Les domestiques et
les portiers, qui sont, comme vous savez, une espèce
indiscrète et bavarde de nature, ont bien essayé plusieurs
fois d'éclairer ses démarches, malgré mon expresse défense ; mais ils n'en savent pas plus que nous. Ils ne
l'ont jamais retrouvée au détour de la rue, et vous devinez assez leurs conjectures.

Je ne croyois pas avoir rien entendu de plus extraordinaire en toute ma vie ; et plus j'y réfléchissois, plus je
sentois un nouvel ordre d'idées se développer en quelque
sorte aux yeux de mon intelligence.

— Ce qui m'étonne le plus, poursuivit M. Labrousse,
qui comprenoit mon silence, c'est que la haute raison de
mon Angélique ait pu se laisser surprendre par ces illusions, au point de leur accorder une importance qu'elles
ne méritent pas.

— Ah ! mon ami, m'écriai-je, n'accusez pas Angélique d'erreur pour nous justifier de notre ignorance et
de notre crédulité. Qui pourroit assurer que l'obstacle
dont elle s'effraye n'est autre chose qu'une rêverie ? En
prolongeant la vie de sa créature sur la terre, Dieu ne
lui auroit-il pas accordé, pour dédommagement de la
dissolution progressive de son être matériel, quelque an-
ticipation prévoyante sur l'avenir de l'âme ? Ne lui auroit-il pas ouvert à l'avance les trésors de cette science
illimitée du bien et du mal, qui lui appartient dans le
ciel, et qu'il réserve à ses émanations les plus pures ?
Seroit-il impossible qu'une fatalité funeste, qui m'est

peut-être attachée, se fût en partie révélée à un esprit presque entièrement affranchi des liens grossiers du corps, et que la mystérieuse amie d'Angélique eût lu plus distinctement que moi, dans les immuables décrets de la destinée, un pressentiment qui, tout vague qu'il soit pour ma pensée, me remplit souvent de terreur? Madame Lebrun n'a-t-elle pas entendu prononcer mon nom quelquefois depuis que j'approche de vous, et n'a-t-il pas pu retentir à son oreille comme le bruit d'un événement tragique? Hélas! j'ai imaginé souvent moi-même que la divine volonté me réservoit à une catastrophe de sang!

— Es-tu fou? interrompit M. Labrousse en me regardant fixement. Une contrariété, dont nous viendrons facilement à bout, je l'espère, auroit-elle ébranlé ton jugement? Rassure-toi, Jacques! reprends courage!...

Ce que je venois de lui dire tenoit en effet à cette série insaisissable de sentiments qui repaît les esprits imaginatifs, et dont le sien ne s'étoit jamais occupé. Le mien lui-même s'y abandonnoit tout à fait pour la première fois; je sentois que ces paroles m'étoient échappées comme l'élan d'une volonté intérieure et spontanée, qui n'avoit pas sa source dans mes facultés ordinaires, et qui portoit à mon âme l'idée d'une voix intime, mais profondément inconnue. Je me demandai à mon tour si ma raison n'étoit pas égarée.

Au bout de quelques jours, mon imagination se calma, mes préoccupations se dissipèrent. Angélique ne cessoit pas de me traiter avec tendresse en présence de sa famille, et je ne la voyois pas autrement. Je crus trouver plus d'une fois, dans ses discours et dans ses yeux, l'expression d'un pur amour; je redevins presque heureux.

Cependant l'étonnante restriction qu'elle avait opposée aux vœux de sa famille, et les renseignements, plus surprenants encore, que j'avois reçus de M. Labrousse, me faisoient vivement désirer de voir madame Lebrun.

Cette faveur, assez difficile à obtenir, fut sollicitée par
Angélique, à qui madame Lebrun n'avoit rien à refuser,
et le jour de ma visite avec madame Labrousse et ses
filles se trouva marqué pour le 31 décembre, qui étoit,
si l'on s'en souvient, la veille d'une émigration pério-
dique de la vieille voisine, toujours suivie d'un mois d'absence. Quant à M. Labrousse, qui avoit assez promptement perdu de vue les motifs de mon impatience et de
ma curiosité, il garda le coin du feu pour faire sa partie
de tric-trac ordinaire avec le curé de Saint-Paul.

Il étoit huit heures du soir quand la porte de madame Lebrun s'ouvrit, et je ne sais pourquoi mon cœur
battoit étrangement au moment où j'en passois le seuil,
comme si elle avoit dû se clore sur mes dernières espérances en retournant sur ses gonds; car le spiritualisme
exalté peut-être, mais consciencieux et réfléchi, dont je
m'honore d'avoir fait une continuelle profession, depuis
qu'il m'a été donné de méditer sur la nature et sur la
destinée de l'homme, me mettoit lui-même fort au-dessus de toutes les croyances superstitieuses du vulgaire,
qui ne sait que très-mal ce qu'il sait que parce qu'il sait
très-peu. Je tressaillis pourtant lorsqu'on me nomma.

L'appartement de madame Lebrun n'avoit rien, d'ailleurs, qui rappelât l'appareil imposant de la demeure
des sibylles; je le jugeai même plus simple que je ne
m'y étois attendu. C'étoient, et rien de plus, de vieilles
boiseries revêtues de la modeste décoration du vieux
temps, des meubles propres, mais fort passés de mode,
parmi lesquels se distinguoient à peine, par une physionomie plus riche et plus antique, un prie-Dieu, singulièrement orné de quelques ciselures comme en faisoit
Cursinet cent ans auparavant, et, tout auprès, une espèce de socle qui portoit une belle et grande cassette
du travail de Boule le père, dont je ne cherchai pas à
deviner l'emploi. On ne doute pas que mes regards se
fussent soudainement tournés sur madame Lebrun,

qu'Angélique s'efforçoit de retenir assise pour lui épargner d'inutiles et fatigantes démonstrations de politesse. Je me précipitai vers elle à mon tour, je parvins avec quelque peine à l'empêcher de quitter sa place, et je trouvai, en me relevant de cette attitude d'instance, les deux yeux noirs et profonds de madame Lebrun fixés sur moi comme des ancres de fer.

— O mon Dieu! mon Dieu! s'écria-t-elle en se renversant sur son dossier et en se couvrant le front de ses mains... seroit-il possible que votre justice tolérât ce crime encore une fois! Toujours, toujours, ô mon Dieu!

Ensuite elle laissa retomber ses bras sur les côtés de son fauteuil comme si elles les y avoit incrustés, le corps fixe, immobile, la figure pensive, l'attention, à ce qu'il sembloit, si distraite de nous tous que j'osai la regarder alors avec plus de soin, parce que ses paupières s'abaissèrent. Son habillement, d'un goût fort ancien et d'une élégante simplicité, n'annonçoit que le négligé d'une femme du grand monde, qui aime à s'entretenir dans sa parure; mais je fus frappé, comme le peuple, du prestige qui l'avoit fait nommer *la fée d'ivoire*. C'étoit le poli de l'ivoire même, avec ce reflet d'un blond pâle que lui donne le temps. Le sang et la vie avoient entièrement disparu sous la peau lisse et tendue, où se creusoient seulement çà et là quelques rides inflexibles, comme les auroit fouillées l'outil d'un statuaire, et dans lesquelles se cachoient, selon toute apparence, l'histoire et les douleurs d'un siècle. Il auroit été difficile de décider, à son aspect, si *la fée d'ivoire* avoit été parfaitement belle; mais je ne doutai pas un moment qu'elle n'eût été charmante, et mon esprit, fertile en palingénésies, la rajeunissoit ainsi, et se la représentoit en souriant au milieu de toutes ses grâces de jeune fille, quand une de ses mains se releva soudainement avec le jeu d'un ressort, et se glissa dans mes cheveux pour m'arrêter près d'elle, comme si elle m'avoit tout à coup retrouvé au sortir d'un songe.

— Toujours ! toujours ! répéta madame Lebrun. — Et on dit depuis si longtemps qu'Armand-Jean Duplessis ne règne plus ! Il n'y a cependant pas à s'y tromper, murmura-t-elle d'une voix qui s'affoiblissoit de plus en plus, de manière à n'être entendue que de moi, et dont les dernières articulations expirèrent dans mon oreille...

— A celui-là le destin de l'autre ! Encore une tête pour Matabœuf !

L'impression que me firent ces singulières paroles fut si vague et si fugitive que je ne pris pas la peine d'y chercher un sens. Je m'en étonnai d'autant moins, sans doute, que j'étois entré chez madame Lebrun tout préparé à quelque chose d'extraordinaire ; et, content de voir que son émotion n'avoit pas duré plus longtemps que la mienne, je vins reprendre ma place.

— Matabœuf ! reprit-elle en appuyant son front d'ivoire sur sa main d'ivoire ! Où ai-je pris ce nom-là ? qui m'a rendu ces souvenirs ? comment se réveillent-ils si puissants après un siècle écoulé ? Par quelle fatalité suis-je condamnée à revoir ce que j'ai vu, comme si je le voyois encore ?

Ses idées paroissoient se presser dans son esprit et courir à ses lèvres ; et tout le monde écoutoit, Angélique et moi surtout. Le mystère a tant de pouvoir sur de jeunes âmes qu'une éducation chrétienne et poétique a nourries de merveilles !

Madame Lebrun continuoit à réfléchir, et un de ses doigts élevés vers le ciel annonçoit qu'elle alloit parler.

— Le récit qu'elle nous fit, je vous le raconterai une autre fois, dit M. Cazotte en se levant, car il me semble que dix heures sont sonnées, et sous le règne de la liberté, il est plus prudent que jamais de rentrer de bonne heure. Et puis, mon Élisabeth est fille à s'inquiéter aisément pour son vieux père. Il est dit dans l'*Imitation de Jésus-Christ* : Le souci ronge ceux qui aiment.

Le vieux page averti s'étoit relevé lourdement de sa banquette. Mon père reconduisoit M. Cazotte, et je sautois pendu à sa main.

Quand il fut parti, Legouvé fit deux tours dans la chambre, en murmurant d'un ton assez maussade : — Il n'y a pas dans tout ce radotage l'apparence d'un motif dramatique.

— J'y ai vu, dit Marsollier en caressant son jabot, l'intention de deux scènes d'intérieur assez-bien indiquées, mais qui auroient besoin d'arrangement et de style.

Pour moi, pensai-je tout bas, j'en ferai un jour un bon *pasticcio,* et je ne perdrai pas un seul des détails qui m'ont frappé, car j'écrirai dès ce soir.

— Et si tu n'entends jamais le reste?... me dit mon père, qui avoit deviné mon dessein, en me voyant mettre la main sur son écritoire et sur son papier.

— Alors, lui dis-je, mon *pasticcio* ne finira ni plus ni moins que les *Quatre Facardins.*

Quatre mois après, le bon Cazotte avoit porté sa tête sur l'échafaud de la terreur toute jeune encore. A peine sortie du berceau, elle dévoroit des vieillards.

LÉGENDE DE SŒUR BÉATRIX

Il étoit bien convenu en France, il y a une vingtaine d'années, que tous les trésors de la poésie sont renfermés sans exception dans le *Pantheum mythicum* de Pomey, et dans le *Dictionnaire de la Fable* de M. Noël. Un nom inconnu de Phurnutus, une fable ignorée de Paléphate, un récit tendre et touchant qui ne remontoit pas aux *Métamorphoses*, toute idée qui n'avoit pas passé à la filière éternelle des Grecs et des Romains, étoit réputée barbare. Quand vous en aviez fini avec les Aloïdes, les Phaëtontides, les Méléagrides, les Labdacides, les Danaïdes, les Pélopides, les Atrides, et autres dynasties malencontreuses, fatalement vouées aux Euménides par la docte cabale d'Aristote et surtout par la rime, il ne vous restoit plus qu'un parti à prendre : c'étoit de recommencer, et on recommençoit. La patiente admiration des colléges ne se lassoit jamais de ces beaux mythes qui ne disoient pas la moindre chose à l'esprit et au cœur, mais qui flattoient l'oreille de sons épurés à la douce euphonie des Hellènes. C'étoit Bacchus né avant terme au bruit d'un feu d'artifice, et que Jupiter héberge dans sa cuisse, par l'art de Sabasius, pour y accomplir le temps requis à une gestation naturelle. C'étoit le fils de Tantale, servi aux dieux dans une *olla podrida* digne des enfers, et dont Minerve, plus affamée que le reste des immortels, est obligée de remplacer l'épaule absente par une omoplate d'ivoire. C'étoit Deucalion repeuplant le monde avec les ossements de sa grand'mère, c'est-à-dire en jetant des pierres derrière lui. C'étoit je ne sais quel autre conte absurde et solennel dont il falloit connoître les détails ridicules, et souvent obscènes ou impies, sous peine de passer pour ignorant et pour stupide aux yeux de la société polie. En revanche, on décernoit des récompenses et des couronnes à l'heureux enfant qui étoit parvenu à rassembler dans sa mémoire le plus grand nombre possible de ces inepties classiques, et s'il m'en souvient bien, le premier prélat du diocèse daignoit imprimer à son triomphe le sceau de sa bénédiction pontificale. Cette méthode d'abrutissement et de dégradation intellectuelle, qui manquoit rarement son effet, s'appeloit l'éducation.

Cependant notre civilisation ne ressembloit plus depuis bien des années à celle qui s'étoit nourrie, pendant tant de siècles, des fables puériles du paganisme. L'ironie de Socrate avoit porté le premier coup aux fantômes des mythologues. Ils s'étoient évanouis sous le fouet de Lucien. Une nouvelle croyance s'étoit introduite, grave, majestueuse, touchante, pleine de mystères sublimes et de sublimes espérances. Avec elle étoient descendus dans le cœur de l'homme une multitude de sentiments que les anciens n'ont point connus, la sainte ferveur de la foi, le noble enthousiasme de la liberté, l'amour, la charité, le pardon des injures. Une poésie, mieux appropriée aux besoins du christianisme, étoit née avec lui, et cette poésie avoit aussi ses mythes et ses histoires. Pourquoi cette nouvelle source d'inspirations merveil-

leuses et de tendres émotions fut-elle négligée par ces
habiles artisans de la parole, qui charment de leurs récits
les ennuis et les douleurs de l'humanité? Pourquoi la
légende pieuse et touchante fut-elle reléguée à la veillée
des vieilles femmes et des enfants, comme indigne d'occuper les loisirs d'un esprit délicat et d'un auditoire
choisi? C'est ce qui ne peut guère s'expliquer que par
l'altération progressive de cette précieuse naïveté dont les
âges primitifs tiroient leurs plus pures jouissances, et
sans laquelle il n'y a plus de poésie véritable. La poésie
d'une époque se compose, en effet, de deux éléments
essentiels, la foi sincère de l'homme d'imagination qui
croit ce qu'il raconte, et la foi sincère des hommes de
sentiment qui croient ce qu'ils entendent raconter. Hors
de cet état de confiance et de sympathie réciproques où
viennent se confondre des organisations bien assorties,
la poésie n'est qu'un vain nom, l'art stérile et insigni-
fiant de mesurer en rhythmes compassés quelques syllabes sonores. Voilà pourquoi nous n'avons plus de
poésie dans le sens naïf et original de ce mot, et pourquoi
nous n'en aurons pas de longtemps, si nous en avons
jamais.

Pour en retrouver de foibles vestiges, il faut feuilleter
les vieux livres qui ont été écrits par des hommes
simples, ou s'asseoir dans quelque village écarté, au
coin du foyer des bonnes gens. C'est là que se retrouvent de touchantes et magnifiques traditions dont personne ne s'est jamais avisé de contester l'autorité, et
qui passent de génération en génération, comme un
pieux héritage, sur la parole infaillible et respectée des
vieillards. Là ne sauroient prévaloir les objections rica-
neuses de la demi-instruction, si revêche, si maussade et
si sotte, qui ne sait rien à fond, mais qui ne veut rien
croire, parce qu'en cherchant la vérité qui est interdite
à notre nature, elle n'a gagné que le doute. Les récits
qu'on y fait, voyez-vous, ne peuvent donner matière à

aucune discussion; ils défient la critique d'une raison exigeante qui rétrécit l'âme, et d'une philosophie dédaigneuse qui la flétrit; ils ne sont pas tenus de se renfermer dans les bornes des vraisemblances communes, dans les bornes mêmes de la possibilité, car ce qui n'est pas possible aujourd'hui étoit sans doute possible autrefois, quand le monde, plus jeune et plus innocent, étoit digne encore que Dieu fît pour lui des miracles; quand les anges et les saints pouvoient se mêler, sans trop déroger de leur grandeur céleste, à des peuples simples et purs dont la vie s'écouloit entre le travail et la pratique des bonnes œuvres. Les faits qu'on vous rapporte n'ont pas besoin, d'ailleurs, de tant d'éclaircissements : n'ont-ils pas le témoignage du vieil aïeul qui les savoit de son aïeul, comme celui-ci d'un autre vieillard qui en a été le témoin oculaire? Et dans cette longue succession de patriarches nourris dans l'horreur du péché, s'en est-il jamais rencontré un seul qui ait menti?

O vous! mes amis, que le feu divin qui anima l'homme au jour de sa création n'a pas encore tout à fait abandonnés; vous qui conservez encore une âme pour croire, pour sentir et pour aimer; vous qui n'avez pas désespéré de vous-mêmes et de votre avenir, au milieu de ce chaos des nations où l'on désespère de tout, venez participer avec moi à ces enchantements de la parole, qui font revivre à la pensée l'heureuse vie des siècles d'ignorance et de vertu; mais surtout ne perdons point de temps, je vous en conjure! Demain peut-être il seroit trop tard! Le progrès vous a dit : Je marche, et le monstre marche en effet. Comme la mort physique dont parle le poëte latin, l'éducation première, cette mort hideuse de l'intelligence et de l'imagination, frappe au seuil des moindres chaumières. Tous les fléaux que l'écriture traîne après elle, tous les fléaux de l'imprimerie, sa sœur perverse et féconde, menacent d'envahir les derniers asiles de la pudeur antique, de l'innocence et de la piété, sous une escorte de sombres pédants. Quelques jours encore, et ce monde naissant, que la science du mal va saisir au berceau, connoîtra un ridicule alphabet et ne connoîtra plus Dieu; quelques jours encore, et ce qui reste, hélas! des enfants de la nature, seront aussi stupides et aussi méchants que leurs maîtres. Hâtons-nous d'écouter les délicieuses histoires du peuple, avant qu'il les ait oubliées, avant qu'il en ait rougi, et que sa chaste poésie, honteuse d'être nue, se soit couverte d'un voile comme Ève exilée du paradis.

J'ai juré, quant à moi, de n'en jamais écouter, de n'en jamais raconter d'autres. Celle que je vais vous dire est tirée d'un vieil hagiographe, nommé Bzovius, continuateur peu connu de Baronius, qui ne l'est guère davantage. Bzovius la regardoit comme parfaitement authentique, et je suis de son avis, car de pareilles choses ne s'inventent point. Aussi me serois-je bien gardé d'y changer la moindre chose dans le fond; et quant aux différences qu'on pourra trouver dans la forme, il ne faut point les imputer à mon goût, mais à celui de la multitude, qui feroit peu de cas du tableau d'un maître naïf, s'il n'étoit relevé par la bordure et rafraîchi par le vernis. Après cette déclaration, les lecteurs dans lesquels l'amour du beau et du vrai n'est pas altéré par de mauvaises habitudes, sauront à quoi s'en tenir. Ils laisseront là mon pastiche, et liront, s'ils déterrent son bouquin dans les bibliothèques, le bonhomme Bzovius, qui raconte cent fois mieux que moi.

Non loin de la plus haute cime du Jura, mais en redescendant un peu sur son versant occidental, on remarquoit encore, il y a près d'un demi-siècle, un amas de ruines qui avoit appartenu à l'église et au monastère de *Notre-Dame-des-Épines-Fleuries*. C'est à l'extrémité d'une gorge étroite et profonde, mais beaucoup plus abritée du côté du nord, et qui produit tous les ans, grâce à la faveur de cette exposition, les fleurs les plus rares de la contrée. A une demi-lieue de là, l'extrémité opposée laisse voir aussi les débris d'un antique manoir seigneurial, qui a disparu comme la maison de Dieu. On sait seulement qu'il étoit occupé par une famille très-renommée dans les armes, et que le dernier des nobles chevaliers dont il portoit le nom, mourut à la conquête du tombeau de Jésus-Christ, sans laisser d'héritier pour perpétuer sa race. La veuve inconsolable n'abandonna pas des lieux si propres à entretenir sa mélancolie; mais le bruit de sa piété se répandit au loin avec ses bienfaits, et une tradition glorieuse consacre à jamais sa mémoire aux respects des générations chrétiennes. Le peuple, qui a oublié tous ses autres titres, l'appelle encore LA SAINTE.

Un de ces jours où l'hiver, près de finir, se relâche tout à coup de sa rigueur, sous les influences d'un ciel tempéré, LA SAINTE se promenoit, comme d'habitude, dans la longue avenue de son château, l'esprit occupé de pieuses méditations. Elle arriva ainsi jusqu'aux buissons d'épines qui la terminent encore, et elle ne fut pas peu surprise de voir qu'un de ces arbustes s'étoit chargé déjà de toute sa parure du printemps. Elle se hâta de s'en approcher pour s'assurer que cette apparence n'étoit pas produite par un reste de neige rebelle, et, ravie de le voir couronné en effet d'une multitude innombrable de belles petites étoiles blanches à rayons incarnats, elle en détacha soigneusement un rameau pour le suspendre, dans son oratoire, à une image de la sainte Vierge qu'elle avoit depuis son enfance en grande vénération, et s'en revint joyeuse de lui porter cette offrande innocente. Soit que ce foible tribut fût réellement agréable à la divine mère de Jésus, soit qu'un plaisir particulier qu'on ne sauroit définir soit réservé à la moindre effusion d'un cœur tendre vers l'objet qu'il aime, jamais l'âme de la châtelaine ne s'étoit ouverte à des émotions plus ineffables que dans cette douce soirée.

Aussi se promit-elle avec une joie ingénue de retourner tous les jours au buisson fleuri, et d'en rapporter tous les jours une guirlande nouvelle. On peut croire qu'elle fut fidèle à cet engagement.

Un jour, cependant, que le soin des pauvres et des malades l'avoit retenue plus longtemps que d'ordinaire, elle eut beau se presser de gagner son parterre sauvage; la nuit y arriva avant elle, et on dit qu'elle commençoit à regretter de s'être engagée si avant dans ces solitudes, quand une clarté calme et pure, comme celle qui descend du jour naissant, lui montra soudainement toutes ses épines en fleur. Elle suspendit un instant ses pas, à la pensée que cette lumière pouvoit provenir d'une halte de brigands, car il étoit impossible d'imaginer qu'elle fût produite par des myriades de vers luisants, éclos avant leur saison. L'année étoit encore trop éloignée alors des nuits tièdes et pacifiques de l'été. Toutefois, l'obligation qu'elle s'étoit imposée venant se présenter à son esprit et ranimer un peu son courage, elle marcha légèrement, en retenant son haleine, vers le buisson aux blanches fleurs, saisit d'une main tremblante une branche, qui sembla tomber d'elle-même entre ses doigts, tant elle fit peu de résistance, et reprit le chemin du manoir, sans oser regarder derrière elle.

Durant toute la nuit suivante, la sainte dame réfléchit à ce phénomène, sans pouvoir l'expliquer; et, comme elle avoit à cœur d'en pénétrer le mystère, dès le lendemain, à la même heure du soir, elle se rendit aux buissons, en compagnie d'un serviteur fidèle et de son vieux chapelain. La douce lumière y régnoit ainsi que la veille, et sembloit devenir, à mesure qu'ils approchoient, plus vive et plus rayonnante. Ils s'arrêtèrent alors, et se mirent à genoux, parce qu'il leur sembla que cette lumière venoit du ciel; après quoi le bon prêtre se leva seul, fit quelques pas respectueux vers les épines fleuries, en chantant une hymne de l'église, et les détourna sans efforts, car elles s'ouvrirent comme un voile. Le spectacle qui s'offrit en ce moment à leurs regards les frappa d'une telle admiration, qu'ils restèrent longtemps immobiles, tout pénétrés de reconnoissance et de joie. C'étoit une image de la sainte Vierge, taillée avec simplicité dans un bois grossier, animée des couleurs de la vie par un pinceau peu savant, et revêtue d'habits qui ne révéloient qu'un luxe naïf; mais c'étoit d'elle qu'émanoit la splendeur miraculeuse dont ces lieux étoient éclairés. « Je vous salue, Marie, pleine de grâces, » dit enfin le chapelain prosterné; et au murmure harmonieux qui s'éleva dans tous les bois, quand il eut prononcé ces paroles, on auroit pu croire qu'elles étoient répétées par le chœur des anges. Il récita ensuite, avec solennité, ces admirables litanies où la foi a parlé sans le savoir le langage de la poésie la plus élevée; et, après de nouveaux actes d'adoration, il souleva la statue entre ses mains, afin de la transporter au château où elle devoit trouver un sanctuaire plus digne d'elle, pendant que la dame et le valet, les mains jointes et le front incliné, le suivoient lentement en s'unissant à ses prières.

Je n'ai pas besoin de dire que l'image merveilleuse fut placée dans une niche élégante, qu'elle fut entourée de flambeaux odorants, baignée de parfums, chargée d'une riche couronne, et saluée, jusqu'au milieu de la nuit, du cantique des fidèles. Cependant, le matin, on ne la retrouva plus, et l'alarme fut vive parmi tous ces chrétiens que sa conquête avoit comblés d'un bonheur si pur. Quel péché inconnu pouvoit avoir attiré cette disgrâce au manoir de LA SAINTE? Pourquoi la Vierge céleste l'avoit-elle quitté? Quel nouveau séjour avoit-elle choisi? On le devine sans doute. La bienheureuse mère de Jésus avoit préféré l'ombre modeste de ses buissons favoris à l'éclat d'une demeure mondaine. Elle étoit retournée, au milieu de la fraîcheur des bois,

goûter la paix de sa solitude et les douces exhalaisons
de ses fleurs. Tous les habitants du château s'y rendirent dans la soirée, et l'y trouvèrent, plus resplen-
dissante que la veille. Ils tombèrent à genoux dans un
respectueux silence.

« Puissante reine des anges! dit la châtelaine, c'est
ici la demeure que vous préférez. Votre volonté sera
faite. »

Et peu de temps après, en effet, un temple embelli de
tous les ornements que prodiguoit l'architecte inspiré
en ces siècles d'imagination et de sentiment, s'éleva autour de l'image révérée. Les grands de la terre la vou-
lurent enrichir de leurs dons, les rois la dotèrent d'un
tabernacle d'or pur. La renommée de ses miracles se
répandit au loin dans tout le monde chrétien, et appela
dans la vallée une multitude de femmes pieuses qui s'y
rangèrent sous la règle d'un monastère. La sainte veuve,
plus touchée que jamais des lumières de la grâce, ne
put refuser le titre de supérieure de cette maison. Elle
y mourut pleine de jours, après une vie de bonnes œuvres, d'exemples et de sacrifices, qui s'exhala comme
un parfum au pied des autels de la Vierge.

Telle est, suivant les chroniques manuscrites de la
province, l'origine de l'église et du couvent de *Notre-
Dame-des-Épines-Fleuries*.

Deux siècles s'étoient écoulés depuis la mort de LA
SAINTE, et une jeune vierge de sa famille étoit encore,
suivant l'usage, sœur *custode* du saint tabernacle; ce
qui veut dire qu'elle en avoit la garde, et que c'étoit à
elle qu'il appartenoit d'ouvrir le tabernacle aux jours
solennels où l'image miraculeuse était offerte à la piété
du peuple. C'est elle qui avoit soin d'entretenir l'élégance toujours nouvelle de sa parure; d'en chasser la
poussière et les insectes malfaisants; de recueillir, pour
composer sa couronne ou pour orner son autel, les fleurs
du jardin les plus gracieuses dans leur port et les plus

chastes dans leur couleur; d'en former des festons, des
guirlandes et des bouquets qui attiroient à leur tour, par
le grand vitrail ouvert au soleil levant, une multitude
de papillons de pourpre et d'azur, fleurs volantes de la
solitude. Parmi ces innocents tributs, la fleur de l'épine
étoit toujours préférée dans sa saison; et, contrefaite
pour toutes les autres avec un art dont les bonnes religieuses avoient dès lors dérobé le secret à la nature,
elle reposoit sur le sein de la belle madone, en touffe
épaisse nouée d'un ruban d'argent. Les papillons eux-
mêmes auroient pu s'y tromper quelquefois, mais ils
n'osoient s'arrêter sur ces fleurs célestes qui n'étoient
pas faites pour eux.

La sœur custode s'appeloit alors Béatrix. Agée de
dix-huit ans tout au plus, elle avoit à peine entendu dire
qu'elle fût belle, car elle étoit entrée à quinze ans dans
la maison de la sainte Vierge, aussi pure que ses fleurs.

Il y a un âge heureux ou funeste où le cœur d'une
jeune fille comprend qu'il est créé pour aimer, et Béatrix
y étoit parvenue; mais ce besoin, d'abord vague et inquiet, n'avoit fait que lui rendre ses devoirs plus chers.
Incapable de s'expliquer alors les mouvements secrets
dont elle étoit agitée, elle les avoit pris pour l'instinct
d'une pieuse ferveur qui s'accuse de n'être pas assez ardente, et qui se croit encore obligée envers ce qu'elle
aime, tant qu'elle ne l'aime pas jusqu'à l'enthousiasme
et jusqu'au délire. L'objet inconnu de ces transports
échappoit à son inexpérence; et parmi ceux qui tomboient, si l'on peut s'exprimer ainsi, sous les sens de
son âme ingénue, la sainte Vierge seule lui paroissoit
digne de cette adoration passionnée, à laquelle sa vie
pouvoit à peine suffire. Ce culte de tous les moments
étoit devenu l'unique occupation de sa pensée, le charme
unique de sa solitude; il remplissoit jusqu'à ses rêves
de mystérieuses langueurs et d'ineffables transports. On
la voyoit souvent prosternée devant le tabernacle, exha-

lant vers sa divine protectrice des prières entre-coupées
de sanglots, ou mouillant le parvis de ses pleurs; et la
Vierge céleste sourioit sans doute, du haut de son trône
éternel, à cette heureuse et tendre méprise de l'innocence, car **la** sainte Vierge aimoit Béatrix et se plaisoit
à en être **aimée**. Elle avoit lu d'ailleurs peut-être dans
le cœur de Béatrix qu'elle en seroit aimée toujours.

Il arriva dans ce temps-là un événement qui souleva
le voile sous lequel le secret de Béatrix avoit été si longtemps caché pour elle-même. Un jeune seigneur des environs, attaqué par des assassins, fut laissé pour mort
dans la forêt; et quoiqu'il conservât tout au plus les
foibles apparences d'une existence prête à s'éteindre,
les serviteurs du monastère le transportèrent dans leur
infirmerie. Comme les filles des châtelains possédoient
à cette époque, dès leur première jeunesse, le formulaire
des recettes et l'art des pansements, Béatrix fut envoyée
par ses sœurs au secours de l'agonisant. Elle mit en
œuvre tout ce qu'elle avoit appris de cette utile science,
mais elle comptoit davantage sur l'intercession de la
Vierge miraculeuse; et ses longues et laborieuses veilles,
partagées entre les soins de la garde-malade et les prières
de la servante de Marie, obtinrent tout le succès qu'elle
en avoit espéré. Raymond rouvrit ses yeux à la lumière
et reconnut sa libératrice : il l'avoit vue quelquefois dans
le château même où elle étoit née.

« Eh quoi! s'écria-t-il, Béatrix, est-ce vous que je
retrouve? vous que j'ai tant aimée dans mon enfance,
et que l'aveu trop vite oublié de votre père et du mien
m'avoit permis d'espérer pour épouse! Par quel funeste
hasard vous ai-je revue, enchaînée dans les liens d'une
vie qui n'est pas faite pour vous, et séparée sans retour
de ce monde brillant dont vous étiez l'ornement? Ah!
si vous avez choisi de vous-même cet état de solitude et
d'abnégation, Béatrix, je vous le jure, c'est que vous ne
connoissiez pas encore votre cœur. L'engagement que

8

vous avez contracté, dans l'ignorance où vous étiez des
sentiments naturels à tout ce qui respire, est nul devant
Dieu comme devant les hommes. Vous avez trahi sans le
savoir votre destinée d'amante, et d'épouse et de mère!
Vous vous êtes condamnée, pauvre et chère enfant, à
des jours d'ennui, d'amertume et de dégoût, dont aucun plaisir n'adoucira désormais la longue tristesse! Il
est cependant si doux d'aimer, si doux d'être aimé, si
doux de revivre par ce que l'on aime dans des objets que
l'on aime! Les joies pures d'une affection qui double,
qui multiplie la vie; la tendresse d'un ami qui vous
adore, qui embellit tous vos moments, par des fêtes nouvelles, qui n'existe que pour vous chérir et pour vous
plaire; les caresses innocentes de ces jolis enfants, si
frais, si gracieux, si joyeux d'être, et qu'un caprice barbare auroit abandonnés au néant! voilà ce que vous
avez perdu! voilà ce que vous auriez perdu, ma Béatrix,
si une obstination aveugle vous retenoit dans l'abîme
où vous vous êtes plongée! Mais non, continua-t-il avec
une expansion plus vive encore, tu ne méconnoîtras
point les intentions de ton Dieu et du mien, qui ne nous
a rapprochés que pour nous réunir à jamais! Tu te
rendras aux vœux de l'amour qui t'implore et qui t'é-
claire! Tu seras l'épouse de ton Raymond, comme tu
es sa sœur et sa bien-aimée! Ne détourne pas de lui tes
yeux pleins de larmes! Ne lui arrache pas ta main qui
tremble dans les siennes! Dis-lui que tu es disposée à
le suivre et à ne plus le quitter!... »

Béatrix ne répondit point; elle n'avoit pu trouver des
expressions pour rendre ce qu'elle éprouvoit. Elle s'é-
chappa des bras affoiblis de Raymond, s'éloigna troublée, éperdue, palpitante, et alla tomber aux pieds de
la Vierge, sa consolation et son appui. Elle y pleura
comme auparavant, mais ce n'étoit plus d'une émotion
inconnue et sans objet; c'étoit d'un sentiment plus puissant que la piété, plus puissant que la honte, plus puis-

sant, hélas! que cette Vierge sainte dont elle appeloit en vain le secours; et ses pleurs, cette fois, étoient amers et brûlants. On la vit plusieurs jours de suite, prosternée et suppliante, et on ne s'en étonna point, parce que tout le monde connoissoit dans le couvent sa dévotion passionnée pour *Notre - Dame - des - Épines- Fleuries.* Elle passoit le reste de ses heures dans la chambre du blessé, dont la guérison avoit cependant cessé d'exiger des soins assidus.

Un soir, à l'heure où l'église est fermée, où toutes les sœurs sont retirées dans leurs cellules, où tout se tait jusqu'à la prière, voici Béatrix qui gagne le chœur à pas lents, qui dépose sa lampe sur l'autel, qui ouvre d'une main tremblante la porte du tabernacle, qui se détourne en frémissant et en baissant les yeux, comme si elle craignoit que la reine des anges ne la foudroyât d'un regard, et qui se jette à genoux. Elle veut parler, et les paroles meurent sur ses lèvres, ou se perdent dans ses sanglots. Elle enveloppe son front de son voile et de ses mains; elle essaie de se raffermir et de se calmer; elle tente un dernier effort; elle parvient à arracher de son cœur quelques accents confus, sans savoir si elle profère une prière ou un blasphème.

« O céleste bienfaitrice de ma jeunesse! dit-elle, ô vous que j'ai si longtemps uniquement aimée, et qui restez toujours la plus chère souveraine de mon âme, à quelque indigne partage que je vous fasse descendre! ô Marie, divine Marie! pourquoi m'avez-vous abandonnée? Pourquoi avez-vous permis que votre Béatrix tombât en proie aux horribles passions de l'enfer? Vous savez, hélas! si j'ai cédé sans combats à celle qui me dévore! Aujourd'hui, c'en est fait, Marie, et c'en est fait pour jamais! je ne vous servirai plus, car je ne suis plus digne de vous servir. J'irai cacher loin de vous l'éternel regret de ma faute, le deuil éternel de mon innocence que vous n'avez pas, vous-même, le pouvoir de me rendre. Souffrez cependant, ô Marie, que j'ose vous adorer encore! prenez en compassion les larmes que je répands, et qui prouvent du moins combien je suis restée étrangère aux lâches trahisons de mes sens! accueillez le dernier de mes hommages comme vous avez accueilli tous les autres; ou plutôt, si mon zèle pour vos autels fut digne de quelque reconnoissance, envoyez la mort à l'infortunée qui vous implore, avant qu'elle vous ait quittée! »

En achevant ces paroles, Béatrix se leva, s'approcha, tremblante, de l'image de la sainte Vierge, la para de nouvelles fleurs, se saisit de celles qu'elle venoit de remplacer, et, honteuse pour la première fois de l'usage pieux qu'elle n'avoit plus le droit d'en faire, elle les pressa sur son cœur, dans le sachet bénit du scapulaire, pour ne jamais s'en séparer. Après cela, elle jeta un dernier regard sur le tabernacle, poussa un cri de terreur et s'enfuit.

La nuit suivante, une voiture rapide entraîna loin du couvent le beau chevalier blessé, et une jeune religieuse, infidèle à ses vœux, qui l'accompagnoit.

La première année qui s'écoula depuis fut presque tout entière dans l'ivresse d'une passion satisfaite. Le monde même étoit pour Béatrix un spectacle nouveau, inépuisable en jouissances. L'amour multiplioit autour d'elle tous les moyens de séduction qui pouvoient perpétuer son erreur et achever sa perte ; elle ne sortoit des rêves de la volupté que pour s'éveiller au milieu de la joie des festins, parmi les jeux des baladins et les concerts des ménestrels; sa vie étoit une fête insensée, où la voix sérieuse de la réflexion, étouffée par les clameurs de l'orgie, auroit essayé vainement de se faire entendre ; et cependant Marie n'étoit pas tout à fait sortie de son souvenir. Plus d'une fois, dans les apprêts de sa toilette, son scapulaire s'étoit machinalement ouvert sous ses doigts. Plus d'une fois elle avoit laissé tomber sur le bouquet flétri de la Vierge un regard et une larme. La

prière avoit monté plus d'une fois jusqu'à ses lèvres,
comme une flamme cachée que la cendre n'a pu contenir, mais elle s'y étoit éteinte sous les baisers de son ra-
visseur ; et, dans son délire même , quelque chose lui
disoit encore qu'une prière l'auroit sauvée !

Elle ne tarda pas d'éprouver qu'il n'y a d'amour du-
rable que celui qui est épuré par la religion ; que l'amour
seul du Seigneur et de Marie échappe aux vicissitudes
de nos sentiments ; que, seul entre toutes nos affections,
il semble s'accroître et se fortifier par le temps, pendant
que les autres brûlent si vives e. se consument si vite
dans nos cœurs de cendre. Cependant elle aimait Raymond autant qu'elle pouvoit aimer, mais un jour arriva
où elle comprit que Raymond ne l'aimoit plus. Ce jour
lui fit prévoir le jour, plus horrible encore, où elle seroit
tout à fait abandonnée de celui pour qui elle avoit abandonné l'autel, et ce jour redouté arriva aussi. Béatrix
se trouva sans appui sur la terre, hélas ! et sans appui
dans le ciel. Elle chercha en vain une consolation dans
ses souvenirs, un refuge dans ses espérances. Les fleurs
du scapulaire s'étoient flétries comme celles du bonheur. La source des larmes et de la prière étoit tarie. La
destinée que s'étoit faite Béatrix venoit de s'accomplir.
L'infortunée accepta sa damnation. Plus on tombe de
haut dans le chemin de la vertu, plus la chute a d'ignominie, plus elle est irréparable, et c'est de haut que
Béatrix étoit tombée. Elle s'effraya d'abord de son opprobre, et puis elle finit par en contracter l'habitude,
parce que le ressort de son âme s'étoit brisé. Quinze années s'écoulèrent ainsi, et pendant quinze ans, l'ange
tutélaire que le baptême avoit donné à son berceau,
l'ange au cœur de frère qui l'avoit tant aimée, se voila
de ses ailes et pleura.

Oh ! que ces années fugitives emportèrent de trésors
avec elles ! l'innocence, la pudeur, la jeunesse, la beauté,
l'amour, ces roses de la vie qui ne fleurissent qu'une

fois, et jusqu'au sentiment de la conscience qui dédommage de toutes les autres pertes! Les bijoux qui l'a-
voient autrefois parée, tributs impies que la débauche
paye au crime, lui fournirent quelque temps une res-
source trop prompte à s'épuiser. Elle demeura seule, dé-
laissée, objet de mépris pour les autres comme pour
elle-même, livrée aux dédains insolents du vice, et
odieuse à la vertu, exemple rebutant de honte et de misère que les mères montroient à leurs enfants pour les
détourner du péché! Elle se lassa d'être à charge à la
pitié, de ne recevoir que des aumônes qu'une pieuse
répugnance clouoit souvent aux mains de la charité, de
n'être secourue à l'écart que par des gens qui avoient
la rougeur sur le front, en lui accordant un peu de pain.
Un jour, elle s'enveloppa de ses haillons, qui avoient été
dans leur fraîcheur une riche toilette; elle résolut d'aller demander les aliments de la journée ou l'asile de la
nuit à ceux qui ne l'avoient pas connue! Elle se flatta de
cacher son infamie dans son malheur; elle partit, la
pauvre mendiante, sans autre bien que les fleurs qu'elle
avoit autrefois ravies au bouquet de la Vierge, et qui
tomboient, une à une, en poussière, sous ses lèvres des-
séchées!

Béatrix étoit jeune encore, mais la honte et la faim
avoient imprimé sur son front ces traces hideuses qui
révèlent une vieillesse hâtive. Quand sa figure pâle et
muette imploroit timidement les secours des passants,
quand sa main blanche et délicate s'ouvroit en frémissant
à leurs dons, il n'étoit personne qui ne sentît qu'elle avoit
dû avoir d'autres destinées sur la terre. Les plus indif-
férents s'arrêtoient devant elle avec un regard amer qui
sembloit dire : O ma fille! comment êtes-vous tombée?...
— Et son regard, à elle, ne répondoit plus; car il y
avoit longtemps qu'elle ne pouvoit plus pleurer. Elle
marcha longtemps, longtemps : son voyage sembloit
ne devoir aboutir qu'à la mort. Un jour surtout, elle

avoit parcouru, depuis le lever du soleil, sur le revers
d'une montagne nue, un sentier âpre et raboteux, sans
que l'aspect d'aucune maison vint consoler sa lassitude ;
elle avoit eu pour seul aliment quelques racines sans
saveur arrachées aux fentes des rochers ; sa chaussure
en lambeaux venoit d'abandonner ses pieds sanglants ;
elle se sentoit défaillir de fatigue et de besoin, lorsqu'à la
nuit close, elle fut frappée tout à coup de l'aspect d'une
longue ligne de lumières qui annonçoient une vaste ha-
bitation, et vers lesquelles elle se dirigea de toutes les
forces qui lui restoient ; mais, au signal d'une cloche
argentine dont le son réveilla dans son cœur un étrange
et vague souvenir, tous les feux s'éteignirent à la fois,
et il n'y eut plus autour d'elle que la nuit et le silence.
Elle fit cependant quelques pas encore, les bras étendus,
et ses mains tremblantes s'appuyèrent contre une porte
fermée. Elle s'y soutint un moment, comme pour reprendre haleine ; elle essaya de s'y attacher pour ne pas
tomber ; ses doigts débiles la trahirent ; ils glissèrent
sous le poids de son corps : O sainte Vierge ! s'écria-t-
elle, pourquoi vous ai-je quittée !... Et la malheureuse
Béatrix s'évanouit sur le seuil.

Que la colère du ciel soit légère aux coupables ! De
pareilles nuits expient toute une vie de désordre ! La
fraîcheur saisissante du matin commençoit à peine à
ranimer en elle un sentiment confus et douloureux
d'existence, quand elle s'aperçut qu'elle n'étoit pas
seule. Une femme agenouillée à ses côtés soulevoit sa
tête avec précaution, et la regardoit fixement dans l'attitude d'une curiosité inquiète, en attendant qu'elle fût
tout à fait revenue à elle-même.

« Dieu soit béni à jamais, dit la bonne tourière, de
nous envoyer de si bonne heure un acte de piété à exercer et un malheur à secourir ! C'est un événement d'heureux augure pour la glorieuse fête de la sainte Vierge
que nous célébrons aujourd'hui ! Mais comment se fait-

il, ma chère enfant, que vous n'ayez pas pensé à tirer la cloche ou à frapper du marteau? Il n'y a point d'heure où vos sœurs en Jésus-Christ n'eussent été prêtes à vous recevoir. Bien, bien!... ne me répondez pas maintenant, pauvre brebis égarée! Fortifiez-vous de ce bouillon que j'ai chauffé à la hâte, aussitôt que je vous ai aperçue; goûtez ce vin généreux qui rendra la chaleur à votre estomac et la souplesse à vos membres endoloris. Faites-moi signe que vous êtes mieux. Buvez, buvez tout, et maintenant, avant de vous lever, si vous n'en avez pas encore la force, enveloppez-vous de cette mante que j'ai jetée sur vos épaules; donnez-moi entre mes mains vos petites mains si froides, pour que j'y rappelle le sang et la vie. Sentez-vous déjà vos doigts se dégourdir sous mon haleine? Oh! vous serez bien tout à l'heure! »

Béatrix, pénétrée d'attendrissement, se saisit des mains de la digne religieuse et les pressa à plusieurs reprises sur ses lèvres.

— Je suis bien déjà, lui dit-elle, et je me sens en état d'aller remercier Dieu de la grâce qu'il m'a faite en me dirigeant vers cette sainte maison. Seulement, pour que je puisse la comprendre dans mes prières, ayez la bonté de m'apprendre où je suis.

— Et où seriez-vous, répliqua la tourière, si ce n'est à Notre-Dame-des-Épines-Fleuries, puisqu'il n'y a point d'autre monastère dans ces solitudes à plus de cinq lieues à la ronde?

— Notre-Dame-des-Épines-Fleuries! s'écria Béatrix avec un cri de joie que suivirent aussitôt les marques de la plus profonde consternation; Notre-Dame-des-Épines-Fleuries! reprit-elle en laissant tomber sa tête sur son sein; le Seigneur ait pitié de moi!

— Eh quoi! ma fille, dit la charitable hospitalière, ne le saviez-vous pas? Il est vrai que vous paroissez venir de bien loin, car je n'ai jamais vu d'habillements de femme qui ressemblassent aux vôtres. Mais Notre-Dame-

des-Épines-Fleuries ne borne pas sa protection aux habitants du pays. Vous n'ignorez pas, si vous en avez ouï
parler, qu'elle est bonne pour tout le monde.

— Je la connois, et je l'ai servie, répondit Béatrix ;
mais je viens de bien loin, comme vous dites, ma mère,
et il n'est pas étonnant que mes yeux n'aient point reconnu d'abord ce séjour de paix et de bénédiction. Voilà
cependant l'église, et le couvent, et les buissons d'épines
où j'ai cueilli tant de fleurs. Hélas ! ils fleurissent toujours !... J'étois si jeune cependant quand je les ai
quittés !... C'étoit du temps, continua-t-elle en relevant
son front vers le ciel avec cette expression résolue que
donne aux remords d'un chrétien l'abnégation de lui-
même, c'étoit du temps où sœur Béatrix étoit custode
de la sainte chapelle. Ma mère, vous en souvenez-vous ?

— Comment l'aurois-je oublié, mon enfant, puisque
sœur Béatrix n'a jamais cessé d'être custode de la sainte
chapelle ? — puisqu'elle est restée jusqu'aujourd'hui
parmi nous, et qu'elle restera longtemps, j'espère, un
sujet d'édification pour toute la communauté ; — puisque, après la protection de la sainte Vierge, nous ne
connoissons point d'appui plus assuré devant le ciel ?

— Je ne parle point de celle-là, interrompit Béatrix
en soupirant amèrement ; je parle d'une autre Béatrix
qui a fini sa vie dans le péché, et qui occupoit la même
place il y a seize ans.

— Le bon Dieu ne vous punira pas de ces paroles
insensées, dit la tourière en la rapprochant de son sein.
La détresse et la maladie qui altèrent vos esprits ont
troublé votre mémoire de ces tristes visions. Il y a plus
de seize ans que j'habite ce couvent, et je n'y ai jamais
connu d'autre custode de la sainte chapelle que sœur
Béatrix. Au reste, puisque vous êtes décidée à présenter
à Notre-Dame un acte d'adoration, pendant que je vous
préparerai un lit, allez, ma sœur, allez au pied du tabernacle ; vous y trouverez déjà Béatrix, et vous la recon-

noîtrez aisément, car la bonté divine a permis qu'elle
ne perdît pas en vieillissant une des grâces de sa jeunesse. Je vous retrouverai tout à l'heure, pour ne plus
vous quitter jusqu'à votre entier rétablissement.

En achevant ces paroles, la tourière rentra dans le
cloître. Béatrix gagna en chancelant l'escalier de l'église,
s'agenouilla sur le parvis, et le frappa de sa tête ; puis
s'enhardit un peu, se leva, et, de colonne en colonne,
s'avança jusqu'à la grille, où elle retomba sur ses genoux.
A travers le nuage dont sa vue étoit obscurcie, elle avoit
distingué la sœur custode qui étoit debout devant le
tabernacle.

Peu à peu, la sœur se rapprochoit d'elle en faisant sa
revue ordinaire du saint lieu, rendant la flamme aux
lampes éteintes, ou remplaçant les guirlandes de la veille
par de nouvelles guirlandes. Béatrix ne pouvoit en croire
ses yeux. Cette sœur, c'étoit elle-même, non telle que
l'âge, le vice et le désespoir l'avoient faite, mais telle
qu'elle avoit dû être aux jours innocents de sa jeunesse.
Étoit-ce une illusion produite par le remords ? Étoit-ce
un châtiment miraculeux, anticipé sur ceux que lui réservoit la malédiction céleste ? Dans le doute, elle cacha
sa tête dans ses mains, et la reposa immobile contre les
barreaux de la grille, en balbutiant du bout des lèvres
les plus tendres de ses prières d'autrefois.

Et cependant la sœur custode marchoit toujours. Déjà
les plis de ses vêtements avoient effleuré les barreaux,
Béatrix accablée n'osoit respirer.

— C'est toi, chère Béatrix, dit la sœur d'une voix
dont aucune parole humaine ne peut exprimer la douceur. Je n'ai pas besoin de te voir pour te reconnoître,
car tes prières viennent à moi telles que je les ai jadis
entendues. Il y a longtemps que je t'attendois ; mais,
comme j'étois sûre de ton retour, je pris ta place le jour
où tu m'as quittée, pour qu'il n'y eût personne qui
s'aperçût de ton absence. Tu sais maintenant ce que

valent les plaisirs et le bonheur dont l'image t'avoit
séduite, et tu ne t'en iras plus. C'est, entre nous, pour
le siècle et pour l'éternité. Rentre donc avec confiance
dans le rang que tu occupois parmi mes filles. Tu trou-
veras dans ta cellule, dont tu n'as pas oublié le chemin,
l'habit que tu y avois laissé, et tu revêtiras avec lui ta
première innocence, dont il est l'emblème; c'est une
grâce peu commune que je devois à ton amour, et que
j'ai obtenue pour ton repentir. Adieu, sœur custode de
Marie! Aimez Marie comme elle vous a aimée!

C'étoit Marie, en effet; et quand Béatrix éperdue releva vers elle ses yeux inondés de larmes, quand elle
étendit vers elle ses bras palpitants, en lui jetant une
action de grâces brisée par ses sanglots, elle vit la sainte
Vierge monter les degrés de l'autel, rouvrir la porte du
tabernacle, et s'y rasseoir dans sa gloire céleste sous son
auréole d'or et sous ses festons d'épines fleuries.

Béatrix ne redescendit pas au chœur sans émotion.
Elle alloit revoir ses compagnes dont elle avoit trahi la
foi, et qui avoient vieilli, exemptes de reproche, dans
la pratique d'un devoir austère. Elle se glissa parmi ses
sœurs, le front baissé, et prête à s'humilier au premier
cri qui annonceroit sa réprobation. Le cœur vivement
agité, elle prêta une oreille attentive à leurs voix, et elle
n'entendit rien. Comme aucune d'elles n'avoit remarqué
son départ, aucune d'elle ne fit attention à son retour.
Elle se précipita aux pieds de la sainte Vierge, qui ne lui
avoit jamais paru si belle, et qui sembloit lui sourire.
Dans les rêves de sa vie d'illusions, elle n'avoit rien
compris qui approchât d'un tel bonheur.

La divine fête de Marie (car je crois avoir dit que
ceci se passoit le jour de l'Assomption) s'accomplit dans
un mélange de recueillement et d'extase dont les plus
belles des solennités passées avoient à peine donné l'idée
à cette communauté de vierges, sans tache comme leur
reine. Les unes avoient vu tomber du tabernacle des lu-

mières miraculeuses, les autres avoient entendu le chant
des anges se mêler à leurs chants pieux, et s'étoient
arrêtées de respect pour n'en pas troubler la céleste harmonie. On se racontoit avec mystère qu'il y avait ce
jour-là une fête dans le paradis, comme dans le monastère des Épines-Fleuries; et, par un phénomène étranger à cette saison, toutes les épines de la contrée
avoient refleuri, de sorte que ce n'étoit, au dehors
comme au dedans, que printemps et parfums. C'est
qu'une âme étoit rentrée dans le sein du Seigneur, dé-
pouillée de toutes les infirmités et de toutes les ignominies de notre condition, et qu'il n'y a point de fête qui
soit plus agréable aux saints.

Une seule inquiétude obscurcit un moment l'innocente joie des colombes de la Vierge. Une pauvre femme,
toute souffreteuse et toute malade, s'étoit assise le matin sur le seuil du monastère. La tourière l'avoit vue,
elle l'avoit imparfaitement soulagée; elle avoit disposé
pour elle un lit doux et tiède où reposer ses membres
débiles, affoiblis par la privation, et depuis elle l'avoit
inutilement cherchée. Cette malheureuse créature avoit
disparu sans qu'on en retrouvât aucune trace, mais on
pensoit que sœur Béatrix pouvoit l'avoir aperçue à l'é-
glise où elle s'étoit réfugiée.

— Rassurez-vous, mes sœurs, dit Béatrix émue jusqu'aux larmes de ces tendres soucis; rassurez-vous,
continua-t-elle en pressant la tourière contre son sein;
j'ai vu cette pauvre femme et je sais ce qu'elle est devenue. Elle est bien, mes sœurs, elle est heureuse, plus
heureuse qu'elle ne le mérite et que vous n'auriez pu
l'espérer pour elle.

Cette réponse apaisa toutes les craintes; mais elle fut
remarquée, parce que c'étoit la première parole sévère
qui fût sortie de la bouche de Béatrix.

Après cela toute l'existence de Béatrix s'écoula comme
un seul jour, comme ce jour de l'avenir qui est promis

aux élus du Seigneur, sans ennui, sans regrets, sans
crainte, sans autre émotion, car les cœurs sensibles ne
peuvent s'en passer tout à fait, que celle de la piété envers Dieu et de la charité envers les hommes. Elle vécut un siècle sans avoir paru vieillir, parce qu'il n'y a
que les mauvaises passions de l'âme qui vieillissent le
corps. La vie des bons est une jeunesse perpétuelle.

Béatrix mourut cependant, ou plutôt elle s'endormit
avec calme dans ce sommeil passager du tombeau qui
sépare le temps de l'éternité. L'Église honora sa mémoire d'un souvenir glorieux. Elle la plaça au rang des
saints.

Bzovius, qui a examiné cette histoire avec le grave
esprit de critique dont les auteurs canoniques offrent
tant d'exemples, est bien convaincu qu'elle a mérité cet
honneur par sa tendre fidélité à la sainte Vierge, car
c'est, dit-il, le pur amour qui fait les saints ; et je le déclare avec peu d'autorité, j'en conviens, mais dans la
sincérité de mon esprit et de mon cœur : Tant que
l'école de Luther et de Voltaire ne m'aura pas offert un
récit plus touchant que le sien, je m'en tiendrai à l'opinion de Bzovius.

LES AVEUGLES DE CHAMOUNY.

———

Je voyois pour la seconde fois cette belle et mélancolique vallée de Chamouny que je ne dois plus revoir !

J'avois parcouru avec un plaisir nouveau cette gracieuse forêt de sapins qui enveloppe le village des Bois.
J'arrivois à cette petite esplanade, de jour en jour en-
vahie par les glaciers, que dominent d'une manière si
majestueuse les plus belles aiguilles des Alpes, et qui
aboutit par une pente presque insensible à la source
pittoresque de l'Arveyron. Je voulois contempler encore
son portique de cristal azuré qui tous les ans change
d'aspect, et demander quelques émotions à ces grandes
scènes de la nature. Mon cœur fatigué en avoit besoin.

Je n'avois pas fait trente pas que je m'aperçus, non
sans étonnement, que Puck n'étoit pas près de moi. —
Hélas! vous ne l'auriez pas décidé à s'éloigner de son
maître, au prix du macaron le plus friand, de la gim-
blette la plus délicate ; — il tarda même un peu à se rendre à mon appel, et je commençois à m'inquiéter, quand
il revint, mon joli Puck, avec la contenance embarrassée
de la crainte, et cependant avec la confiance caressante

de l'amitié, le corps arrondi en demi-cerceau, le regard humide et suppliant, la tête si basse, si basse, que ses oreilles traînoient jusqu'à terre comme celles du chien de Zadig... Puck étoit aussi un épagneul.

Si vous aviez vu Puck dans cette posture, vous n'auriez pas eu la force de vous fâcher.

Je ne me fâchai point ; mais il repartit, puis il revint encore, et à mesure que ce jeu se renouveloit, je me rapprochois sur sa trace du point d'attraction qui l'appeloit, jusqu'à ce qu'également attiré par des sympathies parfaitement isogènes ou, si comme moi vous l'aimez mieux, par deux puissances tout à fait semblables, il resta immobile comme le battant aimanté entre deux timbres de fer placés à égale distance.

Sur le banc du rocher dont Puck me séparoit avec une précision si exacte que le compas infaillible de La Place n'auroit trouvé, ni d'un côté ni de l'autre, le moyen d'insérer un seul point géométrique, étoit assis un jeune homme de la figure la plus aimable, de la physionomie la plus touchante, vêtu d'une blouse bleu de ciel, en manière de tunique, et la main armée d'un long bâton de cytise recourbé par le haut, ajustement singulier qui lui donnoit quelque ressemblance avec les bergers antiques du Poussin. Des cheveux blonds et bouclés s'arrondissoient en larges anneaux autour de son cou nu, et flottoient sur ses épaules. Ses traits étoient graves sans austérité, tristes sans abattement ; sa bouche exprimoit plus de déplaisir que d'amertume ; ses yeux seuls avoient un caractère dont je ne pouvois me rendre compte. Ils étoient grands et limpides, mais fixes, éteints et muets. Aucune âme ne se mouvoit derrière eux.

Le bruit des brises avoit couvert celui de mes pas. Rien n'indiquoit que je fusse aperçu. Je pensai qu'il étoit aveugle.

Puck avoit étudié toutes mes impressions, et au pre-

mier sentiment de bienveillance qu'il vit jaillir de mes
regards, il courut à ce nouvel ami. — Qui nous expli-
quera l'entraînement de l'être le plus généreux de la
nature vers l'être le plus infortuné, du chien vers l'a-
veugle? O Providence! je suis donc le seul de vos enfants que vous ayez abandonné!...

Le jeune homme passa ses doigts dans les longues
soies de Puck, en lui souriant avec candeur. — D'où
me connois-tu, lui dit-il, toi qui n'es pas de la vallée?
J'avois un chien aussi folâtre et peut-être aussi joli que
toi ; mais c'étoit un barbet à la laine crépue, — il m'a
quitté comme les autres, mon dernier ami, mon pauvre
Puck!...

— Hasard étrange! votre chien s'appeloit comme le
mien...

— Ah! monsieur, me dit le jeune homme, en se soulevant penché sur son bâton de cytise, pardonnez à mon
infirmité...

— Asseyez-vous, mon ami! Vous êtes aveugle?

— Aveugle depuis l'enfance.

— Vous n'avez jamais vu?

— J'ai vu, mais si peu! J'ai cependant quelque souvenir du soleil, et quand j'élève mes yeux vers la place
qu'il doit occuper dans le ciel, j'y crois voir rouler un
globe qui m'en rappelle la couleur. J'ai mémoire aussi
du blanc de la neige et de l'aspect de nos montagnes.

— C'est donc un accident qui vous a privé de la lumière?

— Un accident qui fut, hélas! le moindre de mes
malheurs! J'avois à peine deux ans qu'une avalanche
descendue des hauteurs de la Flégère écrasa notre petite
maison. Mon père, qui étoit guide dans ces montagnes,
avoit passé la soirée au Prieuré. Jugez de son désespoir
quand il trouva sa famille engloutie par l'horrible fléau!
Secondé de ses camarades, il parvint à faire une trouée
dans la neige et à pénétrer dans notre cabane, dont le

9.

toit se soutenoit encore sur ses frêles appuis. Le premier objet qui se présenta à lui fut mon berceau; il le mit d'abord à l'abri d'un péril qui s'augmentoit sans cesse, car les travaux mêmes des mineurs avoient favorisé l'éboulement de quelques masses nouvelles et augmenté l'ébranlement de notre fragile demeure. Il y rentra pour sauver ma mère évanouie, et on le vit un moment, à la lueur des torches qui brûloient à l'extérieur, la rapporter dans ses bras, — mais alors tout s'écroula. — Je fus orphelin, et on s'aperçut le lendemain qu'une goutte sereine avoit frappé mes yeux. J'étois aveugle.

— Pauvre enfant! ainsi vous restâtes seul, absolument seul!

— Un malheureux n'est jamais absolument seul dans notre vallée. Tous nos bons Chamouniers se réunirent pour adoucir ma misère. Balmat me donna l'abri, Simon Coutet la nourriture, Gabriel Payot le vêtement. Une bonne femme veuve, qui avoit perdu ses enfants, se chargea de me soigner et de me conduire. C'est elle qui me sert encore de mère, et qui m'amène à cette place tous les jours de l'été.

— Et voilà tous vos amis?

— J'en ai eu plusieurs, répondit le jeune homme en imposant un doigt sur ses lèvres d'un air mystérieux, mais ils sont partis.

— Pour ne pas revenir?

— Selon toute apparence. J'ai cru pendant quelques jours que Puck reviendroit et qu'il n'étoit qu'égaré... mais on ne s'égare pas impunément dans nos glaciers. Je ne le sentirai plus bondir à mes côtés... je ne l'entendrai plus japper à l'approche des voyageurs...

(L'aveugle essuya une larme.)

— Comment vous nommez-vous?

— Gervais.

— Écoutez, Gervais, — Ces amis que vous avez perdus... — expliquez-moi...

(Au même instant, je fis un mouvement pour m'asseoir auprès de lui, mais il s'élança vivement à la place vide.)   .

— Pas ici, monsieur, pas ici!... c'est la place d'Eulalie, et personne ne l'a occupée depuis son départ.

— Eulalie? repris-je en m'asseyant à la place qu'il venoit de quitter; parlez-moi de cette Eulalie et de vous. Votre histoire m'intéresse.

Gervais continua :

— Je vous ai dit, monsieur, que ma vie n'avoit pas manqué de quelque douceur, car le ciel a placé une douce compensation à l'infortune dans la pitié des bonnes âmes.

Je jouissois de cette heureuse ignorance des maux, quand la présence d'un nouvel hôte au village des Bois vint occuper toutes les conversations de la vallée. On ne le connoissoit que sous le nom de M. Robert, mais c'étoit, suivant l'opinion générale, un grand seigneur étranger que des pertes irréparables et de profondes douleurs avoient décidé à cacher ses dernières années dans une solitude ignorée de tous les hommes. Il avoit perdu bien loin, disoit-on, une épouse qui faisoit presque tout son bonheur, puisqu'il ne lui restoit de leur union qu'un sujet d'éternel chagrin, une fille aveugle-née. On vantoit cependant à l'égal des vertus de son père l'esprit, la bonté, les grâces d'Eulalie. Mes yeux n'ont pu juger de sa beauté; mais quelle perfection auroit ajouté en moi au charme de son souvenir? je la revois dans mon esprit plus charmante que ma mère !

— Elle est morte? m'écriai-je.

— Morte? reprit-il d'un accent où se confondoient l'expression de la terreur et celle de je ne sais quelle inconcevable joie. — Morte? qui vous l'a dit ?

— Pardonnez, Gervais, je ne la connois point : je cherchois à m'expliquer le motif de votre séparation,

— Elle est vivante ! dit-il en souriant amèrement. Et il garda un moment le silence. — Je ne sais si je vous ai dit, ajouta-t-il à demi-voix, qu'elle s'appeloit Eulalie. C'étoit Eulalie, et voici sa place.

Il s'interrompit encore. — Eulalie ! répéta Gervais en déployant sa main sur le rocher comme pour la chercher à côté de lui.

Puck lui lécha les doigts, et, reculant d'un pas, il le regarda d'un air attendri. — Je n'aurois pas donné Puck pour un million.

— Remettez-vous, Gervais. Pardonnez-moi encore une fois d'avoir ébranlé dans votre cœur une fibre si vive et si douloureuse. Je devine presque tout le reste de votre histoire. L'étrange conformité du malheur d'Eulalie et du vôtre frappa le père de cette jeune fille. L'intérêt que vous inspirez si bien, pauvre Gervais, ne pouvoit manquer de se faire sentir sur une âme exercée à ce genre d'impressions. Vous devîntes pour lui un autre enfant ?

— Un autre enfant, répondit Gervais, et notre Eulalie fut pour moi une sœur. Ma bonne mère adoptive et moi, nous allâmes loger dans cette maison neuve qu'on appelle *le château*. Les maîtres d'Eulalie furent les miens. Nous apprîmes ensemble ces arts divins de l'harmonie qui ravissent l'âme vers une vie céleste. Nous lûmes avec les doigts sur des pages imprimées en relief les sublimes pensées des philosophes et les charmantes inventions des poëtes. J'essayois de les imiter et de peindre comme eux ce que je ne voyois pas; car la nature du poëte est une seconde création dont les éléments sont mis en œuvre par son génie, et avec mes foibles réminiscences je parvenois quelquefois à me refaire un monde. Eulalie aimoit mes vers, et que me falloit-il davantage? Quand elle chantoit, on auroit cru qu'un ange étoit descendu de la cime des monts terribles pour charmer la vallée. Tous les jours de la belle saison, on nous amenoit à cette

pierre, qu'on appelle ici *le rocher des aveugles*, et où
le meilleur des pères nous suivoit de tous les soins de
l'amitié. Il y avoit alors autour de nous des touffes de
rhododendron, des tapis de violettes et de marguerites,
et quand notre main avoit reconnu une de ces dernières
fleurs à tige courte, à son disque velouté, à ses rayons
soyeux, nous nous amusions à en effeuiller les pétales,
en répétant cent fois ce jeu qui sert d'interprète aux
premiers aveux de l'amour. — Si la fleur menteuse
se refusoit à l'expression de mon unique pensée, je
savois bien le dissimuler à Eulalie par une tromperie
innocente. Elle en faisoit peut-être autant de son côté.
Et aujourd'hui, cependant, il ne me reste rien de tout
cela.

En parlant ainsi, Gervais étoit devenu de plus en plus
sombre. Son front si pur s'obscurcit d'un nuage de colère ; il garda un morne silence, frappa du pied au hasard et alla briser une rose des Alpes depuis longtemps
desséchée sur sa tige; je la recueillis sans qu'il s'en
aperçût et je la plaçai sur mon cœur.

Quelque temps s'écoula sans que j'osasse adresser la
parole à Gervais, sans qu'il parût s'occuper de poursuivre son récit. Tout à coup il passa sa main sur ses
yeux, comme pour chasser une vision désagréable, et,
se retournant de mon côté avec un rire plein de grâce :
— Ah! ah!... continua-t-il, prenez pitié, monsieur, des
foiblesses d'un enfant qui n'a pas su commander jusqu'ici aux troubles involontaires de son cœur. Un jour
viendra peut-être où la sagesse descendra dans mon esprit, mais je suis si jeune encore...

— Je crains, mon ami, lui dis-je en pressant sa main
que cette conversation ne vous fatigue. Ne demandez
pas à votre mémoire des souvenirs qui la tourmentent.
Je ne me pardonnerois jamais d'avoir troublé une de vos
heures d'un regret que vous sentez si profondément!

— Ce n'est pas vous qui me le rappelez, répondit

Gervais. Il ne m'a pas quitté un instant, et j'aimerois mieux que mon âme s'anéantît que de le perdre. Tout mon être, monsieur, c'est ma douleur. Ma douleur, c'est ma dernière amitié. Nous n'étions plus qu'elle et moi. Il a bien fallu nous accoutumer à vivre ensemble ; et je la trouve plus facile à supporter, quand un peu de bienveillance en allége, en m'écoutant, le poids si tristement solitaire. Ah ! ah ! reprit-il en riant encore, les aveugles sont causeurs, et on m'entend si rarement !

Je n'avois pas quitté la main de Gervais. Il comprit que je l'entendois.

— D'ailleurs, dit-il, tout n'est pas amertume dans mes souvenirs. Quelquefois ils me rendent tout à fait le passé : je m'imagine que mon malheur actuel n'est qu'un songe, et qu'il n'y a de vrai dans ma vie que le bonheur que j'ai perdu. Je rêve qu'elle est assise à cette place, un peu plus éloignée de moi qu'à l'ordinaire, et qu'elle se tait, parce qu'elle est plongée dans une méditation à laquelle notre amour n'est pas étranger. Oh ! si l'éternité que Dieu réserve aux âmes bienveillantes n'est que la prolongation infinie du plus doux sentiment qui les ait émues, quel bonheur d'être surpris par la mort dans cette pensée et de s'endormir ainsi !

Un jour nous étions assis sur ce rocher, comme tous les jours..... et nous jouissions, dans une extase si douce, de la sérénité de l'air, du parfum de nos violettes, du chant de nos oiseaux, et surtout de celui de notre fauvette des Alpes — car tous les oiseaux des bois nous étoient connus, et ils voloient souvent à notre voix — nous prêtions l'oreille avec tant de charme au bruit de la glace détachée par la chaleur, qui glisse en sifflant le long des aiguilles, et au balancement des eaux de l'Arveyron qui venoient mourir presque à nos pieds, que je ne sais quel pressentiment confus de la rapidité et de l'incertitude du bonheur nous remplit en même temps d'inquiétude et d'effroi. Nous nous pressâmes vivement l'un contre l'autre, nous entrelaçâmes nos bras comme si on avoit voulu nous séparer, et nous nous écriâmes ensemble : Toujours! toujours! — Je sentis qu'Eulalie respiroit à peine, et qu'elle avoit besoin d'être rassurée par toutes les forces que me donnoient mon caractère et mon courage d'homme : — Toujours, Eulalie, toujours! — Le monde, qui nous croit si malheureux, peut-il juger de la félicité que j'ai goûtée dans ta tendresse, que tu as trouvée dans la mienne? Que nous importe le mouvement ridicule de cette société turbulente où vont se heurter tant d'intérêts qui nous seront toujours étrangers, car la nature a fait pour nous mille fois plus que n'auroient fait les longs apprentissages de la raison! Nous sommes pour eux des êtres imparfaits, et cela est tout simple; ils ne sont pas encore parvenus à apprendre que la perfection de la vie consistoit à aimer, à être aimé. Ils osent nous plaindre, parce qu'ils ne savent pas que nous les plaignons. Cette dangereuse fascination que les passions exercent par le regard n'agira du moins jamais sur nous. Le temps même a perdu son empire sur deux aveugles qui s'aiment. Nous ne changerons jamais l'un pour l'autre, puisqu'aucune altération ne peut nous rebuter, aucune comparaison nous distraire. Le sentiment qui nous unit est immuable comme le bruissement de notre Arveyron, comme le chant de nos oiseaux favoris, comme l'enceinte éternelle de ces rochers exposés au midi, au pied desquels on nous conduit quelquefois dans les jours incertains du mois de mai. Ce n'est pas le prestige de la beauté passagère d'une femme qui m'a séduit en toi, c'est quelque chose qui ne peut ni s'exprimer quand on le sent, ni s'oublier quand on l'a senti. C'est une beauté qui appartient à toi seule, et que j'écoute dans ta voix, que je touche dans tes mains, dans tes bras, dans tes cheveux, que je respire dans ton souffle, que j'adore dans ton âme! J'ai bien étudié leurs amours dans les livres qu'on nous a

lus, ou sur lesquels mes doigts ont pu chercher des pen
sées; et je te proteste que leurs avantages sur nous con-
sistent en des choses de peu de valeur. Le soleil, que j'ai
vu autrefois, fût-il dans tes yeux, je n'effleurerois pas de
mes lèvres avec plus de volupté ces longs cils qui les
ombragent, et sur lesquels ma bouche a recueilli deux
ou trois larmes, quand tu étois plus petite, et qu'on se
refusoit, contre l'usage, à satisfaire un de tes caprices.
Je ne sais si ton cou est aussi blanc que les neiges de la
grande montagne, mais il ne m'en plairoit pas davantage — et cependant voilà tout. — Oh ! si je jouissois
de la vue, je supplierois le Seigneur d'éteindre mes yeux
dans leur orbite, afin de ne pas voir le reste des femmes ;
afin de n'avoir de souvenir que toi, et de ne laisser de
passage vers mon cœur qu'à ces traits que j'aurois vus
sortir des tiens ! Voir un monde, le parcourir, l'embrasser, le conquérir, le posséder d'un rayon du regard —
étrange merveille ! — Mais pourquoi?... pour étourdir
mon âme d'impressions inutiles, pour l'égarer hors de
toi, loin de toi, dans de frivoles admirations, à travers
ce qu'ils appellent les miracles de la nature et de l'art !
et qu'aurois-je à y chercher, si ce n'est une impression
qui me rendit quelque chose de toi? Elle est bien meilleure et bien plus complète ici ! Inconcevable misère des
vanités de l'homme! de ces arts dont ils font tant de
bruit, de ces prodiges du génie qui les éblouissent, nous
en connaissons ce que le grand nombre apprécie le plus,
la musique, la poésie. — On convient que nous avons
des organes pour les goûter, une âme pour les sentir ; et
crois-tu cependant que jamais les chants divins de La-
martine aient retenti aussi délicieusement à mon oreille
que le cri d'appel que tu me jettes de loin, quand on t'a-
mène ici la dernière? Si Rossini ou Weber me saisissent
d'un prestige plus puissant, c'est que c'est toi qui les
chantes. Les arts, c'est toi qui les embellis, et tu embel-
lirois ainsi la création dont ils ne sont que l'expression

ornée ; mais je puis me passer de ces richesses superflues,
moi qui possède le trésor dont elles tireroient le plus de
prix ; car, enfin, ton cœur est à moi, ou tu n'es pas heureuse ! — Je suis heureuse, répondit Eulalie, la plus heureuse des filles ! — O mes enfants, dit M. Robert en
unissant nos mains tremblantes, j'espère que vous serez
toujours heureux, car ma volonté ne vous séparera jamais ! — Accoutumé à nous suivre partout des soins de
cette tendresse attentive que rien ne rassure assez, il s'é-
toit rapproché de nous sans être entendu et nous avoit
entendus sans nous écouter. Je ne me croyois pas coupable, et j'étois cependant consterné. — Eulalie trem-
bloit. — M. Robert se plaça — là — entre nous deux, car
nous nous étions un peu éloignés l'un de l'autre... —
Pourquoi pas, dit M. Robert, en nous enveloppant de
ses bras, et en nous pressant tous les deux avec plus de
tendresse encore qu'à l'ordinaire : — Pourquoi pas, en
vérité ! — ne suis-je pas assez riche pour vous acheter
des serviteurs — et des amis ? — Vous aurez des enfants
qui remplaceront votre vieux père, car votre infirmité
n'est pas héréditaire. Embrasse-moi, Gervais ; embrasse-
moi bien, Eulalie ; remerciez Dieu, et rêvez à demain,
car le jour qui luira demain sera beau, même pour les
aveugles !

Eulalie passa des bras de son père dans les miens.
Pour la première fois, mes lèvres trouvèrent les siennes.
Ce bonheur étoit trop complet pour être du bonheur. Je
crus que ma poitrine alloit se briser. Je souhaitai de
mourir. Hélas ! je ne mourus pas !

Je ne sais, monsieur, comment est le bonheur des autres. Le mien manquoit de calme et même d'espérance.
Je ne pus obtenir le sommeil, ou plutôt je ne le cherchai point, car il me sembloit que je n'aurois pas assez
d'une éternité pour goûter les félicités qui m'étoient pro-
mises, et plus je cherchois à en jouir, plus elles échap-
poient à toutes mes pensées sous une foule d'apparences

confuses. Je regrettois presque ce passé sans ivresse,
mais sans craintes, où je ne redoutois rien parce que je
n'avois compté sur rien. J'aurois voulu ressaisir ces
pures voluptés de l'âme qui se passent de l'avenir dans
un cœur d'enfant, où l'avenir, du moins, ne va pas plus
loin que le lendemain. Enfin, j'entendis le bruit ordinaire de la maison; je me levai, je m'habillai sans attendre ma mère, je priai Dieu, et je gagnai la croisée
qui donne sur l'Arve pour y rafraîchir ma tête brûlante
aux vapeurs des brumes matinales. Ma porte s'ouvrit.
Je reconnus un pas d'homme. Ce n'étoit point M. Robert. Une main saisit la mienne. Monsieur Maunoir! m'é-
criai-je. Il y avoit plusieurs années qu'il n'étoit venu,
mais le bruit de sa démarche, le contact de sa main, je
ne sais quoi de franc, d'aisé et de tendre qui ne se juge
en particulier par aucun sens, mais qui s'éprouve par
tous, m'étoit resté de lui dans la mémoire. C'est bien
lui, dit-il en parlant à quelqu'un d'un son de voix un
peu altéré, c'est mon pauvre Gervais. Vous savez ce
que je vous en dis dans le temps! — Après cela il im-
posa ses doigts sur mes paupières et les retint quelque
temps élevées. — Ah! dit-il, la volonté de Dieu soit
faite! Au moins, te trouves-tu heureux? — Bien heureux, lui répondis-je. M. Robert dit que j'ai profité de
ses bontés. Je sais lire comme un voyant, et je suis
aimé d'Eulalie. — Elle t'aimera davantage si elle te
voit un jour, reprit M. Maunoir... — Si elle me voit,
dites-vous? — Je pensai à ce séjour éternel où l'œil des
aveugles s'ouvre à une clarté qui n'a plus de nuit. — Je
ne compris pas.

Ma mère m'amena ici suivant l'usage, mais Eulalie
tarda beaucoup. Je cherchois à m'expliquer pourquoi.
Mon pauvre Puck alloit à sa rencontre, et puis il revenoit, et puis il retournoit toujours; et quand il étoit bien
loin, bien loin, il aboyoit avec impatience, et quand il
étoit près de moi, il pleuroit. Enfin, il se mit à japper

avec des éclats si bruyants et à sauter sur ce banc avec tant de pétulance, que je reconnus bien qu'elle devoit être près de nous, quoique je ne l'entendisse pas encore; je me penchai vers le côté d'où je l'attendois, et mes bras étendus trouvèrent les siens. M. Robert n'avoit pas cette fois accompagné ses domestiques, et j'en sentis sur-le-champ la raison, qui devoit être celle aussi du retard inaccoutumé d'Eulalie : j'avois oublié qu'il y eût des étrangers au château.

Ce qu'il y a de bien étrange, monsieur, c'est que son arrivée, si vivement désirée, me remplit de je ne sais quelle inquiétude que je ne connoissois point encore. Je n'étois plus à mon aise avec Eulalie comme la veille. Depuis que nous devions tout l'un à l'autre, je n'osois plus rien demander. Il me sembloit que son père, en me donnant un nouveau droit, m'avoit imposé mille privations. Je craignois d'exercer le pouvoir d'un mot, les séductions d'une caresse. Je sentois bien mieux qu'elle étoit à moi et je redoutois bien plus de la toucher. J'aurois crains de la profaner, en écoutant son souffle, en effleurant sa robe, en saisissant de ma bouche un de ses cheveux flottants. Elle éprouvoit peut-être le même sentiment, car notre conversation fut quelque temps celle de deux personnes qui se sont peu connues. Cela ne pouvoit pas durer longtemps. Les illusions de la dernière journée n'étoient pas encore vieillies. Puck avoit soin de nous les rappeler en bondissant de l'un à l'autre, comme s'il avoit souffert de nous voir si éloignés et si froids. Je me rapprochai d'Eulalie, et mes lèvres cherchèrent ses yeux, le seul endroit de son visage qu'elles eussent touché jusqu'à la veille de ce jour-là. Elles y touchèrent un bandeau. Tu es blessée, Eulalie!... — Un peu blessée, répondit-elle, mais bien légèrement, puisque je passe avec toi la journée comme d'ordinaire, et qu'il n'y a entre ta bouche et mes yeux qu'un ruban vert de plus.

— Vert! vert! ô mon Dieu! et qu'est-ce qu'un ruban vert?...

— J'ai vu, me dit-elle... je vois... — Et sa main trem-bloit dans la mienne, comme si elle m'avoit avoué une faute ou raconté un malheur.

— Tu as vu, m'écriai-je!... tu verras!... infortuné que je suis!...

Tu verras!... le miroir, qui n'étoit pour toi qu'une surface froide et polie, te montrera ta vivante image. Sa conversation, muette mais animée, te répétera tous les jours que tu es belle, et quand tu reviendras au malheureux aveugle, il ne t'inspirera plus qu'un sentiment. Tu le plaindras d'être aveugle, parce que tu concevras que le plus grand des malheurs est de ne pas te voir. Que dis-je! tu ne reviendras pas! pourquoi reviendrois-tu? quelle est la belle jeune fille qui aimeroit un pauvre aveugle!...

Ah! malheur sur moi! je suis aveugle!

En disant cela, je tombai sur la terre, mais elle me suivit en me pressant de ses mains, en liant ses doigts dans mes cheveux, en effleurant mon cou de ses lèvres, en gémissant comme un enfant. — Non, jamais, jamais je n'aimerai que Gervais. — Tu te félicitois hier d'être aveugle pour que notre amour ne s'altérât jamais! je serai aveugle s'il le faut pour ne point laisser de souci à ton cœur. Veux-tu que j'arrache cet appareil? Veux-tu que je brise mes yeux!...

— Horrible souvenir! j'y avois pensé!...

— Arrête, lui dis-je, en saisissant violemment le rocher pour user sur lui l'excès de force qui me tourmentoit. — Nous parlons un langage insensé parce que nous sommes malades; toi, de ton bonheur, et moi, de mon désespoir. — Écoute :

Je repris ma place, elle la sienne. Mon cœur étoit près de se rompre.

Écoute, continuai-je, — il est fort bien que tu voies

parce que maintenant tu es parfaite. — Il est indifférent que je ne voie pas et que je meure — abandonné — parce que c'est le destin que Dieu m'a fait! — mais jure-moi de ne jamais me voir, de ne jamais chercher à me voir! Si tu me vois, tu seras forcée malgré toi à me comparer aux autres, à ceux qui ont leur esprit et leur âme dans leurs yeux, à ceux qui parlent du regard et qui font rêver les femmes avec un des traits qui jaillissent de leur prunelle ou un des mouvements qui soulèvent leurs sourcils. Je ne veux pas que tu puisses me comparer! je veux rester pour toi dans le vague de la pensée d'une petite fille aveugle, comme un rêve, comme un mystère. Je veux que tu me jures de ne revenir ici qu'avec ce bandeau vert — d'y revenir toutes les semaines — ou au moins tous les mois, tous les ans une fois!... d'y revenir une fois encore! Ah! jure-moi d'y revenir une fois encore et de ne pas me voir!...

— Je jure de t'aimer toujours, dit Eulalie en pleurant.

Tous mes sens avoient défailli. J'étois retombé à ses pieds. M. Robert me releva, me fit quelques caresses et me remit dans les mains de ma mère. Eulalie n'étoit plus là.

Elle revint le lendemain, le surlendemain, plusieurs jours de suite, et mes lèvres n'avoient pas cessé de trouver ce bandeau vert qui entretenoit mon illusion. Je m'imaginois que je serois le même pour elle tant qu'elle ne m'auroit pas vu. Je croyois apprécier dans mes réminiscences les impressions d'un sens dont j'ai à peine joui, et il me sembloit qu'elles ne suffiroient pas à la distraire du prestige délicieux dans lequel nous avions passé notre enfance. Je me disois avec une satisfaction insensée : Elle est restée aveugle pour moi, mon Eulalie! elle ne me verra point! elle m'aimera toujours!...

Et je couvris son ruban vert de baisers, car je n'aimois plus ses yeux.

Il arriva un jour, après bien des jours, et si cela étoit à recommencer je les compterois — il arriva, je ne sais comment vous le dire, que sa main s'étoit unie à la mienne avec une étreinte plus vive, que nos doigts entrelacés s'humectèrent d'une sueur plus tiède, que son cœur palpitoit ici à remuer mon sarrau, et que ma bouche, à force d'errer, retrouva de longs cils de soie sous son bandeau vert.

— Grand Dieu! m'écriai-je, est-ce une erreur de ma mémoire? Non, non! je me souviens que, lorsque j'étois tout enfant, j'ai vu flotter des lumières sur les cils de mes yeux, qu'ils portoient des rayons, des feux arrondis, des taches errantes, des couleurs, et que c'étoit par là que le jour se glissoit avec mille étincelles aiguës pour venir m'éveiller dans mon berceau... Hélas! si tu allois me voir!

—Je t'ai vu, me dit-elle en riant, et à quoi m'auroit servi de voir si je ne t'avois pas vu? Orgueilleux! qui prescris des limites à la curiosité d'une femme dont les yeux viennent de s'ouvrir au jour!

— Cela n'est pas possible, Eulalie... — Vous m'aviez juré!...

— Je n'ai rien juré, mon ami, et quand tu m'as demandé ce serment, je t'avois déjà vu. Du plus loin que l'esplanade permit à Julie de te découvrir... Le vois-tu? lui disois-je. — Oui, mademoiselle; il a l'air bien triste. — Je compris cela; je venois si tard! Zeste, le ruban n'y étoit plus. On m'avoit dit que cela m'exposeroit à perdre la vue pour toujours, mais après t'avoir vu, je n'avois plus besoin de voir. Je ne remis mon bandeau vert qu'en m'asseyant auprès de toi.

— Tu m'avois vu, et tu continuas à venir. Cela est bien. Qui avois-tu vu d'abord?

— M. Maunoir, mon père, Julie, — et puis ce monde immense, les arbres, les montagnes, le ciel, le soleil, la création dont j'étois le centre, et qui sembloit de toutes

parts prête à se précipiter sur moi au fond de je ne sais
quel abîme où je me croyois plongée.

— Et depuis que tu m'as vu?

— Gabriel Payot, le vieux Balmat, le bon Terraz,
Cachat le géant, Marguerite...

— Et personne de plus?

— Personne.

— Comme l'air est frais ce soir! abaisse ton bandeau:
tu pourrois redevenir aveugle.

— Qu'importe! je te le répète, je n'ai gagné à voir
que de te voir, et à te voir que de t'aimer par un sens de
plus. Tu étois dans mon âme comme tu es dans mes
yeux. J'ai seulement un nouveau motif de n'exister que
pour toi. Cette faculté qu'ils m'ont donnée, c'est un
nouveau lien qui m'attache à ton cœur, et c'est pour cela
qu'elle m'est chère! Oh! je voudrois avoir autant de
sens que les belles nuits ont d'étoiles pour les occuper
tous de notre amour! je pense que c'est par là que les
anges sont heureux entre toutes les créatures.

C'étoient ses propres paroles, car je ne puis les oublier.
La conquête de la lumière avoit encore exalté cette vive
imagination, et son cœur s'étoit animé de tous les feux
que ses yeux venoient de puiser dans le soleil.

Mes jours avoient retrouvé quelque charme. On s'ac-
coutume si facilement à l'espérance! L'homme est si
foible pour résister à la séduction d'une erreur qui le
flatte! Notre existence avoit pris d'ailleurs un nouveau
caractère, je ne sais quelle variété mobile et agitée
qu'Eulalie me forçoit à préférer au calme profond dans
lequel nous avions vécu jusque-là. Ce banc de rocher
sur lequel vous êtes assis n'étoit plus pour nous qu'un
rendez-vous et qu'une station, où nous venions nous
délasser en doux entretiens du doux exercice de la pro-
menade. Le reste du temps se passoit à parcourir la
vallée, où Eulalie seule me servoit de guide, enchantant
mon oreille des impressions qu'elle recueilloit à l'aspect

de tous ces merveilleux tableaux que la vue découvre à
la pensée. Il me sembloit quelquefois que son imagination, comme une fée puissante, commençoit à dégager
mon âme des ténèbres du corps, et à la ravir, éclairée
de mille lumières, dans les espaces du ciel, en lui pro-
diguant des images gracieuses comme des parfums,
des couleurs vives et pénétrantes comme les sons d'un
instrument; mais bientôt mes organes se refusoient à
cette perception trompeuse, et je retombois tristement
dans la morne contemplation d'une nuit éternelle. Ce
funeste retour sur moi-même échappoit rarement à la
sollicitude de sa tendresse; et alors elle n'épargnoit rien
pour m'en distraire. Quelquefois, c'étoient des chants
qui me ramenoient par la pensée au temps où nous
étions aveugles tous deux, et où elle charmoit ainsi
notre solitude; plus souvent, c'étoit la lecture qui étoit
devenue pour nous une acquisition nouvelle et singulière, quoique nous en eussions possédé le secret sous
d'autres formes et par d'autres procédés, car la bibliothèque des aveugles est extrêmement bornée. Mon attention entraînée dans l'essor de sa parole perdoit son action
intérieure, et je croyois vivre dans une nouvelle vie que
je n'avois encore ni devinée ni comprise; dans une vie
d'imagination et de sentiment, où je ne sais quels êtres
d'invention, moins étrangers à moi que moi-même,
venoient surprendre et charmer toutes les facultés de
mon cœur. Quelle vaste région de pensées magnifiques
et de méditations touchantes s'ouvre à l'être favorisé qui
a reçu du ciel des organes pour lire, et une intelligence
pour comprendre! Tantôt c'étoit un passage de la Bible,
comme le discours du Seigneur à Job, qui me confondoit d'admiration et de respect; ou comme l'histoire de
Joseph et de ses frères, qui plongeoit mon cœur dans
une tendre émotion de pitié; tantôt c'étoient les miracles de l'épopée, avec la naïveté presque divine d'Homère, ou avec la religieuse solennité de Milton. Nous

lisions aussi des romans, parmi lesquels un instinct
bien vague, bien confus, que je n'ai jamais cherché à
m'expliquer, me faisoit affectionner *Werther*. Eulalie
préféra d'abord ceux dont le sujet s'approprioit à notre
situation. Une passion vivement exprimée, une séparation douloureusement sentie, les pures joies d'une chaste
union, la simplicité d'un ménage rustique, à l'abri de la
curiosité intéressée et de la fausse affection des hommes,
voilà ce qui troubloit sa voix, ce qui mouilloit ses paupières ; et quoiqu'on parlât moins souvent dès lors de
notre mariage, quand l'ordre de la lecture du soir amenoit quelque chose de pareil, elle m'embrassoit encore
devant son père.

Au bout de quelque temps, je crus remarquer qu'il
s'étoit fait un peu de changement dans le goût de ses
lectures. Elle se plaisoit davantage à la peinture des
scènes du monde ; elle insistoit sans s'en apercevoir sur
la vaine description d'une fête ; elle aimoit à revenir sur
les détails de la toilette d'une femme ou de l'appareil
d'un spectacle. Je ne supposai pas d'abord qu'elle eût
entièrement oublié que j'étois aveugle, et ces distrac-
tions froissoient mon cœur sans le rompre. J'attribuois
ce léger caprice au mouvement extraordinaire qui se
faisoit sentir dans le *château*, depuis que M. Maunoir
en avoit renouvelé l'aspect par un des miracles de son
art. M. Robert, plus heureux, sans doute, plus disposé
à jouir des faveurs de la fortune et des grâces de la vie,
du moment où sa fille lui avoit été redonnée avec toute
la perfection de son organisation et tout l'éclat de sa
beauté, aimoit à réunir ces nombreux voyageurs que la
courte saison d'été ramène tous les ans dans nos montagnes. Le *château*, on peut encore vous le dire, étoit
devenu en effet un de ces manoirs hospitaliers d'un autre
âge dont le maître ne croyoit jamais avoir fait assez pour
embellir le séjour de ses hôtes. Eulalie brilloit dans ce
cercle toujours nouveau, toujours composé de riches

étrangers, de savants illustres, de voyageuses coquettes et spirituelles; elle brilloit parmi toutes les femmes, et de cet attrait de la parole, qui est, pour nous infortunés, la physionomie de l'âme, et de mille autres attraits que je ne lui connoissois pas. Quel incroyable mélange d'orgueil et de douleur soulevoit ma poitrine jusqu'à la faire éclater, quand on vantoit près de moi le feu de ses regards, ou quand un jeune homme, niaisement cruel, nous complimentoit sur la couleur de ses cheveux!...

Ceux qui étoient venus pour voir la vallée y prolongeoient volontiers leur séjour pour voir Eulalie. Je comprenois cela. Je n'avois pas à regretter son affection, qui sembloit ne pouvoir s'altérer jamais, et cependant j'éprouvois qu'elle vivoit de plus en plus hors de moi, de nous, de cette intimité de malheur qu'on n'ose pas réclamer, et qui coûte le bonheur quand on la perd. Je souhaitois l'hiver plus impatiemment que je n'avois jamais souhaité le souffle tiède et les petites ondées du printemps. L'hiver désiré arriva, et M. Robert m'apprit, non sans quelques précautions, non sans m'assurer qu'on se séparoit de moi pour quelques jours tout au plus, et qu'on ne mettroit à m'appeler que le temps nécessaire pour se faire à Genève un établissement commode; il m'apprit qu'il partoit avec elle, qu'ils alloient passer l'hiver à Genève, — l'hiver si vite passé!... l'hiver passé si près!...

Vous entendez bien : — *si vite!...* un hiver des Alpes!.. — *si près!...* à Genève, à l'extrémité des montagnes maudites! — une route que le chamois n'oseroit tenter en hiver; — et j'étois aveugle!

Je restai muet de stupeur. Les bras d'Eulalie s'enlacèrent autour de mon cou. Je les trouvai presque froids, presque lourds. Elle m'adressa quelques paroles tendres et émues, si ma mémoire ne me trompe pas, mais ce bruit passa comme un rêve. Je ne revins complètement à moi qu'au bout de quelques heures. Ma mère me dit:

Ils sont partis, Gervais, mais nous resterons au *château !*

Damnation ! m'écriai-je, notre cabane a donc disparu sous une autre avalanche ! — Non, Gervais, la cabane est là, et les bienfaits de M. Robert m'ont permis de l'embellir. — Eh bien ! lui répondis-je en me jetant tout en pleurs dans ses bras, jouissez des bienfaits de M. Robert ! je n'ai pas le droit de les refuser pour vous... mais, au nom du ciel, allons-nous-en !

J'avois eu le temps de réfléchir à notre position. Je savois qu'elle n'épouseroit pas un aveugle, et je me serois refusé à l'épouser moi-même depuis qu'elle avoit cessé d'être aveugle sans cesser d'être riche. C'étoit le malheur qui nous rendoit égaux ; et, du moment où cette sympathie s'étoit rompue, je perdois tous les droits que le malheur m'a donnés. Qui pourroit remplir l'intervalle immense que Dieu a jeté entre la merveille de la création, un ange ou une femme, et le dernier de ses rebuts, un orphelin aveugle ? Mais, que le ciel me pardonne ce jugement s'il est téméraire ! je croyais qu'elle ne m'abandonneroit pas tout à fait, et qu'elle me réserveroit, près d'elle, le bonheur d'entendre, dans un endroit où elle passeroit quelquefois, ou flotter sa robe de bal, ou crier le satin de ses souliers, ou tomber de sa bouche ces mots plus doux au moins qu'un éternel adieu : *Bonsoir, Gervais !*

Depuis ce temps-là, je n'ai plus rien à raconter, presque plus rien.

Au mois d'octobre elle m'envoya un ruban, à caractères imprimés en relief, et qui portoit : CE RUBAN EST LE RUBAN VERT QUE J'AVOIS SUR MES YEUX. — Je ne l'ai pas quitté. Le voilà.

Au mois de novembre le temps étoit encore assez beau. Un des gens de la maison m'apporta quelques présents de son père. Je ne m'en suis pas informé.

Au mois de décembre les neiges recommencèrent.

Dieu! que cet hiver fut long! Janvier, février, mars, avril, des siècles de désastres et de tempêtes! et au mois de mai les avalanches qui tomboient partout, excepté sur moi!

Quand deux ou trois rayons du soleil eurent adouci l'air et égayé la contrée, je me fis conduire sur la route des Bossons, à la rencontre des muletiers; mais ils ne venoient pas encore. Je supposai que l'Arve se débordoit, qu'une autre montagne menaçoit la vallée de Servoz, que le Nant-Noir n'avoit jamais été si large et si terrible, que le pont de Saint-Martin s'étoit rompu, que tous les rochers de Maglan couvroient les bosquets de leurs ruines suspendues depuis tant de siècles, que l'enceinte formidable de Cluse se fermoit enfin à jamais, car j'avois entendu parler de ces périls par les voyageurs et par les poëtes. Cependant il arriva un muletier, il en arriva deux. Quand le troisième fut venu je n'attendis plus rien. Je pensai que toute ma destinée étoit accomplie. Huit jours après on me lut une lettre d'Eulalie; elle avoit passé l'hiver à Genève; elle alloit passer l'été à Milan!

Ma mère trembloit pour moi. Je ris. Je m'y étois attendu, et c'est une grande satisfaction que de savoir jusqu'à quel point on peut porter la douleur.

Maintenant, monsieur, vous connoissez toute ma vie. C'est cela. Je me suis cru aimé d'une femme, et j'ai été aimé d'un chien. Pauvre Puck!

Puck s'élança sur l'aveugle. — Ce n'est pas toi, lui dit-il, mais je t'aime puisque tu m'aimes.

— Cher enfant, m'écriai-je, il en viendra une aussi qui ne sera pas elle, et que tu aimeras parce que tu en seras aimé!

— Vous connoissez une jeune fille aveugle et incurable? reprit Gervais.

— Pourquoi pas une femme qui te verra et qui t'aimera?

— Vous a-t-on dit qu'Eulalie reviendroit?

— J'espère qu'elle reviendra ; mais tu aimes Puck parce qu'il t'aime. Tu aimeras une femme qui te dira qu'elle t'aime.

— C'est bien autre chose. Puck ne m'a pas trahi. Puck ne m'auroit pas quitté. Puck est mort.

— Écoute, Gervais, il faut que je m'en aille. J'irai à Milan — je la verrai — je lui parlerai, je le jure — et puis, je reviendrai — mais j'ai aussi des douleurs à distraire, des blessures à cicatriser — tu ne le croirois pas, et cependant, cela est vrai ! pour échanger contre ton cœur qui souffre, mon cœur avec toutes ses angoisses, je voudrois pouvoir te donner mes yeux !...

Gervais chercha ma main et la pressa **fortement**. Les sympathies du malheur sont si rapides !

— Au moins, continuai-je, il ne te manque rien de ce qui contribue à l'aisance. Les soins de ton protecteur ont fait fructifier ton petit bien. Les bons Chamouniers regardent ta prospérité comme leur plus douce richesse. Ta beauté te fera une maîtresse ; ton cœur te fera un ami !

— Et un chien !... dit Gervais.

— Ah ! je ne donnerois pas le mien pour ta vallée et pour tes montagnes, s'il ne t'avoit pas aimé ! — Je te donne mon chien...

— Votre chien ! s'écria-t-il, votre chien !... Non ! non !... monsieur, cela ne se donne pas !

Voyez comme Puck m'avoit entendu ! il vint me combler de douces caresses mêlées d'amour, et de regret et de joie. C'étoit la tendresse la plus vive, mais une tendresse d'adieu ; et quand d'un signe qu'il attendoit je lui montrai l'aveugle, il s'élança fièrement sur ses genoux, et, une patte appuyée sur le bras de Gervais, me regarda de l'air assuré d'un affranchi.

— Adieu, Gervais ! — Je ne nommai pas Puck, il m'auroit suivi. Quand je fus au détour de l'esplanade je l'aperçus, honteux, sur la lisière de la forêt. Je m'approchai doucement, il recula d'un seul pas, et puis étendit sur ses deux pattes une tête humiliée. Je passai ma main sur les ondes flottantes de sa longue soie, et, avec un serrement du cœur, mais d'une voix sans colère, je lui dis : Va...

Il partit comme un trait, se retourna encore une fois pour me regarder et rejoignit Gervais.

Du moins il ne sera plus seul.

Quelques jours après, j'étois à Milan.

J'étois à Milan sans dessein. Il arrive une époque de la vie où l'on cesse d'user de ses jours. On les use.

Le récit même de Gervais ne m'avoit laissé qu'une impression touchante et triste, mais vague et légère comme celle d'un songe dont je ne sais quelle inexplicable liaison d'idées réveille de temps en temps le souvenir.

J'étois bien loin de rechercher la fréquentation du grand monde. Qu'y aurois-je fait? mais je ne l'évitois pas. C'est aussi une solitude, — à moins toutefois, et alors malheur à vous, que vous n'y fassiez la rencontre d'un de ces brillants et hardis *touristes* que vous avez aperçus du boulevard sur le perron de Tortoni, ou près desquels vous avez bâillé une heure à Favart,—poupées apprêtées par un goût frivole pour l'étalage du tailleur, — à la cravate *fashionable*, aux cheveux en coup de vent, au claque rond doublé de satin cerise, au gilet mandarin de Valencia, aux bas gris de perle brodés de coins à jour, au lorgnon scrutateur, à l'imperturbable assurance, à la voix haute.

— C'est toi! s'écria Roberville.

— C'est vous! répondis-je...

Et il n'avoit pas cessé de parler; mais pendant que ses phrases venoient mourir à mon oreille, comme le bourdonnement confus d'un insecte importun, mes yeux s'étoient arrêtés sur une jeune femme de la plus rare beauté et de la parure la plus éclatante, qui étoit là, seule, rêveuse, mélancolique, appuyée contre un des attiques de la colonnade.

— Ah! je comprends, me dit-il; c'est par là que tu veux commencer; mais cela n'est réellement pas mal! je reconnois ce goût exercé qui te distinguoit parmi tous les amateurs; c'est une affaire à essayer. Dans sa position on est au premier venu, et un homme qui arrive avec tes avantages!... J'y avois pensé, mais j'ai été pris plus haut.

— En vérité, repartis-je en le mesurant. C'est possible!

— Allons! Le cœur est occupé! Tu n'as d'attentions que pour elle! Conviens qu'il seroit fâcheux que ces beaux yeux noirs ne se fussent jamais ouverts à la lumière?...

— Que voulez-vous dire?

— Ce que je veux te dire? C'est qu'elle est née aveugle. C'est la fille d'un riche négociant d'Anvers qui n'avoit eu que cet enfant d'une femme qu'il perdit jeune et qui lui laissa de profonds regrets.

— Vous croyez?

— Il le faut bien, puisqu'il quitta sa maison qui étoit, dit-on, plus florissante que jamais, et s'éloigna d'Anvers, après avoir distribué de magnifiques présents à ses employés et des pensions à ses domestiques.

— Et puis, que devint-il? repris-je avec l'impatience d'une curiosité qui s'accroissoit par degrés?

— Oh! c'est un roman... qui t'ennuieroit... Et puis, que sais-je, moi? Ce bonhomme alla où nous allons tous une fois, pour dire que nous y sommes allés; dans

cette froide vallée de Chamouny dont je n'ai jamais
compris les tristes merveilles, et, chose étonnante! il
s'y fixa pendant quelques années. N'as-tu pas entendu
parler de lui? Un nom bourgeois... M. Robert... C'est
cela.

— Enfin? repris-je...

— Enfin, continua-t-il, un oculiste rendit la vue à
cette petite fille. Son père la conduisit à Genève... et à
Genève elle devint amoureuse d'un aventurier qui l'en-
leva, parce que son père le refusa pour gendre.

— Son père avoit jugé ce misérable.

— Il l'avoit d'autant mieux jugé qu'à peine arrivé à
Milan l'aventurier disparut avec tout l'or et tous les diamants qu'il étoit parvenu à soustraire. On assure que ce
galant homme étoit déjà marié à Naples, et qu'il avoit
encouru une condamnation capitale à Padoue. La justice le réclamoit.

— Et M. Robert?

— M. Robert mourut de chagrin, mais cet événement ne fit pas grande impression. C'étoit une espèce
de visionnaire, un homme à idées bizarres, qui, entre
autres extravagances, avoit conçu pour sa fille l'établissement le plus ridicule. Croirois-tu qu'il vouloit la ma-
rier à un aveugle?

— La malheureuse!

— Pas si malheureuse, mon cher! Peu considérée à
la vérité; c'est la conséquence nécessaire d'une faute
chez ces pauvres créatures : mais la considération, cela
ne sert qu'aux pauvres.

— Est-il vrai!

— Comme je te le dis. Regarde plutôt! Ah! mon
ami! On a bien des priviléges avec deux cent mille
francs de rentes, et des yeux comme ceux-là!

— Des yeux! des yeux! malédiction sur ses yeux! ce
sont eux qui l'ont donnée à l'enfer!

Il y a dans mon cœur un levain horrible de cruauté.

Je voudrois que ceux qui ont fait souffrir les autres souffrissent une fois tout ce qu'ils ont fait souffrir...

Je voudrois que cette impression fût déchirante, et profonde, et atroce, et irrésistible; je voudrois qu'elle saisît l'âme comme un fer ardent; je voudrois qu'elle pénétrât dans la moelle des os comme un plomb fondu; je voudrois qu'elle enveloppât tous les organes de la vie comme la robe dévorante du centaure.

Je voudrois cependant qu'elle durât peu, et qu'elle finît avec un rêve.

J'avois fixé sur Eulalie un de ces regards arrêtés qui font mal aux femmes quand ils ne les flattent pas. — Je ne sais plus où je l'avois appris. — Elle se releva du socle qu'elle embrassoit si tristement, et se tint devant moi, immobile et presque effrayée.

Je m'approchai lentement : — Et Gervais! lui dis-je...

— Qui ?

— Gervais !

— Ah ! Gervais ! reprit-elle, en appuyant sa main sur ses yeux.

Cette scène avoit quelque chose d'étrange qui étonneroit l'âme la plus assurée. J'apparoissois là comme un intermédiaire inconnu, la pénitence, ou le remords.

— Gervais ! repris-je avec véhémence en la saisissant par le bras, qu'en as-tu fait ?

Elle tomba... Je ne me suis pas informé de ce qu'elle devint depuis.

———

Je rentrai en Savoie par le mont Saint-Bernard. Je traversai la *Tête-Noire*. Je revis la vallée.

C'étoit l'heure — c'étoit la place — et c'étoit le rocher. Seulement Gervais n'y étoit pas.

Le soleil y donnoit en plein, et toutes les pâquerettes étoient fleuries, et toutes les violettes parfumoient l'air. Il n'y avoit pas jusqu'à la rose des Alpes qui n'eût repoussé.

Mais Gervais n'y étoit pas.

Je m'approchai de son banc. Il y avoit oublié son long bâton de cytise recourbé, noué d'un ruban vert avec des caractères imprimés en relief. Cette circonstance m'inquiéta.

J'appelai Gervais. — Une voix répéta : Gervais. Je crus que c'étoit l'écho.

Je me tournai de ce côté, et je vis venir Marguerite qui menoit un chien en laisse. Ils s'arrêtèrent. Je reconnus Puck, et Puck ne parut pas me reconnoître ; il étoit tourmenté d'une autre idée, d'une idée indéfinissable. Il avoit le nez en l'air, les oreilles soulevées, les pattes immobiles, mais tendues, pour se préparer à la course.

— Hélas ! monsieur, me dit Marguerite, auriez-vous vu Gervais ?

— Gervais ? répondis-je. Où est-il ?

Puck se tourna de mon côté comme pour me regarder, parce qu'il m'avoit entendu. Il s'approcha de moi de toute la longueur de sa laisse. Je le flattai de la main, il la lécha — et puis il reprit sa station.

— Monsieur, me dit-elle, je vous remets bien maintenant ; c'est vous qui lui avez donné cet épagneul qu'il aime tant, pour le consoler de la perte de son barbet qu'il avoit tant aimé. Le pauvre animal n'a pas été huit jours dans la vallée qu'il a été frappé d'une goutte sereine comme son maître. Il est aveugle.

Je relevai les soies du front de Puck ; il étoit aveugle. — Puck détourna la tête, lécha encore ma main, et puis hurla.

— C'est pour cela, continua dame Marguerite, que Gervais ne l'avoit pas amené hier.

— Hier, Marguerite! il n'est pas rentré depuis hier!

— Ah! monsieur! c'est une chose incompréhen-sible, et qui étonne tout le monde. Imaginez-vous que nous eûmes dimanche un grand orage, et qu'il arriva chez nous un seigneur, je jurerois que c'étoit un mylord anglois, qui descendoit du Buet avec un cha-peau de paille tout enrubané, et un bâton à glacier, em-becqué de corne de chamois, mais mouillé, mouillé, mouillé!...

— Qu'importe cela?

— Pendant que j'étois allé chercher des fagots pour la sécher, M. de Roberville resta seul avec Gervais.

— M. de Roberville!...

— C'est son nom; et je ne sais ce qu'il lui dit; mais hier Gervais étoit si triste! Cependant il paroissoit plus pressé que jamais de venir à l'esplanade, si pressé que j'eus à peine le temps de jeter sa mante bleue sur ses épaules, parce qu'il avoit beaucoup plu la veille, comme je vous ai dit, et que le temps étoit encore froid et hu-mide. « Mère, me dit-il quand nous sortîmes, je vous « prie de retenir Puck et d'en avoir soin. Sa pétulance « m'incommode un peu, et si la laisse m'échappoit, « nous ne pourrions pas nous retrouver l'un l'autre. » Je l'amenai ici, et quand je vins le rechercher, je ne le trouvai pas.

— Gervais! m'écriai-je, mon bon Gervais!

— O Gervais! mon fils Gervais! mon petit Gervais! disoit cette pauvre femme.

Et Puck! il mordoit sa laisse, et il bondissoit d'impa-tience autour de nous.

Si vous lâchiez Puck, lui dis-je, il retrouveroit peut-être Gervais?

Je ne sais si j'avois réfléchi à ce moyen; mais la laisse étoit coupée.

J'eus à peine le temps de m'en apercevoir. Puck prit son élan, fit quatre bonds, et j'entendis un bruit comme

celui d'un corps qui tombe, dans le gouffre de l'Arveyron.

— Puck! Puck!

Quand je fus là, le petit chien avoit disparu, et je ne
vis surnager qu'un manteau bleu sur le gouffre qui
tourbillonnoit.

HISTOIRE DU CHIEN DE BRISQUET.

En notre forêt de Lions, vers le hameau de la Goupillière, tout près d'un grand puits-fontaine qui appartient à la chapelle Saint-Mathurin, il y avoit un bonhomme, bûcheron de son état, qui s'appeloit Brisquet, ou autrement le fendeur à la bonne hache, et qui vivoit pauvrement du produit de ses fagots, avec sa femme qui s'appeloit Brisquette. Le bon Dieu leur avoit donné deux jolis petits enfants, un garçon de sept ans qui étoit brun, et qui s'appeloit Biscotin, et une blondine de six ans qui s'appeloit Biscotine. Outre cela, ils avoient un chien bâtard à poil frisé, noir par tout le corps, si ce n'est au museau qu'il avoit couleur de feu ; et c'étoit bien le meilleur chien du pays, pour son attachement à ses maîtres.

On l'appeloit *la Bichonne*, parce que c'étoit une chienne.

Vous vous souvenez du temps où il vint tant de loups dans la forêt de Lions. C'étoit dans l'année des grandes neiges, que les pauvres gens eurent si grand'peine à vivre. Ce fut une terrible désolation dans le pays.

Brisquet, qui alloit toujours à sa besogne, et qui ne craignoit pas les loups, à cause de sa bonne hache, dit un matin à Brisquette : — Femme, je vous prie de ne laisser courir ni Biscotin ni Biscotine, tant que M. le

grand-louvetier ne sera pas venu. Il y auroit du danger
pour eux. Ils ont assez de quoi marcher entre la butte
et l'étang, depuis que j'ai planté des piquets le long de
l'étang pour les préserver d'accident. Je vous prie aussi,
Brisquette, de ne pas laisser sortir la Bichonne, qui ne
demande qu'à trotter.

Brisquet disoit tous les matins la même chose à Brisquette. Un soir il n'arriva pas à l'heure ordinaire. Brisquette venoit sur le pas de la porte, rentroit, ressortoit,
et disoit, en se croisant les mains : — Mon Dieu, qu'il
est attardé!....

Et puis elle sortoit encore, en criant : — Eh ! Brisquet !

Et la Bichonne lui sautoit jusqu'aux épaules, comme
pour lui dire : — N'irai-je pas ?

— Paix ! lui dit Brisquette. — Écoute, Biscotine, va
jusque devers la butte pour savoir si ton père ne revient
pas. — Et toi, Biscotin, suis le chemin au long de l'é-
tang, en prenant bien garde s'il n'y a pas de piquets
qui manquent. — Et crie fort, Brisquet! Brisquet!...

— Paix ! la Bichonne !

Les enfants allèrent, allèrent, et quand ils se furent
rejoints à l'endroit où le sentier de l'étang vient couper
celui de la butte : — Mordienne, dit Biscotin, je retrouverai notre pauvre père, ou les loups m'y mangeront.

— Pardienne, dit Biscotine, ils m'y mangeront bien
aussi.

Pendant ce temps-là, Brisquet étoit revenu par le
grand chemin de Puchay, en passant à la Croix-aux-
Anes sur l'abbaye de Mortemer, parce qu'il avoit une
hottée de cotrets à fournir chez Jean Paquier. — As-tu
vu nos enfants ? lui dit Brisquette.

— Nos enfants? dit Brisquet. Nos enfants? mon Dieu !
sont-ils sortis ?

— Je les ai envoyés à ta rencontre jusqu'à la butte et
à l'étang, mais tu as pris par un autre chemin.

Brisquet ne posa pas sa bonne hache. Il se mit à courir du côté de la butte.

— Si tu menois la Bichonne? lui cria Brisquette.

La Bichonne étoit déjà bien loin.

Elle étoit si loin que Brisquet la perdit bientôt de vue. Et il avait beau crier : — Biscotin, Biscotine ! on ne lui répondoit pas.

Alors, il se prit à pleurer, parce qu'il s'imagina que ses enfants étoient perdus.

Après avoir couru longtemps, longtemps, il lui sembla reconnoître la voix de la Bichonne. Il marcha droit dans le fourré, à l'endroit où il l'avoit entendue, et il y entra, sa bonne hache levée.

La Bichonne étoit arrivée là, au moment où Biscotin et Biscotine alloient être dévorés par un gros loup. Elle s'étoit jetée devant en aboyant, pour que ses abois avertissent Brisquet. Brisquet d'un coup de sa bonne hache renversa le loup roide mort, mais il étoit trop tard pour la Bichonne. Elle ne vivoit déjà plus.

Brisquet, Biscotin et Biscotine rejoignirent Brisquette. C'étoit une grande joie, et cependant tout le monde pleura. Il n'y avoit pas un regard qui ne cherchât la Bichonne.

Brisquet enterra la Bichonne au fond de son petit courtil sous une grosse pierre sur laquelle le maître d'école écrivit en latin :

C'EST ICI QU'EST LA BICHONNE,
LE PAUVRE CHIEN DE BRISQUET.

Et c'est depuis ce temps-là qu'on dit en commun proverbe : *Malheureux comme le chien à Brisquet, qui n'allit qu'une fois au bois, et que le loup mangit.*

LES QUATRE TALISMANS[1].

PREMIÈRE JOURNÉE.

Travaillez, prenez de la peine;
C'est le fonds qui manque le moins.

Il y avoit une fois, à Damas, un vieillard très-riche, très-riche, qu'on appeloit *le Bienfaisant*, parce qu'il n'usoit de ses trésors que pour adoucir les maux du peuple, soulager les malades et les prisonniers, ou héberger les voyageurs; et il réunissoit tous les jours quelques-uns de ceux-ci à sa table, car il n'étoit pas fier,

[1] *Les Quatre Talismans* ont été publiés, dans l'année 1838, avec la *Légende de sœur Béatrix*, en 1 vol. in-8° de 304 pages et une préface. Voici ce que dit Nodier, dans cette préface, sur la pensée qui lui a inspiré ce conte:

« J'ai consacré les *Quatre Talismans* à la classe de la société qui a le mieux compris, selon moi, ses obligations de la vie, et qui en tireroit le parti le plus raisonnable, si elle connoissoit tous ses avantages, c'est-à-dire aux ouvriers. J'ai voulu leur montrer dans un cadre trop étroit pour un tableau de cette importance, mais dont tout le monde peut agrandir la bordure à sa fantaisie, que les conditions de supériorité sociale les plus universellement reconnues ajoutent fort peu de chose ou n'ajoutent rien au bonheur, et qu'il arrive même assez souvent qu'elles le rendent impossible, tandis qu'il y a peu d'exemples d'un travail actif, obstiné, consciencieux, dirigé par l'envie de bien faire, qui n'ait pas tôt ou tard trouvé en lui-même sa récompense légitime. Cette leçon est grande,

12

quoiqu'il fût parvenu. Les plus anciens de Damas se
souvenoient qu'il y étoit arrivé bien pauvre, et qu'il y
avoit longtemps gagné sa vie à porter des fardeaux pour
les marchands; après quoi, ses petites économies lui permettant d'entreprendre le négoce à son propre compte,
on l'avoit vu s'élever au plus haut degré de prospérité
sans donner lieu au moindre reproche, de sorte que personne ne prenoit ombrage de sa fortune, dont il ne sembloit jouir que pour en faire part à tout le monde.

Un jour, trois voyageurs fort mal en point et recrus
d'âge, de fatigue et de misère, s'étant rencontrés au
même moment à sa porte, pour y demander l'hospitalité,
les esclaves du vieillard leur donnèrent à laver suivant
l'usage, substituèrent à leurs pauvres haillons et à leurs
turbans délabrés des vêtements propres et décents, et
distribuèrent entre eux trois bourses pleines d'or. Ils les
introduirent ensuite dans la salle du festin, où le maître
les attendoit, comme il faisoit tous les jours, entouré de
ses douze fils, qui étoient de beaux jeunes gens rayon-
nants d'espérance, de force et de santé, car Dieu avoit
béni *le Bienfaisant* dans sa famille.

Quand ils eurent fini leur repas, qui étoit simple, mais
copieux et salutaire, *le Bienfaisant* leur demanda leur
histoire, non pour satisfaire une vaine curiosité, comme

---

consolante, salutaire, propre à désabuser les bons esprits de ces ambitions ja-
louses et déplacées qui précipitent les vieux peuples vers leur ruine, et qui sont
l'unique secret des révolutions. Aussi n'aurois-je pas hésité à la soumettre
aux respectables distributeurs du prix fondé par M. de Montyon, si cette noble
récompense ne paroissoit presque uniquement réservée désormais aux vues
philosophiques et aux applications expérimentales, qui ont pour but le perfectionnement intellectuel et moral des fainéants, des vagabonds et des forçats.
Je conviendrai volontiers d'ailleurs, dans toute la sincérité de mon âme, que la
direction en ce sens à l'accomplissement des intentions rémunératrices du bienfaiteur, ne sauroit être plus impérieusement prescrite par les besoins de notre
civilisation, et je ne crois pas le temps fort éloigné où l'on pourra la regarder
comme un hommage rendu aux intérêts de la majorité souveraine, qui sont le
principe et la fin de la nouvelle politique. »

le font la plupart des hommes, mais pour s'informer du moyen de les aider dans leurs entreprises et de les secourir dans leurs tribulations. Le plus âgé des trois, auquel il s'étoit adressé, prit donc la parole et s'exprima ainsi :

HISTOIRE DE DOUBAN LE RICHE.

Seigneur, je suis né à Fardan, qui est une petite ville du Fitzistan, dans le royaume de Perse, et je m'appelle Douban. Je suis l'aîné de quatre enfants mâles, dont le second s'appeloit Mahoud, le troisième Pirouz, et le quatrième Ebid, et mon père nous avoit eus tous les quatre d'une seule femme qui mourut fort jeune, ce qui le décida sans doute à se remarier, pour qu'une autre mère eût soin de nous. Celle qu'il nous donna dans ce dessein n'étoit guère propre à servir ses vues, car elle étoit avare et méchante. Comme notre fortune passoit pour considérable, elle fit le projet de se l'approprier, et mon père ayant été obligé de s'absenter plusieurs mois, elle résolut de mettre ce temps à profit pour exécuter ses desseins. Elle feignit de s'adoucir un peu en notre faveur pour nous inspirer plus de confiance, et les premiers jours ainsi passés avec plus d'agrément que nous n'étions accoutumés à en trouver auprès d'elle, cette mauvaise personne nous leurra tellement des merveilles du Fitzistan et du plaisir que nous goûterions à y voyager en sa compagnie, que nous en pleurâmes de joie. Nous partîmes, en effet, peu de temps après, dans une litière bien fermée, dont elle ne souleoit jamais les portières, par respect, disait-elle, pour la loi qui défend aux femmes de se laisser voir, et nous voyageâmes ainsi pendant soixante journées, sans apercevoir ni le ciel ni la terre, tant il s'en falloit que nous pussions nous faire une idée du chemin que nous avions parcouru et de la direction dans laquelle nous étions conduits. Nous nous arrêtâmes enfin dans une forêt épaisse et obscure, où elle jugea à propos de nous faire reposer sous des ombrages impénétrables au soleil, et je ne doute pas que ce ne fût cette forêt magique qui sert de ceinture à la montagne du Caf, laquelle est elle-même, comme vous savez, la ceinture du monde. Nous nous divertîmes assez bien dans cet endroit, en buvant des vins qu'elle avoit apportés et dont nous ne connaissions pas l'usage. Ces breuvages défendus nous plongèrent dans un sommeil si profond, qu'il me seroit difficile d'en déterminer la durée. Mais quelle fut la douleur de Mahoud, celle de Pirouz et la mienne, car notre jeune frère Ebid dormoit encore, quand nous ne retrouvâmes au réveil ni la femme de mon père ni la litière qui nous avoit amenés! Notre premier mouvement fut de courir, de chercher, d'appeler à grands cris; le tout en vain. Nous comprîmes alors aisément le piége où nous étions tombés, car j'avois déjà vingt ans et mes deux frères puinés une seule année de moins, parce qu'ils étoient jumeaux. Dès ce moment nous nous abandonnâmes au plus horrible désespoir et nous remplîmes les airs de nos cris, sans parvenir toutefois à réveiller notre frère Ebid, qui paroissoit occupé d'un rêve gracieux, car le malheureux enfant rioit dans son sommeil. Cependant nos clameurs devinrent si fortes, qu'elles attirèrent vers nous le seul habitant de ces affreux déserts. C'étoit un génie de plus de vingt coudées de hauteur, dont l'œil unique scintilloit comme une étoile de feu, et dont les pas retentissoient sur la terre comme des rochers tombés de la montagne. Mais il faut convenir qu'il avoit d'ailleurs une voix douce et des manières gracieuses qui nous rassurèrent tout de suite.

« C'est bravement crié, garçons, dit-il en nous abordant, mais c'est une affaire faite, et je vous dispense volontiers de vous égosiller davantage, d'autant que je

n'aime pas le bruit. La gryphone a délogé à tire-d'aile
et sans se faire prier aussitôt qu'elle vous a entendus ;
et vous n'ignorez pas certainement, puisque vous mettez
tant de zèle à mes intérêts, que mon maître le roi Salomon, trompé par les faux rapports de ce méchant animal, lui avoit donné l'autorité souveraine dans mes
États, jusqu'au jour où une voix humaine viendroit
troubler le silence de ces solitudes. C'étoit à peu près
comme qui auroit dit l'éternité, car il n'étoit guère probable que vous prissiez un jour fantaisie de venir brailler
ici, au lieu de faire endêver messieurs vos parents à domicile. Grâces au ciel, tout est pour le mieux, et il ne
me reste plus qu'à vous récompenser suivant vos mé-
rites. Vous verrez, petits, que je sais être reconnoissant,
car je vais vous gratifier entre vous trois de tout ce qui
peut combler les désirs de l'homme sur la terre, savoir
la fortune, le plaisir et la science.

« Et d'abord pour toi, continua-t-il en me passant un
ruban au cou et en me montrant un petit coffret qui y
étoit suspendu, cette amulette aura la propriété de te
faire posséder tous les trésors cachés que nous foulons
aux pieds sans les connoître, et de t'enrichir de tout ce
qui est perdu.

« Toi, qui n'es que médiocrement joli garçon, dit-
il à Mahoud avec la même cérémonie, tu m'auras l'o-
bligation d'être aimé, du premier regard, de toutes
les femmes que tu rencontreras dans ton chemin.
Ce n'est pas ma faute si tu ne fais pas un bon établissement.

« Toi, dit-il à Pirouz, tu devras à ce talisman l'empire le plus universel qu'il soit possible d'exercer sur le
genre humain, puisqu'il te fournira des moyens infaillibles de calmer toutes les douleurs du corps et de guérir toutes ses maladies... — Gardez bien ces précieux
joyaux, ajouta-t-il enfin, car c'est en eux seuls que rési-
dent les merveilleux talents dont vous voilà revêtus, et

ils perdront toute leur puissance au moment où vous en serez séparés. »

En achevant ces paroles, le génie nous tourna le dos, et nous laissa plongés dans le plus profond étonnement.

Nous ne revînmes à nous que peu à peu, et sans nous communiquer nos premières réflexions qui s'arrêtèrent probablement sur la même idée. Le génie n'avoit disposé en notre faveur que de trois amulettes, et il étoit probable qu'il n'en possédoit pas davantage ; Ebid, qui n'avoit pas été appelé au partage, prendroit mal notre soudaine fortune, et peut-être il exigeroit de nous une nouvelle répartition qui nous seroit également funeste à tous, puisque la vertu de nos amulettes, exclusives à chacun de ceux qui venoient d'en être dotés, ne pouvoit se communiquer à d'autres. Un sentiment de justice naturelle révolteroit son cœur contre le caprice de cette destinée inégale et nous en feroit un ennemi toujours prêt à contrarier nos desseins et à troubler nos jouissances. Que vous dirois-je, seigneur? Nous eûmes la cruauté d'abandonner cet innocent enfant qui n'avoit que nous pour appuis, en essayant de nous persuader réciproquement que le génie en prendroit soin, mais sans autre motif réel que la honteuse crainte de l'avoir à notre charge. Cette abominable action, qui devoit être l'éternel tourment de mon cœur, n'a pas encore été expiée par tous les maux que j'ai soufferts.

Nous marchâmes pendant quelques jours, en nous servant de ce qui nous restoit de nos provisions, et soutenus par les brillantes espérances que nous fondions sur nos talismans. Mahoud, qui étoit le plus laid de nous trois et qui voyoit d'avance toutes les belles soumises à son ascendant vainqueur, devenoit, à chaque pas, plus insupportable d'impertinence et de fatuité. C'étoit en vain que le ruisseau où nous allions puiser notre breuvage lui annonçoit insolemment deux fois par jour qu'il n'avoit pas changé de visage. L'insensé commençoit à prendre plaisir à la reproduction de son image, et se pavanoit devant nous, dans ses grâces ridicules, de manière à nous inspirer plus de pitié que de jalousie. Pirouz, qui n'avoit jamais rien pu apprendre, tant il avoit l'esprit borné, n'étoit pas moins fier de sa science que Mahoud de sa beauté. Il parloit avec assurance de toutes les choses qui peuvent être soumises à l'intelligence de l'homme, et imposoit hardiment des noms baroques à tous les objets inconnus que nous présentoit notre voyage. Quant à moi, qui me croyois le mieux traité de beaucoup, parce que j'avois assez d'habitude du monde pour savoir déjà que toutes les voluptés de l'amour et toute la célébrité du savoir s'y achètent facilement au prix de l'or, je tremblois que mes frères ne fissent de leur côté les mêmes réflexions, et j'osois à peine me livrer au sommeil sans leur rappeler que nos amulettes perdroient toute leur valeur dans les mains de ceux qui s'en seroient emparés. Cette précaution même ne me rassuroit pas entièrement, et il m'arrivoit rarement de céder aux fatigues de la journée, sans avoir enfoui la mienne à l'écart dans le sable du désert, ou sous un lit de feuilles sèches. Pendant la nuit, le moindre bruit me réveilloit en sursaut; j'éprouvois des inquiétudes qui ressembloient à des angoisses; je me rapprochois furtivement de mon talisman, je le déterrois avec d'horribles battements de cœur et je ne dormois plus.

Ces préoccupations, qui nous étoient sans doute communes, avoient fait naître entre nous la défiance et la haine, et nous en étions venus au point de ne pouvoir plus vivre ensemble. Nous résolûmes de nous séparer et de marcher tous trois dans trois directions différentes, en nous promettant, de la bouche plutôt que du cœur, de nous retrouver un jour. Là-dessus, nous nous embrassâmes froidement, et nous nous dîmes un adieu qui devoit être éternel.

Le lendemain, je restai seul avec mes rêves, sans autre

nourriture que les fruits sauvages des forêts; ils me manquoient déjà depuis le matin, et la faim me pressoit d'une
manière cruelle, quand, au détour d'un ravin profond,
'je tombai au milieu d'une caravane de marchands ou
d'une embuscade de voleurs nomades, et je n'ai jamais
su lequel. J'allai cependant m'asseoir avec sécurité dans
le rang le plus épais de la bande, parce que mon amulette venoit de me découvrir un mystère dont j'espérois
tirer parti avec elle : « Mes amis, leur dis-je d'un ton
résolu, vous voyez parmi vous un pauvre jeune homme
qui ne possède au monde que ces simples vêtements,
mais qui peut vous rendre tous les plus heureux et les
plus opulents des mortels. Comme je suppose que vous
n'avez pour but, dans vos périlleux voyages, que de vous
enrichir par des gains licites, je viens vous offrir une
fortune immense et facile, sans autre condition que de
la partager avec vous. Voyez s'il vous convient de m'accorder la moitié d'un trésor que mes glorieux ancêtres
ont caché dans ces solitudes, et ce qu'il me faut de
chameaux pour la transporter dans la ville la plus voisine. Je prends le divin prophète à témoin que je vous
cède l'autre part, et qu'elle est assez considérable pour
combler l'ambition de vingt rois. »

Sur l'assentiment empressé de toute la troupe :
« Fouillez le sol de ce camp, repris-je aussitôt, et divi-
sez les charges en égales portions entre vos chameaux
et les miens. Je vous répète que la moitié est ma part,
et que je ne veux rien de plus, car Mahomet m'a inspiré
d'enrichir les premiers croyants que je trouverois dans
le désert. »

L'événement répondit à ma promesse. L'or étoit presque à fleur de terre, et tous les chameaux furent chargés
avant la nuit. Quoique le pays parût tout à fait inhabité,
nous préposâmes les plus vigilants à la garde de la caravane, et, comme il n'y avoit pas un de nous qui crût
pouvoir compter aveuglément sur les autres, je suis assez

porté à croire que personne ne dormit. Nous commencions à recueillir le premier fruit des richesses.

Les jours suivants se passèrent assez paisiblement, à jouir entre nous de l'idée de notre bonheur, et à nous confier nos projets. Seulement, à mesure qu'ils se développoient dans notre esprit, nous concevions la possibilité d'en étendre la portée dans une proportion presque infinie, et au bout d'une semaine, le plus modéré de la troupe étoit mécontent de son lot ; car l'insatiable cupidité des riches leur crée, au milieu de leur prospérité apparente, une pauvreté relative plus difficile à supporter que la pauvreté absolue des malheureux de la terre. J'avois remarqué cette disposition dans mes compagnons, quand nous nous arrêtâmes pour camper sur l'emplacement d'une ville antique dont la vaste enceinte et les ruines superbes annonçoient la vieille capitale d'un grand peuple. Mon talisman m'y déceloit presque à chaque pas des trésors mille fois plus précieux que le nôtre ; mais nos bêtes de somme plioient déjà sous un fardeau qui ralentissoit considérablement leur marche, et l'avarice dont j'étois possédé me faisoit craindre d'ailleurs de nouveaux partages. Sous prétexte de visiter ces monuments dont la munificence n'avoit frappé que moi, je m'éloignai donc du reste de la caravane pour marquer à loisir, par des signes faciles à retrouver, les lieux qui receloient tant de gages de mon opulence future, et je ne rentrai au camp qu'excédé de fatigue et de faim. Je fus étrangement surpris de l'agitation qui y régnoit à mon approche, mais elle ne tarda pas à m'être expliquée :

« Jeune homme, me dit un de ces voyageurs que j'avois remarqué parmi les plus déterminés de la bande, nous ne savons ni qui vous êtes, ni d'où vous venez ; et depuis dix jours que nous sommes ensemble, vous n'avez pu nous faire connoître, en aucune manière, les droits particuliers que vous prétendez faire valoir sur le trésor dont nous nous sommes rendus maîtres. Cependant nous sommes vingt, nous avons vingt chameaux, et le traité que vous nous avez malicieusement imposé vous a rendu possesseur de la moitié de nos chameaux et de la moitié de notre trésor, tandis que la moitié de la charge d'un seul chameau nous est échue à chacun, comme si quelque privilége imprimé à votre front, de la main d'Allah, nous avoit livrés à vous en serviteurs et en esclaves. Les règles de l'équité naturelle vouloient que ces richesses fussent également divisées entre tous, et nous y consentirions encore, quoique votre orgueil et votre perfidie méritassent un plus rude traitement, si vous acceptez l'offre que nous vous faisons de la vingtième partie de nos charges. Autrement, nous examinerons la valeur de vos titres dans la sévérité de notre justice, et nous verrons s'il ne nous convient pas de vous mener prisonnier à Bagdad pour y rendre compte de l'origine de ce précieux dépôt, dont le secret est probablement caché dans la conscience de quelque assassin. »

Pendant qu'il parloit, j'avois réfléchi. Mon amulette, qui me donnoit la connoissance des trésors enfouis, ne me révéloit rien sur leurs maîtres légitimes, et j'étois, au reste, assez avancé dans l'étude de la politique pour ne pas espérer que les titres les plus sacrés prévalussent contre le fisc. L'immense fortune que je venois de découvrir et de jalonner me consoloit d'ailleurs aisément de la perte de quelques misérables millions, car je l'évaluois à l'équivalent de tout ce qu'il y a d'or en circulation sur la terre ; je me contentai donc de sourire avec toute la grâce dont j'étois capable, en méditant ma réponse :

« Eh quoi ! mes chers camarades ! m'écriai-je, une difficulté si légère a-t-elle menacé un moment de troubler notre union ? Je venois vous apporter moi-même la proposition que vous me faites, et le seul regret que j'éprouve est de ne vous avoir pas prévenus. Autant que

chacun de vous, et pas davantage, voilà le vœu auquel
mon esprit s'étoit arrêté. Prenez donc neuf de mes chameaux; et chargez celui qui me reste de la part qui me
revient. C'est tout ce que j'exige de vous. » Ces paroles
achevées, je m'associai gaiement à la réfection commune, et je m'endormis ensuite avec tranquillité, en rêvant aux trésors inépuisables dont je venois de m'assurer la conquête.

Le lendemain, et plusieurs jours encore, nous con-
tinuâmes à marcher sans qu'il nous arrivât rien de no-
table. Seulement, de soleil en soleil, la caravane devenoit plus pensive et plus triste, et il étoit aisé de
discerner dans chacun de nos chameliers des mouvements alternatifs de jalousie et d'inquiétude. Il fut
même question de quelques vols qui amenèrent des rixes
sanglantes parmi ces aventuriers, dont le moindre avoit
de quoi acheter une province. D'un autre côté, les provisions étoient fort diminuées, et de toutes les rations la
mienne étoit devenue la plus parcimonieuse. Dix fois
j'avois regretté que le génie ne m'eût pas accordé, au
lieu du talisman qui annonce le gisement des trésors,
celui qui m'auroit fait deviner quelque silo inconnu ou
seulement quelque racine nourrissante. Et pourtant
nous nous encouragions mutuellement à patienter,
parce que notre route s'avançoit. Des indices connus de
tous ceux qui pratiquent le désert nous faisoient espérer d'arriver incessamment à un bourg ou à un village,
et de nous y établir en souverains. Partout la souve-
raineté appartient à l'or.

Un jour enfin, livré à mes alarmes habituelles, j'étois
à peine parvenu à clore mes paupières, au moment où
l'aube commençoit à blanchir les horizons du désert,
quand je fus tout à coup réveillé par un coup de yata-
gan qui faillit me plonger dans l'éternel sommeil. Je
n'eus que la force d'entr'ouvrir un œil mourant pour
m'assurer près de moi que mon chameau n'y étoit plus,

et pour porter à mon talisman une main défaillante, qui le trouva encore. Un cri qui m'auroit perdu, manqua heureusement à ma douleur, et je retombai soudain dans un profond évanouissement, que mes assassins prirent pour la mort. Un grand nombre d'heures s'écoulèrent depuis, car le soleil étoit au milieu de son cours quand je revis la lumière.

J'étois couché sur le bord d'un ruisseau où l'on m'avoit transporté pour laver ma blessure. Un vieillard vénérable, dont la barbe blanche descendoit jusqu'à la ceinture, et qui achevoit, penché sur moi, les soins de mon pansement, paroissoit épier dans mes regards, avec une sollicitude paternelle, quelque foible rayon de vie. « Divin prophète! m'écriai-je, est-ce vous qui êtes descendu du haut des cieux que vous habitez, pour rappeler à l'existence l'infortuné Douban, ou plutôt l'ange de la mort m'a-t-il déjà transporté sur ses ailes rapides à votre céleste séjour ?

« Je ne suis point Mahomet, répondit-il en souriant; je suis le scheick Abou-Bedil, que la prévoyance ineffable du Tout-Puissant a conduit dans ce lieu pour te sauver, et qui a réussi avec l'assistance de sa volonté, par le secours de quelques simples dont la nature est prodigue. Rassure-toi donc, mon fils, car ta blessure ne présente plus de dangers, et tu t'en remettras facilement dans ma maison, où tu seras traité avec toute la sollicitude que méritent ton âge et ton malheur. Elle n'est pas éloignée d'ici, et cette litière de feuillage, que j'ai fait préparer pour toi, t'en adoucira le chemin. »

Nous y arrivâmes effectivement en quelques heures, et, avant le coucher du soleil, je reposois sur les nattes d'Abou-Bedil.

Ce sage vieillard avoit été la lumière de l'Orient. Longtemps conseiller des rois, il avoit attaché le souvenir de son nom à celui d'une époque de paix et de prospérité qui vivra éternellement dans la mémoire des

peuples. Les poëtes avoient composé des chants à sa
gloire, et les villes lui avoient consacré des monuments
où éclatoit leur reconnoissance. Malheureusement pour
lui, la prudence de son administration diminua tellement le nombre des procès que l'infatigable activité des
gens de loi, qui ne peut jamais être oisive, se chan-
geant en haine implacable pour l'appointeur de tous les
débats, suscita peu à peu contre sa bienfaisante autorité les aveugles colères de la multitude. Il tomba du
pouvoir, sans s'y attendre, comme il y étoit parvenu,
et, dépouillé de tous ses biens, il avoit obtenu, pour
grâce, de se réfugier obscurément dans le plus pauvre
de tous les manoirs de ses ancêtres. Il y habitoit depuis, également exempt d'ambition et de regrets,
nourri du laitage de ses troupeaux, habillé de leurs toisons, partagé entre les loisirs de la méditation et les
travaux de l'agriculture, plus heureux peut-être qu'il
ne l'eût été jamais, parce qu'il avoit promptement appris, dans sa retraite, qu'il n'est point d'état, si disgracié qu'il soit de la fortune, où une vie laborieuse et
une âme bienveillante ne puissent être utiles aux
hommes. Tel étoit Abou-Bedil, qui me sauva de la
mort, et dont j'ai souvent maudit le bienfait, parce que
je n'ai pas su en profiter.

Quand je fus entièrement rétabli, je me présentai devant lui pour baiser ses mains vénérables, mais avec
une humilité moins timide qu'on n'auroit pu l'attendre
de ma fortune et de ma condition, mon amulette
m'ayant fourni pendant ma convalescence un moyen
sûr de lui prouver que je n'étois pas ingrat.

« Généreux scheick, m'écriai-je en me relevant dans
ses bras qui me pressoient avec tendresse, vois dans
l'heureuse circonstance qui m'a valu tes bons offices,
une marque signalée de la protection du Dieu parfaitement juste que nous adorons, et qui vouloit que je ser-
visse d'instrument au rétablissement de ta prospérité

et de ta grandeur. Un secret dont j'ai hérité de mes
pères m'enseigne que tes aïeux ont caché dans les fondements de ce palais, pendant une longue suite de
siècles, des trésors qui surpassent en richesse le trésor
même des califes. Tu vas t'en assurer en faisant détourner à l'instant la pierre de tes souterrains, et creuser la terre de tes jardins, à quelques palmes au-dessous
de la profondeur que la bêche peut atteindre. Rede-
viens donc opulent et renommé parmi les hommes,
vertueux Abou-Bedil : loue Allah, qui ne peut jamais
être assez loué, et ne refuse pas ta bénédiction à ton
esclave fidèle. »

Abou-Bedil parut pensif, se mordit les lèvres, et me
fit asseoir.

« Mon fils, me répondit-il, Dieu est grand et sa
puissance est infinie. Je suis assez assuré de l'effet des
remèdes dont je t'ai prescrit l'usage, pour ne pas attribuer l'hallucination dont tu es frappé aux vertiges qui
sont quelquefois la suite d'une blessure mal guérie. J'a-
vois d'ailleurs entendu parler, par mon père, de l'existence de ces trésors, et tu t'étonneras peut-être que je
n'aie point cherché à m'en assurer la possession. C'est
que l'étude et l'expérience m'ont appris qu'il n'y avoit
de trésors réels que la modération, qui est la sagesse.
Les dons innocents de la nature ont suffi jusqu'ici à
mon bonheur, et je ne m'exposerai point à altérer la
pureté d'une vie simple et facile, en versant dans la
coupe que Dieu m'a donnée le dangereux poison des
richesses ; mais ta découverte, si elle se trouve vraie,
m'enlève le droit de persister dans un dédain qui seroit
préjudiciable à ta propre fortune. Dans tous les pays
policés, l'homme qui découvre un trésor caché peut
légitimement en réclamer la moitié, et je manquerois
aux devoirs de l'équité la plus commune, si je te privois
des avantages que tant d'or acquis sans travail et sans
périls semble promettre à l'inconsidération de ta jeu-

nesse. Tu vas donc toi-même prendre possession de ces biens, à supposer qu'ils existent réellement, dans les vastes souterrains sur lesquels mon manoir est bâti. Seulement, je te supplie, au nom de la reconnoissance que tu me témoignois tout à l'heure, et que tu dois réserver plus particulièrement au souverain auteur de toutes choses, de me laisser pour ma part les trésors enfouis sous le sol de mon jardin, non pas que j'imagine qu'ils puissent être plus considérables que les premiers, mais parce qu'on ne pourroit les extraire sans détruire les plantations dont je tire ma nourriture, et les fleurs que je cultive pour le plaisir de mes yeux. Dieu me préserve de sacrifier jamais, à la folle envie d'entasser dans mes coffres le métal corrupteur qui engendre tous nos maux, le parfum d'une seule rose ! »

Après avoir prononcé ces paroles, Abou-Bedil se retira dans ses bains, car c'étoit l'heure des ablutions.

Quant à moi, je fis appeler des ouvriers, je les conduisis dans les souterrains, et je leur ordonnai de les dépaver sous mes yeux dans toute leur étendue. Les lingots de l'or le plus pur y étoient entassés en si grande quantité qu'après en avoir composé la charge de toutes les bêtes de somme qu'il fut possible de se procurer dans le pays, j'eus le regret d'en laisser presque autant que je pouvois en enlever; mais je ne manquai pas de me faire honneur de ma modération forcée, en exagérant devant le scheick le nombre de la valeur des trésors que je lui laissois, comme s'il avoit dépendu de moi de les lui ravir. « Tu sauras donc où les retrouver, dit le vieillard en souriant, quand tu auras épuisé ceux qui t'appartiennent, car je fais vœu, sur le saint livre du Koran, de n'y toucher de ma vie. Donne maintenant à ceux qui ont travaillé sous tes ordres tout ce qu'ils auront la force d'emporter de ce métal, et commande-leur de recouvrir le reste avec toute la solidité qu'ils sont capables de mettre dans leurs ouvrages. Puisse cet or être plus profondément enfoncé encore dans les entrailles de la terre, et y demeurer jusqu'à ce que mes mains l'en retirent! Il n'y fait du moins point de mal. »

J'étois si impatient de jouir de mon opulence que je fus prêt à partir le lendemain avant la naissance du jour. Le scheick étoit debout comme moi, mais c'étoit pour contempler le lever du soleil et pour visiter ses fleurs. Quand il me vit disposé à m'éloigner : « Mon fils, me dit-il, veuille le ciel t'être désormais plus favorable qu'il ne l'a été jusqu'ici! Tu es riche entre tous les hommes, et la richesse entraîne à sa suite plus de malheurs que tu n'en peux prévoir. Soulage ceux qui souffrent, et nourris ceux qui ont faim : c'est le seul privilége de la fortune qui mérite d'être envié. Évite le pouvoir, qui est un piége tendu par les mauvais esprits aux âmes les plus innocentes. Évite même la faveur de ceux qui sont puissants, car on ne l'obtient presque jamais qu'au prix de la liberté et du bonheur. Cherche cependant à te concilier leur bienveillance et à t'assurer leur appui, par les moyens dont tu te servirois pour te gagner des clients dans la classe moyenne, c'est-à-dire par des présents proportionnés à leurs besoins ou à leur cupidité. Toutes les classes sont également soumises à la séduction de l'or; il n'y a que le taux de changé. Ne dédaigne pas d'acheter au même prix la protection des courtisans, sans laquelle il seroit insensé de compter sur la protection du maître. Je n'ai plus que trois mots à ajouter à mes conseils : sois indulgent et miséricordieux envers tout le monde, ne te mêle pas des affaires publiques, et tâche d'apprendre un métier. »

Là-dessus, Abou-Bedil me bénit, et retourna, tranquille, à ses roses.

Tandis que je cheminois vers Bagdad, je méditois ces sages conseils dans mon esprit, et je pressentois de plus en plus la nécessité de signaler mon entrée dans la ville par un magnifique présent au calife; mais je n'y pou-

vois penser sans m'effrayer du sacrifice que je serois
obligé de faire à cette mesure de prudence, et je pro-
menois sur mes trésors un regard inquiet et jaloux, en
cherchant des moyens de ne pas m'en séparer. Nous
arrivâmes enfin aux portes de la cité souveraine, dans
une plaine propre à notre campement, qui s'étendoit sur
un des côtés de la route. Le côté opposé étoit occupé par
une autre caravane, dans laquelle je n'eus pas de peine
à reconnoître les bandits qui m'avoient dépouillé au désert, avec leurs chameaux chargés de mon or. Les vêtements que j'avois reçus de la libéralité d'Abou-Bedil
me déguisèrent heureusement à leurs yeux, et je passai
assez près d'eux pour m'assurer de ma découverte sans
exciter leur défiance. Comme je m'étois accoutumé à la
perte de ces richesses, et qu'elles n'auroient fait en ce
moment qu'augmenter mes embarras, cette rencontre
inopinée me suggéra un dessein qui satisfaisoit à la fois
mon avarice et ma vengeance, et que je me hâtai d'exécuter, après avoir mis mon escorte sur ses gardes contre
de si dangereux voisins. J'entrai donc seul à Bagdad, et
je me rendis sur-le-champ au palais du calife, car c'é-
toit l'heure où il tient ses audiences, qui sont ouvertes à
tout le monde.

Il faut vous dire, seigneur, que l'empire des califes
venoit de recevoir un de ces rudes échecs qui ont enfin
causé sa ruine, et que le souverain régnant n'avoit trouvé
moyen d'y porter remède qu'en levant sur ses peuples
un impôt exorbitant qui menaçoit de devenir une source
de sédition et de révolte. C'est dans ces circonstances
que je me présentai devant lui, non sans colorer mon
histoire d'un de ces mensonge que la mystérieuse origine de ma fortune me rendoit à tout moment nécessaires, car c'est là l'inconvénient inévitable de toute
fortune qui n'a pas été acquise par un droit légitime ou
par un travail assidu.

« Souverain commandeur des croyants, lui dis-je après

m'être prosterné trois fois et avoir frappé trois fois de
ma tête le pavé de son palais, tu vois à tes pieds le malheureux Douban, prince du Fitzistan, chassé de ses États
par l'ambition cruelle d'un frère, et qui vient chercher
dans les tiens une demeure hospitalière et un tranquille
repos. Le Très-Haut me garde pourtant d'aggraver les
charges de ton empire des frais d'une hospitalité importune! J'ai soustrait mes trésors à la rapacité de mes
ennemis, et la part que d'affreux malheurs m'ont laissée
suffit largement aux besoins d'une existence digne du
rang que j'ai tenu dans la Perse. Par un fatal hasard,
j'en avois dirigé la plus foible portion par les voies ordinaires, et c'est celle qui m'accompagne aujourd'hui.
L'autre, que j'escortois de ma personne dans les routes
du désert, m'a été volée par mes esclaves, qui m'ont
assassiné et laissé pour mort dans une région éloignée.
Miraculeusement sauvé du trépas, j'ai rejoint ce matin
la première partie de mon convoi aux portes de Bagdad,
et le Tout-Puissant a permis que je reconnusse l'autre
dans une caravane voisine, au moment où je venois dé-
poser à tes genoux l'assurance de mon dévouement filial.
Celle-là, qui peut dispenser tes peuples du payement
d'un impôt rigoureux et difficile à prélever, et qui te
fournira de surcroît tout ce qu'il faut d'or pour satisfaire
à l'entretien de ta magnificence royale, t'appartiendra
sans réserve, si tu daignes en recevoir l'hommage. Il
suffira, pour la faire entrer dans ton trésor, que tu
m'accordes une troupe de soldats disposés à s'en emparer sous mes ordres, et que tu m'autorises à faire justice
de mes assassins. »

« Nous recevons ce que tu nous offres, et nous t'ac-
cordons ce que tu nous demandes, repartit le calife;
mais ce n'est point à cela que nous bornerons nos grâces. Il y a trois mois que notre grand visir cherche à
remédier aux embarras de l'empire, sans y avoir réussi,
tandis que la vivacité de ton intelligence vient de nous

en délivrer en un moment. Hâte-toi d'exécuter ce que
tu nous proposes, et de prendre sa place auprès de nous,
car telle est notre volonté. »

Ce langage me frappa de confusion et de terreur,
parce que je comprenois pour la première fois que la
fortune ne tient pas lieu de tout. J'étois à peine initié à
la connoissance des lettres vulgaires, et, par conséquent,
incapable d'exercer les fonctions de grand visir, dont
l'éloignement où j'avois toujours vécu des affaires me
faisoit concevoir une idée extravagante. Je ne me trouvois d'aptitude réelle qu'à être riche, état pour lequel
j'imaginois qu'on a toujours assez d'esprit, et les exemples ne me manquoient pas. D'ailleurs, s'il faut l'avouer,
j'estimois ma condition fort au-dessus de celle du grand
visir et du calife lui-même, et je m'étois proposé plus
d'une fois, dans mes projets de grandeur future, d'a-
cheter un jour l'empire du monde. Je déclinai donc,
sous les prétextes les plus spécieux que mon imagination me put suggérer, la haute faveur dont m'honoroit
le commandeur des croyants, et je fus assez heureux
pour colorer mon orgueil des apparences de la modestie
et de la vertu. Il n'y a rien de plus aisé que de se donner les honneurs de la modération quand on n'a rien à
désirer.

Le soir, les voleurs de mon or furent pendus, sans
qu'il leur eût profité, et le trésor dont leur crime les
avoit rendus maîtres passa dans les caisses du calife, qui
n'en profita pas davantage.

Le lendemain, j'achetai des palais, des maisons de
campagne, des meubles somptueux, des esclaves innombrables, des femmes de toutes les couleurs et de tous
les pays. Les jours suivants, je mis en route des cara-
vanes bien escortées pour aller recueillir dans la ville
du désert les richesses immenses que je prétendois y
avoir enfouies, et j'ordonnai leurs voyages de telle manière que chaque soleil devoit me ramener, pendant une

longue suite d'années, autant de biens que j'en avois amassé jusque-là. Je fis creuser des souterrains d'une étendue prodigieuse pour y enfermer tous les nouveaux trésors que la terre devoit accorder à mes recherches, et je m'abandonnai ensuite à la mollesse et à la volupté, au milieu de mes maîtresses et de mes flatteurs, sans aucune défiance de l'avenir, le service que j'avois rendu au calife me rassurant complétement sur les efforts que mes ennemis pourroient faire pour m'enlever sa protection.

Il s'en falloit cependant de beaucoup que je fusse à l'abri de tout danger, et je n'eus que trop tôt l'occasion de m'en apercevoir. En rendant l'impôt inutile, j'avois irrité les préposés du fisc qui recueillent toujours la meilleure part de tous les impôts possibles. J'avois aigri le sot orgueil de la populace elle-même qui souffre impatiemment qu'on se mêle des affaires, et qui ne veut pas qu'on puisse se flatter de lui avoir imposé l'indépendance et le bonheur. J'avois humilié l'ambition des grands, qui rougissoient de voir leurs honneurs répudiés par un aventurier, et la vanité des riches, dont mes profusions scandaleuses avoient rendu le faste impuissant et ridicule. Loin de me savoir gré de mon refus, le visir le regardoit comme un moyen plus sûr de m'emparer de sa puissance, en l'avilissant dans ses mains, et en me faisant, par des largesses, des créatures dans le peuple. Le calife, indigné de ne pouvoir lutter avec moi de magnificence, avoit épuisé en vain ses ressources et son crédit par des emprunts ruineux, et il se tenoit renfermé depuis quelque temps, sous prétexte de maladie, dans la misère de son palais. Telle étoit la position des choses, quand on m'annonça que le grand visir demandoit à me parler.

J'allai le recevoir en grande pompe, et je l'introduisis, en affectant une humilité insolente, dans le plus riche de mes appartements. C'étoit un homme déjà sur l'âge,

que j'avois toujours dédaigné de voir, malgré les sages
conseils d'Abou-Bedil, et dont toute la physionomie an-
nonçait la plus honteuse avarice. Son œil était creux,
fauve, éraillé ; sa figure hâve et plombée par de longs
soucis ; son dos était voûté en quart de cercle, comme
celui de ces malheureux ouvriers qui travaillent aux
mines ; son corps grêle, épuisé par les privations, chan-
celait sous ses frêles appuis, comme un chalumeau vide
que la faux du moissonneur a oublié en passant. Il
pressoit sur sa poitrine un manteau d'une étoffe assez
riche, probablement dérobé aux dépouilles de son pré-
décesseur, mais dont la trame usée ne présentoit plus
qu'un tissu finement travaillé à jour qui menaçoit de
se rompre de toutes parts. Il en releva soigneusement
les pans avant de s'asseoir, pour ne pas l'exposer aux
chances périlleuses d'un frottement, et il me parla
ainsi :

« Voyageur du Fitzistan, me dit-il, j'aurois le droit
de vous aborder avec des paroles de colère, car vous
avez oublié le respect qui est dû à notre auguste maître,
en lui donnant pour un hommage libre ce qui n'est,
en effet, qu'une très-foible partie du tribut légal dont
vous étiez tenu envers lui ; mais sa mansuétude toute-
puissante impose silence à notre justice. Je viens donc
vous signifier en son nom, et par égard pour votre qualité d'étranger qui peut excuser votre ignorance, que la
moitié des trésors dont vous vous êtes notoirement emparé en maintes et diverses parties de ses États, lesquels
s'étendent aux bornes du monde, relève de sa propriété
souveraine, et que vous ne pourriez la retenir traîtreuse-
ment sans encourir la peine justement infligée aux crimes de lèse-majesté, c'est-à-dire la mort et la confisca-
tion. »

A ce dernier mot, qui avoit une valeur particulière
dans la bouche du grand visir, ses lèvres longues et
étroites se relevèrent par les coins ; ses petits yeux en-

foncés brillèrent d'une lumière ardente, et son regard
avide supputa d'un clin d'œil plus rapide que l'éclair la
valeur de mes meubles et de mes bijoux.

Ses intentions et ses regrets étoient trop manifestes
pour échapper, en moi, à cet esprit de prudence, déjà
éprouvé, qui est la sagesse et le tourment des riches ;
mais ma résolution étoit prise à l'égard des voleurs de
cour comme à l'égard des voleurs du désert, et j'étois
décidé d'avance à tous les sacrifices, parce qu'il n'y avoit
point de sacrifice qui pût compromettre une fortune
inépuisable. Je prévoyois d'ailleurs que le calife et le
visir seroient obligés d'enfouir une partie de mes richesses ; et comme ils étoient beaucoup plus vieux que
moi, je savois bien où retrouver un jour l'or qu'ils
m'auroient volé. Ce n'étoit qu'une espèce de dépôt que
j'espérois reprendre avant peu, grossi de leurs propres
économies.

« Seigneur, répondis-je avec un sourire un peu forcé,
quoique mes trésors ne doivent rien à la succession d'A-
bou-Giafar-Almanzor, premier calife de l'Irak, et que
je me fusse fait scrupule d'en recueillir d'autres que ceux
qui me viennent de mes pères, je me soumettrai sans réserve aux ordres de notre maître, qui ne peut jamais se
tromper ; je le prierai même d'agréer tout ce que je possède, au lieu de la moitié qu'il réclame, heureux que sa
bonté souveraine me laisse une natte où reposer ma tête,
et un burnouss pour m'envelopper. Je ne prétends en
distraire, si votre grâce le permet, que ces deux coupes,
chacune d'une seule émeraude taillée par Ali-Taffis, et
qui contiennent les diamants royaux de ma famille depuis
le règne de Taher-le-Grand. »

« Deux coupes d'une seule émeraude chacune, et
toutes remplies de pierres précieuses ! » s'écria le grand
visir en bondissant sur mon divan.

« J'avois depuis longtemps destiné ces deux inesti-
mables joyaux, continuai-je sans m'émouvoir, à enrichir

le trésor particulier du plus grand ministre qui ait imposé
à cet empire la douce sagesse de ses lois. C'est à vous,
seigneur, qu'ils appartiennent, et c'est dans la seule intention de vous les offrir que je me les suis conservés.
Puissent-ils vous paroître dignes de tenir une place modeste parmi les magnificences de votre palais! »

« Prince Douban, répondit le grand visir en se soulevant d'un air de bienveillance sur ses mains sèches et
crochues, nous aimons à reconnoître dans ce présent,
qui nous est singulièrement agréable, la somptueuse libéralité de vos illustres ancêtres, et nous vous prions de
croire à notre bénigne et infaillible protection. »

Un instant après, il fit charger trois cents chameaux
de mes dépouilles, et il me quitta, en me félicitant, par
des paroles affables et louangeuses, sur mon mépris pour
les richesses.

Il s'en falloit de beaucoup que je fusse parvenu à ce
haut degré de la sagesse humaine. Je me consolois sans
effort d'un jour de mauvaise fortune, dans l'attente de
mes convois, et il n'en manqua pas un seul. Mes maisons se remplirent, mes souterrains se comblèrent, l'or
m'envahit de tous côtés; et comme je ne pouvois suffire
à le dépenser et à le répandre, je craignis quelquefois
qu'il ne vînt me disputer la place étroite que je m'étois
réservée pour vivre simplement et commodément à la
manière des autres hommes. Deux mois se passèrent
ainsi en sollicitudes et en embarras, dont les pauvres
ont au moins le bonheur de ne pas se faire d'idée, et je
crois que je serois mort à la peine si le grand visir n'avoit
pas jugé à propos de mettre un terme éternel à mes soucis
par une nouvelle visite.

Il se présenta cette fois dans un autre appareil, c'est-
à-dire accompagné de cent eunuques noirs précédés de
leurs chefs, et brandissant autour de leur tête des sabres
éblouissants, dont l'aspect me saisit de terreur, car je
n'ai jamais été fort brave, et il n'y a rien qui rende le

cœur plus lâche que la richesse. L'abominable vieillard
entra sans être annoncé, s'assit sans que je l'en priasse,
et, fixant sur moi ses yeux rouges de colère : « Infâme
giaour! me dit-il, tu n'as donc pas craint de lasser par
tes crimes la miséricorde du calife et celle du ciel! Non
content de nous avoir dérobé la moitié de nos droits dans
les trésors que tu accumules sans cesse, tu as contracté
un pacte sacrilége avec les mauvais esprits pour con-
vertir en or la plus pure substance de nos peuples bien-
aimés, et jusqu'aux éléments nourriciers qui germent
dans les moissons et qui mûrissent dans les fruits de la
terre. De tels forfaits auroient mérité un châtiment qui
étonnât le monde entier ; mais le calife, dont la bonté
est infinie, adoucissant en ta faveur la rigueur de sa
justice, en considération de quelque service que tu as
rendu naguère au pays, et réduisant ta condamnation
aux termes les plus favorables, veut bien se contenter de
te faire étrangler aux prochaines fêtes de son glorieux
anniversaire. La même sentence nous donnant l'investi-
ture de tous tes biens passés et présents, provenant
d'hoirie ou d'acquêts, nous daignons en prendre ici possession par-devant toi, pour que tu n'aies à en prétexter
ignorance : et sur ce, gardes, qu'on le conduise hors de
notre présence, aussitôt qu'il sera possible, car la vue
des pervers est un supplice pour la vertu. »

Il n'y avoit rien à répondre à cette allocution, puisque
mon jugement étoit prononcé. Je baissai donc humble-
ment la tête sous le sabre des eunuques, et je me dis-
posai à gagner la prison où j'allois attendre le jour
assez prochain des exécutions solennelles. J'atteignois
à peine à la porte de ma salle des cérémonies, quand la
voix aigre et fêlée du grand visir vint vibrer à nos oreilles.
« Holà! dit-il, qu'on ramène ici ce misérable, et qu'on
le dépouille à mes yeux des magnifiques vêtements qu'il
a l'audace d'étaler jusqu'au milieu des calamités publiques que ses sortiléges ont attirées sur le pays. Le sayon

le plus grossier et le plus vil est trop bon pour le couvrir. Ayez soin de placer ces étoffes somptueuses dans notre vestiaire pour quelque usage charitable auquel nous les avons réservées, car nous savons un homme de bien dont le nom est en bénédiction parmi le peuple, qui s'est toujours habillé avec une simplicité extrême, à cause de sa grande modestie, et qui relèvera encore ces riches parures par sa grâce et sa bonne mine. — Attendez, attendez, s'écria-t-il comme par réflexion, qu'est-ce donc que le coffret qui pend à cette chaîne d'un brillant métal sur la poitrine de cet infidèle? Qu'on me le fasse voir à l'instant! C'est qu'il est en vérité aussi remarquable par le travail que par la matière! Si j'en juge à son poids, il doit être de l'or le plus pur; les pierres dont il est incrusté sont si fines qu'on les croiroit dérobées à la couronne de Salomon, et la ciselure en est si délicate qu'elle ne peut avoir été travaillée que par les péris. Je me proposois, au premier abord, d'en faire présent à Fatime, la plus jeune de mes esclaves, à qui je n'ai jamais rien donné, mais je m'avise qu'il convient mieux de le conserver dans mon trésor, dont il ne sera certainement pas la pièce la moins rare. »

En achevant ces exécrables paroles, le vieux coquin passa la chaîne de mon amulette autour de son cou.

« Tu ne t'es pas trompé en tout sur la valeur de ce joyau, voleur maudit que Dieu punisse par des tourments éternels, m'écriai-je en rugissant de fureur. Le coffret que tu me ravis, c'est le talisman merveilleux qui me donnoit la connoissance de tous les trésors de la terre. Si l'impatience de ton insatiable avarice avoit pu se satisfaire des biens que je lui aurois donnés, j'aurois changé en six mois tous les palais en or, et je t'aurois fait marcher dans tes jardins sur un sable de diamants. Il t'en auroit moins coûté de distribuer des royaumes à tes esclaves qu'il ne t'en coûte aujourd'hui de les parer d'un misérable collier d'argent faux. Meurs donc de désespoir et de rage, homme stupide et détestable, car ce talisman dont tu t'es si indignement emparé vient de perdre toute sa vertu en tombant dans tes mains profanes. Il ne te révèle pas même, à l'instant où je parle, l'endroit mystérieux où j'ai caché mes plus précieuses richesses. »

En effet, le talisman étoit devenu muet, et le grand visir le savoit déjà. Cette idée l'avoit frappé du coup de mort; on l'emporta évanoui, et l'on me traîna en prison.

Peu de temps après, le visir mourut, au milieu de ses sacs d'or, du regret de n'en pouvoir augmenter le nombre. Le calife s'empara de son héritage et de mes trésors les plus cachés, et il dévora en voluptés passagères ces vains restes de ma fortune, qui ne servirent qu'à l'amollissement et à la corruption de sa cour. Le peuple même énerva son courage dans les délices de ses fêtes. L'ennemi profita de ces jours d'ivresse et de délire pour planter ses tentes au milieu du vieux royaume d'Abou-Giafar; et avant le joyeux anniversaire du couronnement où je devois être pendu, l'empire entier avoit péri, parce qu'il s'y étoit trouvé un homme trop riche. Tels furent les effets réels du talisman que le génie de la montagne de Caf m'avoit donné pour la ruine d'une nation et peut-être pour le malheur du monde.

Les gouvernements qui succédèrent à celui de ce voleur couronné s'emparèrent tour à tour de la direction des affaires au nom de la justice et de l'humanité, car il paroît décidément que c'est un des meilleurs moyens possibles de tromper les hommes. L'insigne persécution dont j'étois victime fut la seule oubliée, parce que la splendeur de mon ancien état m'avoit fait autant de rivaux qu'il y avoit de riches, et autant d'ennemis qu'il y avoit de pauvres, et qu'il n'étoit d'ailleurs personne à Bagdad qui, par violence ou par adresse, n'eût tiré à soi quelque bonne part de mes dépouilles. Les cachots ne me furent ouverts qu'au bout de trente ans par une

insurrection populaire, et je me trouvai heureux de m'é-
chapper de la ville, où j'avois déployé tant de faste, à la
faveur d'un incendie.

Ma première pensée fut de me rendre au modeste manoir d'Abou-Bedil, non pas que j'espérasse le trouver
encore vivant, mais parce que je me flattois qu'il n'avoit
pas révélé à ses héritiers le trésor de ses jardins. Hélas!
je ne parvins pas sans de longues recherches à en connoître la place. Les ouvriers que j'avois employés
s'étoient souvenus de ce mystère; peu de temps après
mon départ, ils avoient égorgé le vieux scheick et sa
famille; la terre, bouleversée au loin, leur avoit rendu
son funeste dépôt; il n'y restoit pas même une des
plantes nourricières que ses mains avoient cultivées,
et qui auroient pu soulager ma faim. Ainsi j'avois porté
dans cette maison, pour prix d'une si douce hospitalité,
les plus effroyables malheurs; et ces horribles calamités,
dont le tableau me suivoit partout où je portois mes pas,
c'étoit le talisman de l'or qui les avoit produites!

Il fallut donc me résigner à ma destinée, et tendre la
main de ville en ville à la pieuse charité des passants,
plus souvent secouru par les pauvres que par les heureux de la terre, dont la prospérité dessèche le cœur
comme elle avoit desséché le mien; car mon aveugle
opulence n'a pas laissé dans sa courte durée, je l'avoue
en rougissant de honte et d'indignation, la trace d'un
bienfait de peu de valeur, dont la reconnoissance puisse
aujourd'hui me payer l'intérêt. Vingt ans se sont écoulés
depuis, et c'est dans cet état d'opprobre que je suis arrivé
ce matin à Bagdad, attiré, seigneur, par la renommée
de votre inépuisable compassion pour les misérables,
afin de mendier un foible secours à votre porte, où j'ai
trouvé ces deux vieillards. »

Cette histoire est celle de Douban LE RICHE, qui avoit
eu à sa disposition tous les trésors inconnus, qui s'étoit
proposé, à vingt ans, d'acheter tous les royaumes et

toutes les îles du monde, et qui vivoit depuis cinquante ans des aliments grossiers de la prison et des ressources incertaines de l'aumône.

Quoiqu'elle ne me paroisse pas fort amusante, le vieillard bienfaisant de Damas l'avoit écoutée avec plus d'attention que je ne serois capable de lui en prêter moi-même, si j'étois obligé de la relire. Mais, comme l'heure s'avançoit, il se leva en bénissant ses hôtes, et en les ajournant au lendemain pour entendre la suite de leurs récits.

SECONDE JOURNÉE.

Le lendemain, les trois vieillards voyageurs se rendirent chez le vieillard de Damas, à l'heure où ils étoient conviés. Ils reçurent chacun une bourse d'or comme la veille, et s'assirent au banquet avec un parfait contentement, car ils n'avoient été depuis longtemps ni si bien accueillis ni si heureux. Douban le riche paroissoit surtout s'étonner d'être si à son aise dans ses affaires, et de vivre si largement.

Quand le repas fut terminé, le bon vieillard de Damas se tourna du côté du second des trois vieillards qu'il avoit à sa droite, et lui témoigna par une douce inclination de tête qu'il auroit aussi plaisir à entendre son histoire. Celui-ci ne se fit pas prier davantage, et raconta ce qu'on va lire :

HISTOIRE DE MAHOUD LE SÉDUCTEUR.

Seigneur, dit-il, je ne vous occuperai pas longtemps des particularités de mon enfance, car elles vous ont été rapportées avec beaucoup d'exactitude par celui de mes

deux compagnons qui a eu l'honneur de parler devant
vous. Je suis en effet son frère Mahoud le beau, surnommé l'amour et les délices des femmes, et dont le
nom retentissoit, il y a un demi-siècle au plus, dans
tous les harems de l'Orient. Vous savez déjà comment
nous nous séparâmes, et j'avoue que le dédain de mes
frères pour quelques agréments dont j'étois doué, me
faisoit désirer ce moment avec une vive impatience,
quoique je n'eusse pas tardé à penser que le talisman du
génie qui devoit me faire adorer des belles produisoit
sur les hommes un effet tout opposé. Je restai donc
seul, aussi satisfait de ma personne que mécontent de
ma situation.

Le désert, seigneur, est un triste séjour pour un joli
homme. J'y vécus fort mal et fort péniblement pendant
plusieurs semaines, mais je trouvai à me dédommager
aux premières habitations. Je n'ai pas besoin de vous
dire à quel genre d'avantages personnels je dus partout
la plus gracieuse hospitalité. Je ne peux cependant me
dispenser d'ajouter qu'elle entraînoit souvent avec elle
de fâcheuses compensations. Les hommes sont généralement jaloux, et les jaloux sont généralement brutaux,
surtout quand ils n'ont pas reçu d'éducation. Tous les
pays que je traversois étoient des pays de conquête ;
mais, à l'opposé des autres conquérants, je ne les traversois presque jamais sans être battu.

Un jour que j'échappois à la poursuite de cent beautés
rivales, poursuite qui a aussi ses importunités, et que
je me dérobois en même temps aux procédés grossiers
de leurs amants et de leurs époux, je tombai au milieu
de la caravane d'un marchand d'esclaves qui se rendoit
à Imérette pour y acheter des Géorgiennes. Comme j'a-
vois entendu dire que c'étoit là que se trouvoient les
plus belles personnes du monde, et que j'étois empressé
d'y exercer l'empire déjà éprouvé de mon mérite ou de
mon talisman, je n'hésitai pas à m'engager parmi ses

14.

serviteurs pour quelque office assez vil, dans l'espoir assuré de m'en affranchir au premier endroit où nous trouverions des femmes. Ces vallées creusées, comme vous le savez, dans les flancs du Caucase, sont malheureusement fort désertes, et nous devions arriver à Imérette sans avoir rencontré une seule tribu.

Le maître de la caravane étoit un homme fin, jovial et facétieux, qui avoit surpris sans peine le dessein de mon voyage, et qui se faisoit un malin plaisir de présenter mes espérances et mes prétentions sous un aspect ridicule : « Camarades, dit-il un jour, nous approchons du but de notre route, et nous allons nous remettre en possession de ces douces jouissances de la vie dont le désert nous a si longtemps privés : trop heureux, cependant, si l'aimable Mahoud, le séduisant prince de Fardan, daigne nous laisser quelques beautés à toucher, car vous savez qu'il sait les émouvoir, dès le premier jour, à la suite de son char victorieux. O beau Mahoud, que la nature a comblé de tant de grâces, refuseriez-vous d'être propice aux bons et fidèles compagnons qui ont partagé vos hasards, et n'auront-ils pas une seule amourette à glaner derrière vos riches moissons ? Assez de jolies filles fleurissent dans les délicieuses campagnes d'Imérette pour suffire à vos plans de conquêtes, sans que vous réduisiez vos amis au malheur d'aimer sans être aimés ! Il en est peu d'ailleurs parmi elles qui méritent d'être associées à une destinée telle que la vôtre, et celles-là ne doivent vous être disputées par personne. Que n'êtes-vous, hélas ! arrivé plus tôt dans le pays, quand la chute du plus puissant souverain du Caucase mit à ma disposition la princesse de Géorgie, cette adorable Zénaïb, la perle unique du monde, que je vendis l'année dernière au roi de la Chine...

— Zénaïb, princesse de Géorgie ! m'écriai-je avec enthousiasme ; car ce nom étoit pour moi une espèce de révélation merveilleuse.

— Elle-même, reprit le marchand avec un sang-froid accablant, et c'est ainsi qu'elle parloit de vous! « Cruel, me disoit-elle souvent en tournant sur moi des yeux de gazelle qui auroient attendri un tigre, si tu vends ma personne au roi de la Chine, comme tu te l'es proposé, ne te flatte pas lui vendre mon cœur. Mon cœur s'est donné au plus beau des princes de la terre, au charmant Mahoud, l'héritier présomptif du Fitzistan : je ne sais si tu en as entendu parler, continuoit-elle, et je ne l'ai jamais vu, mais il m'apparoît toutes les nuits dans mes songes. C'est à lui qu'appartient à jamais, quoi qu'il arrive, l'infortunée Zénaïb... »

A ces mots, la troupe entière partit d'un éclat de rire convulsif, mais j'y fis peu d'attention. L'image que je me faisois de Zénaïb absorbait toute ma pensée, et je me promettois déjà d'avoir peu d'égards pour les vulgaires tendresses des filles d'Imérette. Nous entrâmes le lendemain dans la ville, sans que j'eusse changé de résolution.

Après avoir reçu du marchand d'esclaves ce qui m'étoit dû en raison de mes services, je me retirai dans un kan fort isolé, pour y penser librement à Zénaïb, et pour y chercher les moyens de rejoindre ma princesse à travers l'espace immense qui nous séparoit. Mon imagination, naturellement assez paresseuse, ne m'en ayant fourni aucun, je commençois à m'abandonner à la plus noire mélancolie, quand une fête publique qui se célébroit à Imérette, m'inspira l'envie de sortir de ma retraite pour me distraire un moment des chagrins qui m'accabloient. Il est inutile de vous parler de l'effet que produisit ma vue; il n'y eut qu'un cri sur mon passage, et la modestie me défend de le répéter. Seulement, l'émotion des plus jeunes ou des plus réservées se trahissoit par quelques soupirs qu'on étouffoit à demi, en cherchant à les faire entendre. Je ne rentrai chez moi que fort tard, à cause du grand concours de femmes qui se pressoient au-devant de moi, et qui me fermoient le chemin. La soirée tout entière fut employée à recevoir des présents et à refuser des billets doux. Hélas! m'écriois-je avec un dédain amer, en repoussant ces témoignages insensés d'une passion que je ne pouvois partager; hélas! ce n'est point Zénaïb! — Et j'ajoutois, en gémissant du profond de mon cœur : Barbare souverain de la Chine, rends-moi Zénaïb, l'unique objet de mes vœux, Zénaïb que tu m'as ravie, ma belle et tendre Zénaïb!... A ce prix, je te laisse sans regret l'empire du monde! — Il est vrai que je n'y avois pas beaucoup de prétentions.

J'avois paru. Les jours suivants ne firent qu'augmenter mon embarras. Vous ne sauriez imaginer, seigneur, combien il est pénible d'être adoré de toutes les femmes. On pourroit s'accommoder de trois ou quatre, et d'un peu de surplus; mais, quand cela passe la douzaine, il n'y a réellement plus moyen d'y tenir. Et puis il y a des passions douces et faciles avec lesquelles on est toujours libre de prendre des arrangements; mais celles que j'avois le malheur d'inspirer étoient si fantasques et si violentes, que je ne me les rappelle pas sans frémir. Il ne fut bientôt plus question que de jeunes beautés éperdues d'amour, qui renonçoient à la modestie de leur sexe pour se disputer le cœur d'un aventurier inconnu. Quelques-unes furent subitement privées de l'usage de la raison; quelques autres se livrèrent aux dernières extrémités du désespoir. Mon arrivée et mon séjour dans la capitale d'Imérette furent signalés enfin par une insurrection unique dans les annales du monde, et qui ne pouvoit manquer d'attirer l'attention du gouvernement. On me conduisit devant le roi.

Ce prince, qui étoit jeune et beau, m'attendoit avec une impatiente curiosité, au milieu des grands officiers de sa cour.

— Est-ce toi, me dit-il en arrêtant sur moi des yeux étonnés, qui te fais nommer Mahoud, prince de Fardan?

— C'est moi, seigneur, lui répondis-je d'un ton assuré, en déployant tout ce que je croyois posséder de dignité et de grâces.

Je dois rendre à ce monarque la justice de déclarer qu'il resta quelque temps interdit et comme stupéfait; mais la puissance secrète attachée à mon talisman reprenant tout son empire, il s'abandonna si follement au délire de sa gaieté, que je pensai un moment qu'il alloit perdre connaissance; et, comme les sentiments des rois ont toujours quelque chose de contagieux, les courtisans qui l'entouroient, oubliant la retenue respectueuse que leur imposoit sa présence, tombèrent pêle-mêle sur les degrés du trône, en se roulant dans les spasmes du rire le plus extravagant dont on puisse se faire une idée. Les gardes mêmes qui m'environnoient abandonnèrent leurs armes pour se presser les côtés des deux mains, dans ce paroxysme presque effrayant de la joie qui commence à toucher aux confins de la douleur. Cette crise fut longue, et me parut plus longue peut-être qu'elle ne le fut en effet.

« Eh quoi! s'écria le roi quand il eut repris assez de calme pour se faire entendre, c'est toi qui es venu troubler de ta funeste présence la tranquillité de mes États, en jetant dans le cœur des femmes les séductions de l'amour! Ce prodigieux triomphe étoit réservé à ces petits yeux ronds et stupides, qui laissent tomber, de droite et de gauche, deux regards louches et maussades; ou bien, à ce nez large et aplati qui surmonte de si haut une bouche torse et mal garnie. Tourne-toi un peu, je te prie, afin que je m'assure si je ne me suis pas trompé en devinant derrière tes épaules inégales une lourde protubérance. Elle y est, en vérité; j'en prends tout le monde à témoin : et, pour comble de difformité, il s'en faut de cela, continua-t-il en montrant sa main étendue, que la jambe sur laquelle il s'appuie maintenant avec une nonchalance affectée, égale l'autre en longueur. Par le soleil qui nous éclaire, on n'a jamais rien vu de plus surprenant, depuis que les caprices d'un sexe imbécile disposent de l'honneur de l'autre !

« Odieux rebut de la nature, reprit-il après un moment de réflexion (c'est à moi qu'il adressoit ces expressions désagréables), je t'ordonne d'évacuer à l'instant notre royaume d'Imérette, et, s'il t'arrive de te faire aimer avant ton départ de la dernière des esclaves, tiens-toi pour averti que tu seras hissé demain à l'arbre le plus élevé de la contrée, pour y servir d'épouvantail aux oiseaux de rapine. »

Cet arrêt sévère étoit énoncé de manière à ne pas me permettre la moindre réplique. Je me glissai avec modestie entre mes gardes, et je sortis de la ville au milieu de cette escorte insolente, en voilant mon visage de mes mains, dans la crainte d'exciter encore une de ces sympathies que j'étois menacé de payer si cher. Arrivé hors des faubourgs, et congédié plus grossièrement, s'il est possible, que je n'en avois l'habitude, je me mis à marcher résolûment vers la frontière, sans oser tourner les yeux derrière moi. Je cheminois ainsi depuis deux heures, en proie à des méditations fort sérieuses, car je n'avois pas eu le loisir de reprendre dans mon kan les cadeaux et les bijoux dont les beautés d'Imérette venoient de m'enrichir, quand les pas de plusieurs cavaliers qui me suivoient de près me firent craindre un nouveau malheur.

« Prince Mahoud, arrêtez, s'il vous plaît, s'écrioient des voix confuses; beau prince Mahoud, est-ce vous? »

Presque assuré cependant que ces cris graves et robustes n'étoient pas articulés par des femmes, je fis courageusement face au péril, et je vis quatre pages où icoglans, superbement vêtus, montés sur de magnifiques chevaux blancs, tout caparaçonnés de soie et d'or, et qui accompagnoient de riches voitures de bagages.

— Je suis le prince Mahoud que vous cherchez, répondis-je fièrement, et s'il n'y a point de femmes parmi vous, comme je le suppose, je puis l'avouer sans inconvénient pour la tranquillité publique. Maintenant, que demandez-vous de moi?

Je ne vous dissimulerai point, seigneur, que ma vue produisit sur ces étourdis son effet accoutumé. Ils se recueillirent toutefois après un moment de sottes risées, et celui d'entre ceux qui paroissoit exercer une certaine autorité sur les autres, descendant de cheval avec un embarras respectueux, vint ployer le genou et s'humilier à mes pieds.

— Seigneur, dit-il, en frappant la terre de son front, qu'il vous plaise d'agréer le timide hommage de vos esclaves. La divine Aïscha, notre reine, qui s'étoit glissée ce matin derrière une des portières de la salle du conseil, pendant votre entretien avec son auguste époux, et qui en connoît les funestes résultats, n'a pu se défendre d'un mouvement d'amour pour votre glorieuse et ravissante personne. En attendant des jours plus propices pour vous rappeler à sa cour, dont vous êtes destiné à faire l'ornement, elle nous a ordonné de venir vous offrir ces présents et ces équipages, et de vous accompagner partout où il vous conviendra de nous conduire. Dis-lui bien, Chélébi, a-t-elle ajouté en tournant sur moi des yeux pleins de la plus touchante langueur, que les minutes de son absence se compteront par siècles dans la vie de la malheureuse Aïscha, et que la seule espérance de le revoir bientôt peut **soumettre** mon cœur au cruel tourment de l'attendre!

En achevant ces paroles, elle a perdu la couleur et la voix, et nous l'avons laissée presque évanouie dans les bras de ses femmes.

— Levez-vous, Chélébi, lui répondis-je, et disposez-vous à me suivre. Nous avons, hélas! de vastes contrées à traverser avant que je rentre dans les États de votre souveraine, si je dois y rentrer jamais! Soumettons-nous à la volonté de celui qui peut toutes choses, et qui décidera seul de la destinée d'Aïscha et de la mienne.

Je montai ensuite un superbe cheval de main qui étoit conduit par un de mes esclaves, et je me hâtai vers les dernières limites du royaume avec tout l'empressement que pouvoit m'inspirer l'envie d'échapper à ma nouvelle conquête, car je n'en avois pas encore fait de si redoutable. Mon âme ne fut entièrement délivrée de la crainte qui l'oppressoit que lorsque j'eus franchi les frontières d'Imérette, où je laissois de si profonds souvenirs.

— Tendre Aïscha, me dis-je alors à part moi, puisse le temps, qui triomphe de tout, vous rendre la douleur de notre séparation plus légère! Elle sera probablement éternelle; car vous ignorez, douce princesse, qu'un sentiment invincible m'entraîne vers l'adorable Zénaïb, dont les tourments ne peuvent être apaisés que par ma possession. Consolez-vous, s'il est possible, et n'attribuez qu'à la prudence un abandon qui m'est imposé par l'amour. La faute en est au sort qui me condamne à être aimé.

Ainsi plongé dans des pensées mélancoliques sur les regrets dont j'étois l'objet, j'abandonnai nonchalamment la bride qui flottoit sur le cou de mon cheval, et je me livrai à l'instinct naturel de son espèce, qui le conduisit au premier kan de la route.

J'abuserois de l'attention que vous voulez bien m'accorder, seigneur, si j'entrois dans les mêmes détails sur toutes les aventures de mon voyage, qui fut d'une longueur infinie; car, malgré mon impatience, j'étois obligé de ne marcher qu'à petites journées, et je ne m'arrêtai qu'à la grande capitale du royaume de la Chine, dont le nom est Xuntien, comme tout le monde le sait. La nuit étoit déjà tombée depuis quelques heures, quand je parvins à m'établir dans une auberge assez voisine du pa-

lais, où j'essayai inutilement de goûter quelque repos.
La pensée que j'habitois enfin les lieux où respiroit Zénaïb, et l'incertitude naturelle que j'éprouvois sur le
succès de mon entreprise, ne me permirent pas de fermer les yeux. Je me levai avec plus de diligence que je
ne l'avois fait de ma vie ; je me revêtis à la hâte de quelques habits simples, mais galants, et je me dirigeai
vers la demeure du souverain de tous les rois, la face
à demi cachée dans mon manteau, pour me soustraire
aux regards des femmes. Il est vrai qu'on n'en trouve
point dans les rues qui n'appartiennent à la classe du
peuple, toutes les autres étant retenues dans leurs ma i
sons par l'extrême délicatesse de leurs pieds, qui sont
les plus menus, les plus gracieux et les plus adorables du
monde, mais qui ne peuvent leur servir à changer de
place. Le soleil avoit accompli plus de la moitié de sa
course, avant que j'eusse achevé de parcourir la magnifique allée d'arbres qui borde dans toute sa longueur la
principale façade du palais.

Rassuré par la solitude qui règne aux environs de ce
beau séjour, je laissois flotter mon manteau, quand un
cri parti des balcons m'avertit que j'avois été vu, et qu'il
étoit trop tard pour cacher ces traits dont les funestes
ravages m'avoient déjà causé tant d'embarras et de tra-
verses. Je levai les yeux, imprudemment peut-être, et
un nouveau cri se fit entendre. Une jeune princesse,
dont j'eus à peine le temps de remarquer la beauté, à
travers le trouble et la pâleur de son visage, tomboit
sans connoissance entre les bras de ses femmes, et les
jalousies, refermées derrière elle, m'en séparoient à jamais.

— Infortunée ! m'écriai-je, quand je fus rentré chez
moi, et le front appuyé sur les coussins de mon divan.
— Trop séduisant et trop malheureux Mahoud, pourquoi faut-il que vous sachiez plaire à toutes les femmes,
si la seule femme dont le cœur puisse avoir pour vous

quelque prix, Zénaïb, la divine Zénaïb, doit rester la proie de son barbare vainqueur? Mais quelle partie de ce palais habite ma Zénaïb? Où la trouver? comment la voir? comment surtout en être vu? Espérances insensées! fatal amour! illusions trompeuses que trop de succès ont nourries! La nature ne m'a-t-elle donné tant d'avantages sur les autres hommes que pour me faire sentir plus amèrement la rigueur de ma destinée?

En achevant ces paroles, je cachai ma tête tout entière entre mes coussins, et je les inondai de mes larmes.

Chélébi entroit au même instant pour m'annoncer la présence d'une vieille esclave maure qui demandoit à me parler.

— Qu'elle parle, répondis-je, sans daigner détourner vers elle mes yeux obscurcis par les pleurs. Que veut-elle au triste Mahoud? Que peut-elle attendre du déplorable prince de Fardan?

— C'est bien à vous, seigneur, que mon message s'adresse, dit la vieille Maure d'un ton mystérieux, et je me connois mal à ces sortes d'affaires, s'il ne comble tous vos désirs. Ce n'est peut-être pas sans dessein que vous vous êtes arrêté, il y a une heure, sous le balcon de la favorite; mais, quoi qu'il en soit de ce projet ou de ce hasard, l'amour vous y rappelle ce soir, à minuit. Cette clef vous ouvrira la porte de la grille qui se ferme au coucher du soleil, et une échelle de cordes, jetée de la croisée, vous conduira aux pieds de la plus aimable des princesses. Prenez donc la clef, seigneur; mais répondez, je vous en conjure, et n'oubliez pas que Zénaïb vous attend!

Au nom de Zénaïb, je m'emparai de la clef que la vieille s'étoit efforcée d'introduire dans ma main languissante, et je m'élançai vers elle pour l'embrasser, en action de grâces d'une si bonne nouvelle; mais, à son aspect, je reculai d'une horreur irrésistible, tant cette noire étoit exécrable à voir, et je retombai à ma place.

Par une rencontre de circonstances trop facile à expliquer, l'esclave maure restoit clouée à la sienne, et
rouloit sur moi des yeux épouvantablement passionnés,
dont l'expression n'a rien qui puisse lui être comparée
dans toutes les terreurs du sommeil.

— O le plus séduisant de tous les hommes, s'écria-t-
elle en adoucissant autant qu'elle le pouvoit sa voix
aigre et cassée, les égarements de l'amour n'ont point
d'excès qui ne s'explique à votre vue ! Mais, heureusement pour vous, la nature ne vous oblige point à partager les sentiments imprudents que vous inspirez. Daignez réfléchir un moment, beau prince, avant d'accepter
les périls du rendez-vous qu'on vous propose. Il est vrai
que Zénaïb ne manque pas de beauté, mais elle compte
parmi ses esclaves une femme qui peut hardiment lui
disputer cet avantage, et qui prodigueroit à vos désirs
des plaisirs moins dangereux. L'empereur est fier, jaloux et cruel, et sa vengeance seroit peut-être plus terrible que vous ne pouvez le prévoir. Tant de perfections,
hélas ! ne la désarmeroient point. La tendre Boudroubougoul, que vous avez sous les yeux, n'aspireroit, au
contraire, qu'à embellir votre existence des jouissances
les plus douces ; car sa vertu éprouvée vous est garant,
comme les attraits incomparables dont vous êtes pourvu,
que vous n'auriez jamais de rivaux ! Cédez, cédez, seigneur, aux conseils de la prudence, et ne repoussez pas
les vœux de Boudroubougoul qui vous implore, de la
brune Boudroubougoul, votre servante et votre épouse !...

— Monstre abominable ! m'écriai-je en me relevant
avec violence afin d'éviter les embrassements odieux
dont elle me menaçoit, rends grâce au message dont tu
es chargée, si je ne te frappe à l'instant de mon canzar,
pour punir ton insolence et ta trahison. Retourne auprès
de ta maitresse, et dis-lui que je payerai de ma vie, s'il
le faut, le bonheur dont elle a flatté mes espérances.

Boudroubougoul sortit en lançant sur moi un regard

courroucé, qui me laissa douter si sa haine étoit aussi effrayante que son amour.

Je me rendis aux bains, je me parfumai avec soin, je me couvris des habits les plus élégants que je pusse trouver parmi les magnifiques présents de la déplorable Aïscha, et je fus exact au rendez-vous de Zénaïb. L'échelle de corde étoit préparée; il ne me fallut, pour la franchir, que le temps de le vouloir. Je la vis, seigneur, et le souvenir de ce moment, impossible à décrire, fait encore le bonheur et le désespoir de ma vie! Pardonnez donc à l'émotion involontaire qui embarrasse et qui suspend mes paroles.

Zénaïb, couchée sur de riches carreaux semés de fleurs, se souleva lentement en poussant un foible cri, car l'excès de sa passion lui avoit ôté presque toutes ses forces. Je fléchis un genou devant elle, et je m'emparai en tremblant de sa main palpitante.

— Prince Mahoud, est-ce vous? dit-elle en entr'ouvrant sur moi un long œil noir qui resplendissoit de plus de feux que l'étoile du matin. Est-ce vous? continua-t-elle avec une langueur inexprimable, en laissant retomber sa tête défaillante sur son cou de cygne, parce que son cœur ne pouvoit plus suffire au trouble qu'il éprouvoit. Quant à moi, je cherchois en vain un langage pour lui répondre, à l'aspect des beautés qui frappoient mes regards, et dont les houris de Mahomet n'offriront jamais qu'une imparfaite image.

Cependant nos yeux se rencontrèrent, et une admiration réciproque prenant la place de tout autre sentiment, nous restâmes comme pâmés l'un devant l'autre, plus semblables à des statues insensibles qu'à des amants impatients d'être heureux.

Au même instant une des portières de l'appartement s'entr'ouvrit, et l'empereur de la Chine, suivi de courtisans et de soldats, s'élança au milieu de nous en brandissant un sabre nu sur nos têtes, pendant que Zénaïb

retomboit évanouie sur ses coussins, et que je me cou-
chois sur ma face, éperdu de terreur, comme pour cacher aux assassins dont j'étois entouré les charmes
funestes qui avoient causé mon infortune. Je ne savois
pas encore combien j'aurois à les maudire.

— Qu'on livre cette indigne esclave aux plus vils de
mes serviteurs, dit alors le tyran, et qu'elle ne reparoisse
jamais devant moi. Quant à l'impie qui a osé franchir le
seuil de ce palais, gardes, emparez-vous du traître, et
disputez-vous la gloire de le faire mourir à mes yeux
dans les plus horribles tourments. Je donnerai une province du céleste empire à celui d'entre vous dont l'habile cruauté se conformera le mieux aux désirs de ma
vengeance!...

Il n'avoit pas fini de prononcer cette sentence, que
dix bras vigoureux me saisirent, et que je me trouvai
debout au milieu de mes bourreaux furieux. Je vous
laisse à juger, seigneur, des angoisses dans lesquelles
j'étois plongé, quand la portière qui s'étoit ouverte pour
le passage de l'empereur se souleva de nouveau, et laissa
paroître la vieille Boudroubougoul. L'infâme esclave,
que je regardois déjà comme l'artisan secret de ma perte,
s'avança jusqu'aux pieds de l'empereur, se prosterna, et
parla ainsi :

— Auguste souverain de la Chine et de toutes les îles
du monde, dit-elle, daigne modérer, au nom de ta propre
gloire, les justes emportements d'une colère trop fondée,
mais à laquelle tu viens d'imposer toi-même des limites
qu'il ne t'est pas permis de franchir! Lorsque je t'ai
révélé la trahison de Zénaïb et de son perfide complice,
il te souvient, sans doute, que je m'étois réservé, pour
prix d'un secret si important à l'honneur de ta couronne,
l'assurance d'obtenir la première grâce que j'oserois im-
plorer de toi.

— Il est vrai, répondit l'empereur, et j'en ai pris à
témoin les dieux du ciel et de la terre.

— Je t'implore donc avec assurance, continua-t-elle. Apprends, puissant roi de tous les rois, que la jalousie seule m'a excitée à trahir le mystère qui couvroit ces criminelles amours. Le charmant prince de Fardan s'étoit rendu maître de mon cœur, jusqu'ici inflexible, et j'étois prête à lui faire le sacrifice de mon innocence, quand il osa former l'audacieux projet de te ravir ta favorite. Il avoit paru lui-même touché de mes foibles attraits, et le bonheur de ton esclave alloit passer tous ses vœux, si les séductions de Zénaïb n'avoient rompu de si beaux liens. Rends-moi, rends-moi l'époux qui m'abandonne, et je m'engage à fixer désormais le volage de manière à ne plus le perdre! C'est la grâce que je t'ai demandée.

— En effet, repartit l'empereur en détournant de Boudroubougoul ses yeux effrayés, ce genre de supplice n'a peut-être rien à envier à tous ceux qu'inventeroit l'imagination des hommes. Que le prince de Fardan soit ton époux, car telle est notre volonté souveraine. Je ferai plus, fidèle Boudroubougoul, en faveur d'une si digne alliance. Je t'accorde pour dot la meilleure forteresse du Petcheli, et une garde de cinq cents guerriers qui veilleront aux déportements de ton séducteur, car je n'entends pas qu'il reparoisse jamais aux regards de ce sexe facile dont il surprend si insolemment les bonnes grâces. Qu'on l'amène en ma présence pour entendre son arrêt.

Les gardes me poussèrent devant l'empereur, et j'y restai immobile et comme terrassé sous le coup de foudre qui venoit de m'accabler.

Il y eut alors un moment de silence que j'essayois inutilement de m'expliquer à moi-même, et qui se termina par des éclats d'un genre si **extraordinaire**, que je ne pus me défendre de relever la tête pour en connoître la cause. Ma vue avoit produit sur la cour de Xuntien le même effet que sur la cour d'Imérette; mais comme les

Chinois sont beaucoup plus gais que les Géorgiens, leurs transports avoient quelque chose d'effrayant qui me consterna presque autant que mon propre malheur. L'empereur surtout étoit en proie aux convulsions d'un rire si délirant, qu'on sembloit craindre pour sa vie, quand il parvint à se rasseoir, tout haletant, sur un de ces carreaux, en couvrant ses yeux d'un pan de sa robe royale pour éviter de me voir.

— Qu'on l'éloigne d'ici, dit-il, au nom de tous les dieux qui protégent la Chine, et qu'on s'assure attentivement des moindres circonstances d'un mariage si bien assorti, pour les inscrire en lettres d'or dans les annales de mon règne !...

Les gardes se rangèrent alors sur deux lignes, entre lesquelles on me fit placer à côté de ma fatale fiancée ; nous descendîmes ainsi dans les rues de la ville qui commençoient à s'éclairer des premiers rayons du jour, et nous traversâmes lentement, pendant tout un soleil, la foule qui s'augmentoit sans cesse aux huées unanimes de la populace, car j'entendois trop bien les intérêts de ma gloire pour laisser mon visage exposé à la vue des femmes. Il étoit tard quand nous arrivâmes au château fort de Boudroubougoul, qui ne se sentoit pas de joie et qui ne se lassoit pas de m'accabler de ses formidables caresses ; mais des courriers, qui nous précédoient de loin, avoient déjà tout fait disposer pour nous y recevoir. Le mariage se célébra dans les formes ordinaires, et la soldatesque féroce dont nous étions accompagnés eut la cruauté de ne nous quitter qu'au lit nuptial.

Vous me permettrez, seigneur, de jeter un voile sur les horreurs du sort que la barbare vengeance de l'empereur m'avoit réservé. Elles se comprennent mieux, hélas ! qu'elles ne peuvent se décrire. Qu'il me suffise de vous dire que ma captivité dans cette demeure infernale ne dura pas moins de trente ans dont les minutes ne peuvent se mesurer à aucune espèce de temps connu,

car la vieillesse de Boudroubougoul sembloit défier les
années. Plus l'âge s'appesantissoit sur elle, plus elle devenoit acariâtre et violente, plus elle redoutoit, dans son
implacable jalousie, que je n'échappasse au funeste
amour que j'avois eu l'affreux malheur de lui inspirer.
La précaution même avec laquelle elle avoit éloigné
toutes les femmes ne la rassuroit qu'à demi. Elle descendoit impitoyablement jusque dans les mystères de
mon cœur, pour y surprendre une pensée qui n'auroit
pas été pour elle, et la moindre découverte de ce genre
m'exposoit aux traitements les plus odieux. Je vous
laisse à penser si l'occasion s'en présentoit souvent; et
que seroit-ce, grand Dieu! si vous aviez vu Boudroubougoul!

J'avois toutefois conservé précieusement mon amulette. Je touchois tout au plus à ma cinquantième année,
et si ce n'est plus l'âge de plaire, c'est celui du moins
où les gens sensés ont acquis toute la maturité nécessaire pour tirer un parti raisonnable de l'amour. Je vivois
encore, triste mais résigné, par cette espérance pré-
somptueuse de l'arrière-saison, quand je m'aperçus un
matin que le talisman du génie m'avoit été dérobé
pendant mon sommeil. Boudroubougoul, qui partageoit
toutes les nuits la couche de malédiction sur laquelle le
ciel avoit amassé pour moi tant d'opprobres et de douleurs, pouvoit seule s'en être emparée, dans la fausse et
ridicule idée que ce joyau étoit le gage de quelque sentiment de jeunesse dont mon âme conservoit tendrement
le souvenir. Je m'élançai brusquement de mon lit, je
courus à la chambre de ma femme, et je vis l'abominable vieille occupée à exciter, de la pointe d'une longue
broche de fer, l'ardent brasier qui achevoit de dévorer
l'amulette. Elle n'existoit déjà plus qu'en cendres im-
palpables qui noircissoient à la surface des charbons
brûlants, mais qui trahissoient encore l'apparence de sa
forme. A cet aspect, un cri lamentable s'échappa de mor

cœur déchiré, mes yeux se voilèrent, et je sentis mes
jambes défaillir sous moi.

— Perfide! s'écria Boudroubougoul en se retournant
de mon côté, c'est donc ainsi que vous trahissez les devoirs d'un lien si bien assorti, et qui a fait si longtemps
votre félicité? Pour cette fois, misérable, ma vengeance
est sans pitié, et je ne me laisserai attendrir ni par vos
larmes ni par vos serments.

Elle se levoit, en effet, pour me frapper, selon sa con-
stante habitude, quand une impression toute nouvelle,
dont elle ne fut pas maîtresse, la contraignit de changer
de langage.

— Oh! oh! reprit-elle en faisant deux pas en arrière,
par quel mystère ce manant a-t-il pu s'introduire dans
ces murs impénétrables? Qui es-tu, insolent étranger,
pour oser te présenter sans être annoncé dans l'appartement des femmes?

— Hélas! répondis-je les yeux baissés, ne reconnois-
sez-vous pas en moi votre malheureux époux, Mahoud,
le beau prince de Fardan?

— Seroit-il vrai! dit Boudroubougoul après m'avoir
longtemps considéré avec un mélange d'étonnement et
d'effroi. Il seroit vrai! répéta-t-elle du ton d'une conviction amère. C'est donc à toi, ignoble et difforme
créature, c'est à toi, magicien maudit, que la vive et
gracieuse Boudroubougoul a prodigué, pendant trente
ans d'illusions, les trésors de sa jeunesse et de sa beauté!
C'est à toi que j'ai sacrifié la fleur de ses charmes innocents qui faisoient l'enchantement des yeux et les délices du monde!... Retire-toi, continua-t-elle dans un
accès de colère impossible à exprimer, et en me poursuivant outrageusement de la broche de fer que sa main
n'avoit pas laissée échapper. Disparois à jamais de ma
présence, et va chercher des conquêtes nouvelles chez
les monstres qui te ressemblent.

Boudroubougoul me conduisit ainsi jusqu'aux rem-

parts de la forteresse; car toutes les portes s'ou-
vroient devant elle. La dernière se referma sur moi, et
j'arrivai au milieu de la place publique, en regrettant
profondément de ne m'être pas avisé plus tôt d'un
moyen si facile de reconquérir ma liberté. Je n'avois
pas perdu avec mon talisman la confiance un peu tardive que je fondois sur la bonne volonté des femmes. Je
cherchai leurs regards; j'épiai leurs émotions, j'attendis
leur enthousiasme et leurs avances, et je n'obtins que
des rebuts. Le jour de mes triomphes étoit passé à jamais. Fiez-vous après cela aux avantages de la nature
et aux talismans des génies.

Le commencement de mon récit ressemble au commencement du récit de mon frère Douban le riche, et
ces deux récits se ressemblent aussi par la fin. Obligé,
comme lui, pendant vingt ans, de subsister aux dépens
de la charité publique, j'arrivai à Damas où tout le
monde m'indiqua cette maison hospitalière, comblée
des bénédictions du ciel et de celles de la multitude. Je
venois y demander les aliments d'un jour et l'asile d'une
nuit, quand je trouvai à la porte ces deux vieillards,
dont l'un est mon frère. Puisse le maître souverain de
toutes choses reconnoître l'accueil généreux que vous
nous avez fait!

Cette histoire est celle de Mahoud LE SÉDUCTEUR, qui
avoit le don d'être aimé de toutes les femmes, qui avoit
dédaigné à vingt ans le cœur des princesses et des
reines, qui avoit gémi pendant trente ans sous le joug
de la plus abominable et de la plus méchante des créatures, et qui vivoit, depuis qu'il en étoit délivré, des
petites aumônes du peuple, comme son frère Douban
LE RICHE.

Quoiqu'elle ne me paroisse guère plus amusante que
la première, le vieillard bienfaisant de Damas l'avoit
écoutée avec plus d'attention que vous ne lui en avez

probablement porté vous-même, et je vous prie de ne
pas regarder cette observation comme un reproche.
Mais, comme l'heure s'avançoit, il se leva en bénissant
ses hôtes, et en les ajournant au lendemain pour entendre le reste de leurs aventures.

TROISIÈME ET DERNIÈRE JOURNÉE.

Le lendemain, les trois vieillards se réunirent, comme
la veille, chez le vieillard bienfaisant de Damas, à
l'heure du repas du soir où ils étoient invités. Ils reçurent chacun une bourse d'or, comme les deux jours pré-
cédents, et quand le banquet fut fini, leur hôte, s'adressant à celui qui n'avoit pas encore parlé, lui rappela
qu'il attendoit aussi le récit de son histoire. Le voyageur
inconnu, qui étoit un homme sérieux et circonspect,
passa gravement sa main sur sa barbe, salua d'un air
digne et posé le père de famille et ses enfants, et commença en ces termes :

HISTOIRE DE PIROUZ LE SAVANT.

Illustres seigneurs, vous n'apprendrez peut-être pas
sans étonnement que je suis le troisième frère de ces
deux vieillards, et que c'est de moi qu'ils vous ont
parlé sous le nom de Pirouz. Je suis plus connu aujour-
d'hui dans l'Orient sous le titre de SAVANT que l'on m'y

a donné par excellence, pour me distinguer de la foule
des gens qui font profession de science, aux risques et
périls de l'humanité, sans s'être jamais signalés par une
découverte utile. C'est moi qui avois reçu du génie de
la montagne le talisman au moyen duquel on connoit le
secret des maladies, et les électuaires spéciaux que la
nature a produits pour y porter remède. Il n'avoit probablement pas fait ce choix sans motif, mon inclination
m'ayant toujours porté à la recherche de ces arcanes
précieux, qui seroient la première des richesses de
l'homme, s'il savoit la connoître. Je reçus cette faveur
avec joie, parce qu'elle m'ouvroit en espérance un long
avenir de fortune et de gloire, et je quittai mes frères
sans regret et sans envie. Épris de leur opulence et de
leurs avantages personnels, ils jouissoient d'une santé
qui ne me donnoit pas lieu de croire qu'ils eussent jamais besoin de moi. J'emportai donc ma part des provisions, et je m'avançai dans le désert en cueillant des
simples assortis aux principales infirmités de l'espèce.

Quelques semaines écoulées, mon sac fut plein de
spécifiques et vide de provisions. Je me trouvai riche de
tout ce qui peut guérir ou soulager les souffrances de
l'humanité, à l'exception de la faim; la faim, ce mal
positif, auquel les sages n'ont pu pourvoir jusqu'ici
qu'en mangeant. Ce qui me consoloit, seigneur, dans
les tourments qu'elle me fit éprouver, c'est que je n'ignorois pas qu'il y avoit beaucoup de savants qui les ont
éprouvés avant moi, et, si on s'en rapporte au témoignage des histoires, il n'est pas absolument nécessaire
d'aller dans le désert pour en citer des exemples.

J'étois pressé par cette nécessité importune et humi-
liante, quand mon oreille fut frappée du bruit de quelques voix humaines. Le bruyant délire dont ces voyageurs paroissoient animés me fit d'abord espérer que
j'aurois affaire à des malades; mais je m'aperçus avec
une certaine satisfaction, je dois le dire, qu'il n'annon-

çoit que l'explosion bienveillante et communicative d'un
banquet qui tire à sa fin. Je m'y glissai sans crainte : les
gens qui ont faim sont si insinuants et si persuasifs! J'y
fus admis sans difficulté : les gens qui dînent sont si
polis! Je pris part, avec une expansion toute naturelle,
à la bonne chère et à la joie des convives, et j'y serois
resté longtemps, si un soin particulier ne les avoit appe-
lés quelque part.

C'étoit un festin funèbre.

Le roi d'Égypte avoit alors un favori que la passion
de la chasse aux bêtes fauves entraînoit souvent à leur
poursuite dans les régions les plus sauvages. Il s'étoit
arrêté, la veille, avec son escorte, dans le lieu qui nous
rassembloit, et il venoit d'être victime de la vengeance
d'un tigre blessé à mort, qui l'avoit laissé sans vie à
côté de lui sur le sable du désert. La fosse étoit creusée,
le cadavre étoit là, et voilà pourquoi on se réjouissoit,
en attendant les funérailles.

Je n'eus pas plutôt touché le mort, que je reconnus
qu'il étoit vivant. Mon sac me fournissoit des baumes
et des dictames inconnus d'une puissance héroïque ; et
quand tout fut prêt pour l'enterrement, mon mort monta
à cheval.

Le plus rare bonheur qui puisse arriver à un jeune
médecin, c'est de débuter dans la pratique par la guérison d'un grand seigneur. Le salut d'un peuple entier
ne l'auroit pas tiré de l'obscurité; celui d'un homme en
place fait sa fortune ; mais la mienne devoit être exposée
à d'étranges vicissitudes, et je ne vous en raconterai
qu'une partie. J'arrivois au Caire sous les auspices d'un
courtisan que la faveur dont il jouissoit rendoit au moins
l'égal du souverain, et, par conséquent, avec une perspective presque infaillible de profit et de gloire. Malheureusement pour mon patron et pour moi, le prince, qui
avoit besoin d'un ami plus assidu, venoit de donner un
successeur à mon maître. Quand son favori arriva, il lui

fit trancher la tête, et c'est un genre d'accident pour lequel mon amulette ne m'enseignoit pas le moindre remède. La science ne sauroit pourvoir à tout.

Par une compensation dont les médecins ont seuls quelque bonne raison de se féliciter, la contagion qui désole l'Égypte tous les ans faisoit alors d'horribles ravages. La circonstance étoit propice, et j'en usai avec empressement pour guérir tous les malades, à l'exception de ceux qui aimoient mieux mourir selon les règles, en s'en tenant aux ordonnances qui avoient tué leurs pères. Leur nombre fut considérable; mais ma réputation prévalut, et je n'en tirai pas un grand profit. Il n'y a rien d'ingrat comme un malade guéri. Les hommes n'apprécient la santé à sa valeur que lorsqu'ils n'en jouissent plus. Il en est autrement de l'héritage des morts, dont ils ne connoissent jamais mieux le prix que lorsqu'ils vont en prendre possession. L'héritier est naturellement reconnoissant et libéral, et voilà pourquoi les riches ne guérissent presque jamais.

Cependant je n'avois pas à me justifier, dans ma pratique, d'un seul événement sinistre ou même douteux, et la médecine me porta envie. Le collége des docteurs m'assigna devant le tribunal souverain, pour y rendre compte du droit que j'avois de guérir, car il n'est pas permis, dans ce pays-là, de sauver un homme de la mort, quand on n'y est pas autorisé par un brevet qui rapporte de gros deniers au fisc. Pour être confirmé dans l'exercice de la profession dont j'avois témérairement usurpé les priviléges, il falloit prouver au moins que je m'y étois préparé par des études préliminaires d'un genre fort singulier, entre lesquelles passoit en première ligne la connoissance approfondie de la langue copte. Le tribunal souverain devant lequel m'avoit envoyé le collége des docteurs, et qui ne connoissoit pas la langue copte, me renvoya devant le collége des docteurs, qui ne la connoissoit pas non plus.

Le premier des docteurs qui avoit à m'interroger me demanda si Sésostris étoit devenu aveugle des deux yeux à la fois, et, dans le cas où je partagerois l'opinion contraire, qui paroît la plus vraisemblable aux savants, si l'œil qu'il avoit perdu le premier étoit le droit ou le gauche.

Je lui répondis que cette question sembloit assez étrangère à l'art de guérir, mais que, si Sésostris n'étoit pas devenu aveugle à la fois des deux yeux, et que ce ne fût pas l'œil gauche qu'il eût perdu le premier, il me paroissoit probable que c'étoit le droit.

Je peux dire ici, sans faire trop de violence à ma modestie, que cette solution fut accueillie par un murmure assez flatteur.

Le second docteur voulut savoir mon avis sur la couleur du scarabée sacré, qui a toujours passé pour noir, jusqu'à l'arrivée d'un voyageur venu de Nubie, d'où il a rapporté un scarabée vert. Cette difficulté ne présentant pas non plus un intérêt fort grave pour l'humanité souffrante, je me contentai de déclarer, dans la sincérité de mon cœur, que Dieu avoit fait, selon toutes les apparences, des scarabées de toutes les couleurs, et que ses moindres ouvrages étoient dignes de l'admiration des hommes.

Le troisième docteur toucha de plus près aux questions sur lesquelles mon talisman me fournissoit des solutions infaillibles. Il exigeoit que j'expliquasse à la docte assemblée les vertus secrètes par lesquelles l'*abracadabra* guérit de la fièvre tierce, et je répliquai cette fois, sans hésiter, que l'*abracadabra* ne guérissoit point de la fièvre tierce. Comme les médecins d'Égypte ne guérissent la fièvre tierce qu'au moyen de l'*abracadabra*, quand ils ont le bonheur de la guérir, cette dernière réponse excita l'indignation générale. Le collége me repoussa comme un imposteur téméraire et ignare qui ne savoit pas même la langue copte, et le tribunal souverain me renvoya en prison, pour y finir mes jours, avec défense expresse de guérir qui que ce fût, sous peine du dernier supplice. J'y passai trente ans à souhaiter la mort; mais je ne m'étois jamais mieux porté, et je ne reçus pas une seule visite des médecins. C'est la seule marque de vengeance dont ils m'aient fait grâce.

Au bout de trente ans, le jeune roi d'Égypte étoit devenu vieux. Tourmenté d'un mal inconnu qui défioit toutes les prescriptions de la science, et pourvu d'une vitalité qui résistoit à tous les remèdes, il se rappela confusément les cures miraculeuses du médecin persan qui avoit fait si grand bruit au commencement de son règne. Il ordonna que je lui fusse amené, sous la condition formelle de payer de ma tête le mauvais succès d'une ordonnance inutile. J'acceptai avec empressement cette terrible alternative, quoiqu'il ne me parût pas bien démontré que mon amulette eût conservé si longtemps sa vertu. Il y a si peu de facultés données à l'homme qui ne perdent pas, en trente ans, une partie de leurs propriétés et de leur énergie, si peu de réputations scientifiques qui survivent à un quart de siècle !

Je ne manquai pas sur ma route d'occasions de me rassurer. A peine eus-je passé le seuil de mon cachot, que je trouvai la rue encombrée de malades, les uns errant comme des spectres échappés au tombeau, et encore à demi voilés de leurs linceuls : les autres, appuyés sur le bras de leurs amis et de leurs parents; ceux-ci gisant sur la paille, et tendant vers moi des bras suppliants; ceux-là portés dans des litières magnifiques, et faisant joncher le chemin que je parcourois de bourses d'or et de bijoux, par les mains de leurs esclaves. D'un regard, je connoissois tous les maux; je les guérissois d'une parole, et j'arrivai au palais, escorté d'un peuple de moribonds ressuscités qui remplissoient l'air des éclats de leur joie et de leur reconnoissance. Je m'approchai, avec la sécurité calme et fière d'un triomphateur modeste, du lit royal sur lequel le prince étoit assis. Hélas! combien ma confiance fut trompée!

Le roi d'Égypte n'avoit pas alors plus de cinquante ans, mais son front portoit l'empreinte d'une caducité séculaire. Sa face hâve et plombée, comme la main livide de l'ange funèbre qui s'étoit étendue sur lui, avoit perdu jusqu'au mouvement de la vie. Ses lèvres sans couleur conservoient à peine assez de force pour s'entr'ouvrir au dernier souffle qui alloit lui échapper; ses yeux seuls laissoient deviner quelques restes d'une existence fugitive, et finissoient de briller dans la profonde cavité de leur orbite, comme deux étincelles prêtes à s'éteindre sur des charbons éteints. Il voulut faire un mouvement pour m'appeler, mais sa main le trahit et resta glacée sur le dossier qui l'appuyoit. Un balbutiement confus erra sur sa langue paralysée, mais je ne l'entendis point.

Mon état n'étoit guère à préférer à celui de l'agonisant. Je ne l'avois pas plutôt aperçu que je devinai ma destinée à l'horrible silence de mon talisman. Il ne me suggéra pas une pensée, pas un subterfuge même qui pût me tenir lieu de pensée. Un médecin ordinaire auroit improvisé le nom d'une maladie inconnue, celui d'un remède imaginaire ou difficile à trouver. Il auroit gagné le temps nécessaire pour laisser mourir son malade, et il en falloit si peu! Médecin par l'instinct de la nature et les bons secours du génie de la montagne de Caf, je ne connoissois pas ces habiles artifices. Je jetai autour de moi un regard d'humiliation et de désespoir, et je rencontrai les yeux du médecin du roi qui jouissoit de ma confusion avec un insolent sourire. Ma première idée fut que la présence d'un de ces docteurs à brevet suffisoit pour neutraliser les effets de l'amulette salutaire, quoique le génie ne l'eût pas dit; mais les génies ne peuvent pas penser à tout. Convaincu que je ne gagnerois rien à réfléchir plus longtemps, je me jetai la face contre terre.

— Seigneur, m'écriai-je enfin en me relevant sur mes genoux dans l'humble attitude de la résignation, ou votre majesté n'est point malade, ou le mal dont elle est frappée se dérobe à mon savoir impuissant. Je suis incapable de la guérir.

A ces mots, le roi rassembla le reste de ses forces pour m'accabler de sa colère, mais il ne put faire qu'un geste et pousser qu'un cri. — Qu'on le mène à la mort, dit-il.

— Seigneur, dit le médecin en se rapprochant de l'auguste malade, votre indignation est légitime, et votre vengeance est trop douce. Permettez-moi cependant de vous indiquer un moyen de la rendre utile à la conservation de ces jours précieux sur lesquels reposent la prospérité de l'Égypte et le bonheur du monde. Votre majesté, qui sait tout ce que savent les rois, ces dieux visibles de la terre, n'ignore pas que notre loi nous défend d'attenter au cadavre et de troubler par une étude sacrilége le saint repos de la mort. Cette science impie des Cafres et des giaours nous est sagement interdite, mais le divin Alcoran ne nous a défendu nulle part d'en puiser les rares secrets dans les entrailles d'un criminel vivant. Si votre mansuétude paternelle, qui veille incessamment à la conservation de vos sujets, daignoit m'accorder ce misérable, couvert de forfaits et d'ignominie, je me crois assez expert dans mon art pour l'ouvrir et le disséquer, sans toucher aux parties nobles, et pour découvrir dans ses viscères palpitants le mystère et le remède des douleurs qui vous tourmentent, car l'amour seul de votre personne sacrée m'a inspiré cette prière.

Pendant cette allocution effroyable, la moelle s'étoit figée dans mes os, et j'attendois la réponse du tyran dans une horrible perplexité. Un sourire d'espérance

courut sur sa bouche pâle, et il inclina foiblement
la tête en signe d'approbation. Je perdis connoissance.

Alors on me lia les pieds et les mains; on me transporta ainsi dans une litière fermée, et on me conduisit
à la maison de plaisance du médecin du roi, délicieuse
villa, dont le Nil baigne l'enceinte élevée. Arrivés au
terme de ce voyage fatal, les esclaves me déposèrent sur
une table de cèdre qui paroissoit disposée à l'avance
pour l'affreuse opération que j'allois subir, tandis que
d'autres serviteurs préparoient sur une table voisine
les instruments de mon supplice, des scies, des couteaux, des scalpels, des bistouris acérés, dont la vue
feroit horreur à un de ces héros invulnérables que
chantent les anciens poëmes de l'Arabie. J'en détournois
les yeux avec une épouvante qui me brisoit le cœur,
quand un pas grave et lent, qui s'imprimoit solennellement sur les degrés, m'annonça la présence de mon
barbare assassin. Oh! combien je regrettai alors que le
génie maladroit qui m'avoit doué, sans mon aveu, du
privilége stérile de guérir toutes les maladies des
hommes, ne m'eût pas accordé en échange le pouvoir
de les donner! de quelle foudroyante apoplexie j'aurois
accueilli, sans remords, le médecin du roi! Mais je me
débattis inutilement sous les convulsions de la terreur,
et je retombai dans mes liens.

— Que vois-je! s'écria-t-il en m'apercevant. Est-ce
ainsi qu'on reçoit les hôtes respectables qui me font
l'honneur de me visiter! Hâtez-vous de rompre ces
cordes infâmes et de nous apporter des carreaux sur
lesquels nous puissions nous livrer à loisir aux douceurs
d'un sage entretien. — Et toi, continua-t-il, en s'adressant à une espèce de majordome que je n'avois pas encore vu, tâche de te surpasser dans les apprêts d'un festin
qui témoigne à ce noble étranger, par sa magnificence,
combien je suis sensible à la gloire dont sa présence me
comble aujourd'hui. Quand j'aurai affaire à vous pour

d'autres services, j'aurai soin de vous appeler et de
vous faire connoître mes volontés.

Il n'avoit pas fini de parler que ses ordres s'exécu
tèrent. Une table jonchée de fleurs se couvrit de sorbets,
de confitures, de mets délicats, de vins exquis; car les
médecins d'Égypte poussent à un degré incroyable de
raffinement le goût de la bonne chère, et ne se font pas
grand scrupule d'enfeindre les préceptes de la loi; je
ne sais s'il en est de même ici. J'étois loin cependant
d'être rassuré, ou plutôt je commençois à m'imaginer
que le docteur se proposoit de m'étourdir par des breuvages narcotiques dont je n'avois pas l'habitude, pour
procéder ensuite à son opération avec moins de difficulté. Les scalpels et les bistouris n'avoient d'ailleurs
pas disparu, et la vue de ces ustensiles menaçants
réprimoit fort mon appétit. Le médecin parut remarquer enfin ma consternation, dont il n'ignoroit pas la
cause.

— Eh quoi! me dit-il, mon illustre confrère, vous
croyez-vous par hasard au saint temps du Ramazan,
pour dédaigner des mets qui éveilleroient la sensualité
d'un santon? Daignez du moins me faire raison de ce
verre de vieux Schiraz que je vais boire à l'honneur de
vos glorieux succès.

La révolution que produisit en moi cette singulière
apostrophe me rendit subitement la parole : C'en est
trop, lui répondis-je en pleurant de colère; je ne m'attendois pas à voir un homme qui exerce une profession
libérale et humaine joindre une ironie si amère à une si
noire cruauté !

— Allons donc, reprit-il, vous ne sauriez attribuer
sérieusement au plus zélé de vos admirateurs et de vos
disciples l'intention de cette exécrable plaisanterie. J'a-
voue que la gloire d'ouvrir un grand homme tel que vous
est faite pour éblouir mon orgueil; mais ce n'est pas au
point de fermer mes yeux à l'éclat de votre savoir et de

vos talents. Je vous suivois d'assez près, ce matin,
quand vous marchiez de votre prison au palais du roi
d'Égypte, et vous m'avez rendu témoin de miracles si
surprenants, qu'ils semblent plutôt l'ouvrage d'un génie
que celui d'un homme. O seigneur, que vous êtes un
habile médecin, et que les moindres de vos formules seroient payées cher par notre académie!

Quoique ma situation fût peu changée en apparence,
j'avouerai que ces paroles me pénétrèrent d'une émotion
assez douce, et que mon amour-propre triompha un
moment de ma peur. Je bus un verre de Schiraz, et je
repris quelque courage.

— Il est vrai, dis-je avec l'expression d'un contentement modeste, que ma pratique n'a jamais été malheureuse, à une triste occasion près, et je mets le monde
entier au défi de citer un seul malade que je n'aie pas
guéri du premier abord, si ce n'est le roi d'Égypte, à qui
Dieu pardonne le mal qu'il me fait ou qu'il veut me faire.

— Pour celui-là, répliqua le docteur en riant, vous
m'auriez étonné d'une tout autre manière, si vous
aviez deviné sa maladie, car je vous suis caution qu'il
n'est point malade. C'est une organisation de fer, usée
avant l'âge par tous les excès qui précipitent le cours de
la vie, la satiété des voluptés, la satiété du pouvoir, la
satiété du crime. Il n'y a plus rien de nouveau pour ses
organes blasés, sur cette terre dont il est l'effroi, et
voilà pourquoi il se meurt. C'est de tous mes clients
celui qui m'inquiète le moins, car je lui tiens en réserve,
pour le premier moment d'humeur dont il aura le malheur de m'inquiéter, une potion souveraine qui lui pro-
curera la guérison radicale de tous ses maux, et qui guérira l'Égypte plus infailliblement encore de l'opprobre et
des calamités de son règne. Ne soyez donc pas surpris de
n'avoir pas trouvé de remède aux douleurs qui le dévo-
rent. La Providence est trop sage pour avoir réservé de
telles ressources au plus méchant de tous les hommes.

— Si je comprends la valeur de ce spécifique, inter-
rompis-je en frissonnant, il est bien à regretter pour moi
que vous ne vous en soyez pas avisé plus tôt.

— C'est ce que nous verrons tout à l'heure, poursuivit le médecin du roi en jetant un regard oblique sur
ses redoutables ferrements. Nous avons auparavant à
nous entretenir d'autre chose, et au point où nous en
sommes, vous et moi, nous pouvons nous parler tous
deux sans mystère. Vous pénétrez d'un coup d'œil la
cause de toutes les maladies, et vous savez leur approprier à l'instant le remède qui leur convient : c'est un
point sur lequel nous sommes d'accord, et dont les observations que j'ai faites, il y a peu de temps, ne me
permettent pas de douter; ce que je ne saurois croire,
c'est qu'il y eût une école de médecine, en Égypte ou
ailleurs, qui enseignât cette science, et vous me permettrez d'imaginer que vous la devez plutôt au hasard
qu'à l'étude.

Un sentiment involontaire de confusion ou de pudeur
dut alors se manifester sur mon visage, et, dans mon
émotion, je baissai les yeux sans répondre.

— J'ai fréquenté comme vous, continua-t-il, les cours
des sages les plus renommés, et j'y ai appris que les médecins ne savoient que peu de chose ou ne savoient
rien. Nous raisonnons sur les maladies par approxima-
tion; nous leur appliquons, par habitude, les remèdes
qui nous ont plus ou moins réussi dans des circonstances analogues, et nous les guérissons quelquefois
par hasard. C'est à cela que se réduit notre savoir; mais
il nous suffit pour gagner la confiance de la multitude,
et pour vivre dans l'aisance aux dépens des gens crédules. Si vous connoissez une autre médecine que celle-
là, vous êtes encore plus savant que je ne l'avois pensé,
mais j'ai quelque raison de croire que vous n'en avez pas
acquis le secret sur les bancs du collége. Une confidence
loyale et sans réserve pourroit faciliter entre nous un

bon arrangement dont je n'ai pas besoin de vous faire sentir l'urgence. Vous avez eu le temps d'y penser.

Il porta au même instant une main nonchalante sur ses bistouris, et les étala sur ses genoux avec une distraction affectée.

J'avois compris mon médecin, et je n'hésitai plus que sur les termes de la capitulation.

— Un secret pareil, lui dis-je, seroit à estimer au-dessus de tous les trésors des hommes.

— Et non pas au-dessus de la vie, reprit-il en repassant négligemment le plus horrible de ses bistouris sur une pierre à aiguiser. Il me semble qu'une jolie djerme voilière galamment équipée, qui vous transporteroit cette nuit loin des terres d'Égypte, et une poignée de franches roupies de Perse qui vous donneroit de quoi vivre, en attendant une clientèle, valent mieux pour vous que l'honneur de figurer un jour dans un cabinet d'anatomie. C'est payer assez haut, selon moi, dans la position où vous êtes, la communication de quelques folles paroles que vous devez à la bienveillance d'une péri.

— Apportez-moi les roupies, repartis-je, et allons voir la djerme, si elle est prête, car j'ai hâte de voyager. Vous aurez le talisman.

Je le passai, en effet, sur son cou au moment où le patron donnoit le signal du départ. Je fis valoir avec soin les vertus incomparables de mon amulette, mais j'omis plus soigneusement encore, et pour cause, de prévenir le docteur qu'elle perdoit à l'instant son efficacité quand elle étoit tombée en d'autres mains, parce que cette circonstance malencontreuse auroit annulé un marché auquel j'avois le plus grand intérêt possible. C'est toutefois depuis ce temps-là que les médecins d'Égypte se flattent, entre ceux de toutes les nations, de guérir toutes les maladies; mais je puis vous attester, seigneur, qu'il n'en est rien, et que les médecins de ce pays-là tuent leurs malades comme les autres.

Mes ressources ne furent pas longtemps à s'épuiser ;
mais je croyois en avoir conservé quelques-unes dans
mes habitudes de praticien. J'avois vu et nommé une
multitude de maladies ; j'avois nommé et conseillé une
multitude de remèdes, et ma mémoire ne m'avoit pas
abandonné avec le talisman du génie. J'allai donc à travers le monde, cherchant partout des malades, imposant
le plus souvent au hasard les définitions de ma patho-
logie et les recettes de ma pharmacopée, et laissant les
traces ordinaires du passage d'un médecin dans les en-
droits où je passois. J'en eus quelques remords au commencement, parce que j'ai l'âme naturellement sensible ;
mais je finis par m'en faire une habitude assez facile,
comme les autres médecins, quand j'eus expérimenté,
en cent consultations différentes, que les plus huppés de
cette savante profession n'en savoient pas plus que moi.
Il arrivoit toujours, en dernier résultat, que le malade
triomphoit du mal, ou que le mal triomphoit du malade, selon l'arrêt de la destinée ou le caprice de la
nature.

J'éprouvai cependant quelques échecs qui compro-
mirent ma réputation, et qui mirent ma sûreté en péril.
Je crois qu'il n'en eût pas été question pour un docteur
en crédit, dont la considération repose sur une vieille
tradition pratique et sur la confiance d'une clientèle
honorable. Ceux-là font tout ce qu'ils veulent des infortunés qui tombent dans leurs mains, et l'opinion ne
vient pas leur en demander compte ; mais c'est autre
chose pour un pauvre médecin sans diplôme, qui n'a
pas, comme l'on dit, *l'attache* du corps enseignant, et
le privilége légal d'exercer l'art de guérir, sans avoir
jamais guéri personne. On me sacrifia sans pitié dans
toutes les villes où je m'étois successivement établi à la
basse jalousie de mes confrères, qui se partageoient
joyeusement mes malades le lendemain de mon départ,
et qui ne manquoient pas de les enterrer en trois jours,

pour se réserver le plaisir d'attribuer ce mauvais succès
au vice radical du premier traitement. Cette fatalité, qui
sembloit partout s'attacher à mes remèdes, finit par
produire un tel scandale, que la justice crut devoir me
défendre de pratiquer la médecine, sous peine de perdre
le nez et les oreilles. J'étois si las de la science, et si
jaloux de conserver les principaux ornements d'une
figure humaine en bon état, que je me résignai à vivre
d'aumônes, en suivant les convois des morts, que j'avois
vus tant de fois s'ouvrir sous mes auspices. J'étois parvenu à ce point de misère et d'avilissement, quand le
hasard me fit rencontrer avant-hier, aux portes de Damas, ces deux vieillards mendiants, dans lesquels j'ai
reconnu depuis mon frère Douban le riche et mon frère
Mahoud le séducteur, que les avantages de la fortune et
de la beauté n'ont pas rendus plus chanceux que moi.

A ces derniers mots du récit de Pirouz, les trois frères
se levèrent et demandèrent au vieillard bienfaisant de
Damas la permission de s'embrasser, comme des voyageurs revenus de courses lointaines, qui se rencontrent
inopinément au but commun de tous les hommes, sur
cette pente de la caducité qui mène à la mort. Le vieillard les y autorisa par un signe de tête plein de douceur
et de grâce; et se levant à son tour en essuyant quelques
larmes, il les embrassa aussi tous les trois; après quoi
il reprit sa place et les fit asseoir.

— C'est à moi, dit-il, de vous apprendre maintenant,
ô mes chers amis! comment je suis parvenu à l'éclatante prospérité qui couronne mon heureuse vieillesse,
et qui va devenir votre partage; car vous voyez en moi
votre frère Ébid, que vous avez laissé dans la montagne
de Caf. Consolez-vous, frères bien-aimés, et soyez sûrs
que le jour où le Tout-Puissant vous dirigea vers ma
demeure, il avoit tout oublié comme moi.

HISTOIRE D'ÉBID LE BIENFAISANT.

Mon histoire, continua-t-il, ne sera pas longue à raconter. Il y a peu de vicissitudes dans la vie des hommes simples, qui obéissent naïvement à leur nature, et qui subissent les lois inévitables de la nécessité sans ressources et sans secrets que la patience et le travail. Ce que j'ai fait, c'est ce que l'instinct universel de la conservation enseigne à tous nos semblables. Ce que je suis devenu, c'est Dieu qui l'a fait.

Mes cris troublèrent comme les vôtres le silence presque inviolable où reposoit depuis des siècles le génie de la montagne. Il m'apparut comme à vous, mais probablement plus impatient et plus fatigué, car il n'avoit pas compté sur une importunité nouvelle. Aussi je ne vous cacherai pas que son aspect me remplit de terreur, et que je tombai tremblant devant lui, sans avoir la force d'opposer une parole à sa colère. Touché cependant de mon enfance et de ma foiblesse, il s'empressa de me rassurer par des discours bienveillants, qui me rendirent un peu de courage, parce qu'à travers les formes grossières de sa mauvaise éducation, ils annonçoient un grand fonds de bonne foi et d'honnêteté naturelles. « Lève-toi, pauvre petit me dit-il, et laisse-moi en repos sans t'inquiéter pour toi-même, car je ne pux point te faire de mal. Ce n'est pas ma faute, au reste, si tu dors d'un sommeil si dur, et je regrette que tu ne te sois pas éveillé avec tes compagnons. Comme ils m'avoient rendu service, et que toute peine vaut salaire, j'ai distribué entre eux quelques babioles qui me sont venues d'héritage, mais dont je n'avois aucun besoin pour mon usage particulier, le patrimoine que

mes aïeux m'ont laissé **me permettant** de vivre ici à mon
aise, insouciant et solitaire, sans autre ambition que de
dormir la grasse matinée et de manger à mes heures. Je
les ai dotés de la science, de la fortune et du don de
plaire. C'étoit tout ce que j'avois de joyaux : un pauvre
génie ne peut donner que ce qu'il a. Quant à toi, tu me
trouves les mains vides, et j'en suis presque aussi fâché
que toi. Vois pourtant, continua-t-il en frappant du
pied un vieux sac de cuir qu'avoit laissé, selon toute
apparence, quelque homme égaré comme nous dans ces
tristes déserts, vois si tu peux tirer quelque parti de ces
ferrailles ; il ne me reste pas autre chose. » Après cela
il disparut.

Mon premier soin fut d'examiner mon trésor, qui se
composoit d'outils bizarres que je croyois avoir vus
quelquefois dans la main des ouvriers, mais dont je ne
m'expliquois pas l'usage. Le second fut de recourir aux
provisions que vous m'aviez ménagées, et de rassembler
ce qui m'en restoit dans un autre sac qui les avoit con-
tenues, en répartissant les deux charges d'une manière
à peu près égale, pour diminuer la fatigue du transport.
Cependant je marchois lentement, parce que j'étois
foible, et je m'arrêtois souvent, parce que j'étois paresseux comme le sont tous les enfants; mais je m'aperçus
avec plaisir, au bout de quelques jours, que l'habitude
m'avoit rendu ce travail facile et ce fardeau léger.

Bientôt je parvins à des lieux plus favorisés du ciel, où
la nature me fournit assez de racines et de fruits pour
suppléer à mes provisions épuisées. Je m'y serois arrêté
volontiers, si le cri des bêtes féroces ne m'avoit pas in-
quiété pendant de longues nuits, qui n'étoient pour moi
que des veilles soucieuses. C'est alors que j'appris la
valeur des objets contenus dans mon sac de cuir. J'imaginai de détacher quelques fortes branches d'arbres avec
un de mes instruments qui s'appelle une scie, de les
enfoncer dans la terre avec un maillet, de les unir avec

des sions robustes que j'empruntois aux roseaux, de les
fortifier par de grosses pierres que je cimentois de terre
glaise avec une truelle, et de m'en faire une enceinte
impénétrable, où je trouvois chaque soir le repos. Toutefois, je n'arrivois pas aux habitations des hommes, et
mes vêtements en lambeaux commençoient à m'abandonner. Je m'avisai de m'en faire d'autres avec quelques
écorces flexibles qui se détachoient facilement sous ma
main, que je taillois avec des ciseaux et que je réunis-
sois avec des aiguilles, au moyen de certains filaments
souples et solides que me fournissoient en abondance les
plantes les plus communes. Je m'étois initié ainsi, par
un apprentissage de trois ans, à tous les travaux des
métiers ; et quand le sort aventureux des voyages me
conduisit à Damas, je n'étois ni riche, ni beau, ni savant,
mes pauvres frères ; j'étois ignorant, indigent et dédaigné, mais j'étois ouvrier. La sobriété m'avoit rendu sain
et robuste ; l'exercice m'avoit rendu souple et léger ; la
nécessité même, qui est une bonne maîtresse, m'avoit
rendu inventif et adroit. Je joignois à cela le contentement de l'âme qui rend sociable et gai. L'aspect d'une
ville ne m'effraya point, parce que je savois que les
hommes, réunis en société, ont besoin partout de payer
de quelques aliments l'intelligence, l'industrie et la
force. Au bout d'un jour, j'avois gagné ma journée ; au
bout d'une semaine, j'avois économisé pour les besoins
d'un jour ; au bout de quelques mois, je m'étois assuré
une vie d'un mois, car il faut bien compter avec les
maladies et même avec la paresse. Un an après, j'avois
de l'aisance ; dix ans après, j'étois riche dans l'acception
raisonnable du mot. La richesse consiste à vivre hono-
rablement, sans se rendre à charge aux autres, et dans
une condition d'aisance modeste et tempérée qui permet
quelquefois d'être utile aux pauvres. Tout le reste n'est
que luxe et vanité.

A trente ans, le soin que je mettois à mon travail

avoit attiré l'attention des manufacturiers de Damas. Le plus opulent de tous me donna de lui-même sa fille unique que j'aimois sans oser le dire. Je reconnus sa bonté par mon zèle, et Dieu favorisa mes entreprises. J'avois centuplé sa fortune quand il la laissa dans mes mains. Arrivé moi-même à l'âge du repos, car mon bienfaiteur étoit mort plein de jours, je bornai ma dernière ambition à sanctifier sa mémoire par un bon usage des biens qu'il m'avoit laissés, et je m'avance ainsi doucement vers le terme de ma douce vie, sans avoir rien à regretter que l'épouse chérie et les amis que j'ai perdus.

Vous étiez compris dans ce nombre, car je ne vous avois jamais oubliés. L'heureux événement qui vous a rendus à mes vœux est un bienfait de plus dont je suis redevable à la divine Providence. Après ces rudes épreuves de la vie qui ont été si pénibles pour nous, il vous reste du moins à goûter, dans le sein de la famille, les loisirs sans mélange d'une tranquille vieillesse. Cet âge n'est plus celui des vives jouissances, mais il a les siennes qui ont aussi leur charme et leurs délices, et vous verrez qu'il n'est jamais trop tard pour être heureux. Nous nous rappellerons ensemble vos espérances et vos désabusements, pour nous réjouir ensemble des circonstances prospères, quoique tardives, qui vous ont fait passer de cet océan d'illusions orageuses dans un port de salut et de prospérité; et nous tomberons facilement d'accord pour convenir que de tous les talismans qui promettent le bonheur aux vaines ambitions de l'homme, il n'y en a point de plus sûr que le travail.

Ici finit le discours du vieillard, et on ne trouvera pas mauvais que je finisse avec lui. Je vous proteste qu'il y a longtemps que j'en éprouve le besoin, et que je regrette de vous avoir entraînés dans les lenteurs d'une narration languissante dont j'avois peine à dégager mon imagination et ma plume; mais l'aimable génie qui me raconte ces histoires dans mon sommeil avoit prêté à celle-ci des grâces que je n'ai pas retrouvées en écrivant. Vous jugerez si l'époque est venue où je dois renoncer à ses promesses, et j'apprendrai de vous si j'ai perdu aussi le modeste talisman qui m'a quelquefois obtenu de foibles droits à votre indulgence. Il faut bien que ce jour arrive, et il est peut-être arrivé.

LE PAYS DES RÊVES.

———

Je ne suis ni médecin, ni physiologiste, ni philosophe ; et tout ce que je sais de ces hautes sciences peut se réduire à quelques impressions communes qui ne valent pas la peine d'être assujetties à une méthode. Je n'attache pas à celles-ci plus d'importance que n'en mérite le sujet ; et comme c'est matière de rêves, je ne les donne que pour des rêves. Or si ces rêves tiennent quelque place dans la série logique de nos idées, c'est évidemment la dernière. — Ce qu'il y a d'effrayant pour la sagesse de l'homme, c'est que le jour où les rêves les plus fantasques de l'imagination seront pesés dans une sûre balance avec les solutions les plus avérées de la raison, il n'y aura, si elle ne reste égale, qu'un pouvoir incompréhensible et inconnu qui puisse la faire pencher.

Il peut paroître extraordinaire, mais il est certain que le sommeil est non-seulement l'état le plus puissant, mais encore le plus lucide de la pensée, sinon dans les illusions passagères dont il l'enveloppe, du moins dans les perceptions qui en dérivent, et qu'il fait jaillir à son gré de la trame confuse des songes. Les anciens, qui avoient, je crois, peu de choses à nous envier en philosophie expérimentale, figuroient spirituellement ce mys-

tère sous l'emblème de la porte transparente qui donne
entrée aux songes du matin, et la sagesse unanime des
peuples l'a exprimée d'une manière plus vive encore dans
ces locutions significatives de toutes les langues : *J'y
réverai, j'y songerai, il faut que je dorme là-dessus,
la nuit porte conseil.* Il semble que l'esprit, offusqué
des ténèbres de la vie extérieure, ne s'en affranchit jamais avec plus de facilité que sous le doux empire de
cette mort intermittente, où il lui est permis de reposer
dans sa propre essence, et à l'abri de toutes les influences
de la personnalité de convention que la société nous a
faite. La première perception qui se fait jour à travers le
vague inexplicable du rêve est limpide comme le premier rayon du soleil qui dissipe un nuage, et l'intelligence, un moment suspendue entre les deux états qui
partagent notre vie, s'illumine rapidement comme l'é-
clair qui court, éblouissant, des tempêtes du ciel aux
tempêtes de la terre. C'est là que jaillit la conception
immortelle de l'artiste et du poëte; c'est là qu'Hésiode
s'éveille, les lèvres parfumées du miel des muses; Homère, les yeux dessillés par les nymphes du Mélès; et
Milton, le cœur ravi par le dernier regard d'une beauté
qu'il n'a jamais retrouvée. Hélas! où retrouveroit-on les
amours et les beautés du sommeil ? — Otez au génie les
visions du monde merveilleux, et vous lui ôterez ses
ailes. La carte de l'univers imaginable n'est tracée que
dans les songes. L'univers sensible est infiniment petit.

Le cauchemar, que les Dalmates appellent *Smarra*,
est un des phénomènes les plus communs du sommeil,
et il y a peu de personnes qui ne l'aient éprouvé. Il devient habituel en raison de l'inoccupation de la vie positive et de l'intensité de la vie imaginative, particulièrement chez les enfants, chez les jeunes gens passionnés,
parmi les peuplades oisives qui se contentent de peu, et
dans les états inertes et stationnaires, qui ne demandent
qu'une attention vague et rêveuse, comme celui du ber-

ger. C'est, selon, moi, de cette disposition physiologique,
placée dans les conditions qui la développent, qu'est
sorti le merveilleux de tous les pays.

On s'imagine mal à propos que le cauchemar ne
s'exerce que sur des fantaisies lugubres et repoussantes.
Dans une imagination riche et animée, que nourrissent
la libre circulation d'un sang pur et la vitalité robuste
d'une belle organisation, il a des visions qui accablent la
pensée de l'homme endormi par leurs enchantements,
comme les autres par leurs épouvantes. Il sème des soleils dans le ciel; il bâtit pour approcher des villes
plus hautes que la Jérusalem céleste; il dresse pour y
atteindre des avenues resplendissantes aux degrés de feu,
et il peuple leurs bords d'anges à la harpe divine, dont
les inexprimables harmonies ne peuvent se comparer à
rien de ce qui a été entendu sur la terre. Il prête au
vieillard le vol de l'oiseau pour traverser les mers et les
montagnes; et auprès de ces montagnes, les Alpes du
monde connu disparoissent comme des grains de sable;
et dans ces mers, nos océans se noient comme des
gouttes d'eau. — Voilà tout le mythisme d'une religion,
révélé depuis l'échelle de Jacob jusqu'au char d'Élie, et
jusqu'aux miracles futurs de l'Apocalypse.

Pour opposer à ceci une théorie plus vraisemblable
il faudroit d'abord établir que la perception, éteinte par
le réveil, ne peut ni se prolonger, ni se propager dans la
pâle et froide atmosphère du monde réel. C'est la véritable place de la question.

Eh bien! cela seroit démontré dans l'état de rationa-
lisme étroit et positif auquel le long désenchantement de
la vie sociale nous a réduits, que cet argument ne vau-
droit rien contre l'impression toute naïve des premières
sociétés, qui ont toujours regardé le sommeil comme
une modification privilégiée de la vie intelligente; et
d'où procède le merveilleux, je vous prie, si ce n'est de
la créance des premières sociétés?

La Bible, qui est le seul livre qu'on soit tenu de croire vrai, n'appuie ses plus précieuses traditions que sur les révélations du sommeil. Adam lui-même dormoit *d'un sommeil envoyé de Dieu*, quand Dieu lui donna une femme.

Numa, Socrate et Brutus, qui sont les plus hauts types des vertus antiques, ces deux-ci surtout qui n'ont jamais eu besoin de tromper les peuples, parce qu'ils n'étoient ni législateurs ni rois, ont rapporté toute leur sagesse instinctive aux inspirations du sommeil. Marc-Aurèle, qui date d'hier dans l'histoire philosophique de la société, Marc-Aurèle témoigne qu'il a dû trois fois à ses songes le salut de sa vie, et le salut de Marc-Aurèle étoit celui du genre humain[1].

Si la perception du sommeil s'est prolongée à ce point dans les intelligences les plus puissantes d'un âge intermédiaire, quelle immense sympathie ne dut-elle pas émouvoir au berceau du monde, sous la tente du patriarche révéré, qui racontoit, en se levant de sa natte, les merveilles de la création et les grandes œuvres de Dieu, comme elles lui avoient été montrées dans le mystère du sommeil !

---

[1] On pourroit faire un livre et un très-gros livre pour raconter l'influence des rêves sur l'histoire des peuples aux divers âges de l'humanité. Parmi les écrivains de l'antiquité, Plutarque est peut-être celui qui a donné le plus de place et le plus d'importance aux visions du sommeil ; ce qu'il en raconte à l'occasion du siége de Tyr, par Alexandre, mérite, entre autres, d'être indiqué. Suivant Plutarque, Alexandre, au moment où il venait d'investir cette ville célèbre, vit en songe Hercule qui lui tendoit les mains du haut des murailles, et l'invitoit à les franchir. Les Tyriens, de leur côté, entendirent en songe Apollon qui les informoit qu'il alloit quitter leur ville pour se rendre dans le camp d'Alexandre. Effrayés de cette désertion, ils enchaînèrent la statue du dieu pour l'empêcher de passer aux ennemis. Ce qu'il y a de remarquable dans l'histoire des miracles du sommeil, c'est qu'on retrouve au moyen âge, et sous l'impression de la pensée chrétienne, des faits identiques à ceux qui se rencontrent dans le paganisme. Le mot d'Homère : E'κ Διός ὄαρ ἐστι, *Tout songe vient de Jupiter*, est un de ces mots immortels qui restent vrais à travers la mobilité des âges. Ainsi Olympias, la mère d'Alexandre, rêva, lorsqu'elle devint grosse du héros, que la foudre était tombée dans son sein. Hécube, près de donner le jour à Pâris, rêve d'un flambeau ardent qui doit

Aujourd'hui même, la perception du sommeil vibre encore assez longtemps dans les facultés de l'homme éveillé pour que nous puissions comprendre sans effort comment elle a dû se prolonger autrefois dans l'homme primitif, qui n'étoit pas éclairé du flambeau des sciences et qui vivoit presque entièrement par son imagination. Il n'y a pas longtemps qu'un des philosophes les plus ingénieux et les plus profonds de notre époque me racontoit, à ce sujet, qu'ayant rêvé plusieurs nuits de suite, dans sa jeunesse, qu'il avoit acquis la merveilleuse propriété de se soutenir et de se mouvoir dans l'air, il ne put jamais se désabuser de cette impression sans en faire l'essai au passage d'un ruisseau ou d'un fossé. A la place du savant qui a studieusement approfondi les secrets de l'intelligence, et qui subit toutefois cette préoccupation avec tant d'abandon, placez le pasteur des solitudes qui ne juge de la réalité des choses que par des sensations également frappantes dont il n'a jamais fait le départ, et qui a cependant remarqué en lui deux existences diverses, dont l'une s'écoule en faits matériels, sans poésie et sans grandeur; dont l'autre est

---

enflammer Troie. La mère de saint Dominique, à son tour, — et nous sommes loin d'Alexandre, — rêve qu'elle est enceinte d'un chien qui lance des flammes par la gueule. Les hagiographes interprètent le songe en disant que les aboiements du chien représentent la prédication du saint, et la flamme l'ardeur de son zèle. Dans le monde antique, comme dans le monde moderne, le merveilleux déborde sans cesse sur l'histoire. La naissance des grands hommes ou la mort des grands saints est annoncée par des songes. L'explication des songes, à Athènes comme à Paris, est une profession lucrative, et le neveu de Lysimaque, au quatrième siècle avant notre ère, amasse, en révélant leurs mystères, une fortune considérable, comme mademoiselle Lenormand au dix-neuvième siècle. C'est toute une science, l'onei-rocritie. Elle a ses initiés et ses livres. Le plus ancien de ces livres est celui d'Artémidor, qui vivoit sous Antonin le Pieux. Pour les personnes qui seroient curieuses d'étudier la fantastique histoire de ces hallucinations, nous indiquerons au tome XXXVIII des *Mémoires de l'Académie des Inscriptions*, un savant travail intitulé : *Mémoire sur la superstition des peuples à l'égard des songes.* C'est en quelque sorte le complément érudit de l'intéressante fantaisie de Nodier.   (*Note de l'éditeur.*)

emportée hors du monde positif dans des extases sublimes. Il en conclura nécessairement qu'il contient deux êtres infiniment disproportionnés l'un à l'autre, dont les attributions sont séparées par le réveil. Il s'élancera de cette seule idée à la théorie de l'âme; il pénétrera, sur la foi de ce guide que le sommeil lui donne, dans les régions les plus reculées du monde spirituel; et, s'il a de l'enthousiasme et du génie, vous aurez un prophète et peut-être un dieu.

Comme il n'y a rien de plus difficile et de plus périlleux à dire que ce qui n'a jamais été dit, je n'affirme pas, sans trembler, ce que je crois fermement : c'est que toutes les religions, à l'exception de celle dont la vérité ne peut pas être mise en doute, nous ont été enseignées par le sommeil.

Les narrateurs des choses insolites et merveilleuses ont conservé à la postérité le nom de certains hommes qui n'avoient jamais rêvé. N'est-il pas remarquable que ces hommes fussent des athées, et que cette liste qui finit à Lalande commence à Protagoras?

Nous redescendrons de ce principe à des applications qui ne sont pas moins nouvelles; mais ici, tous les éléments de la discussion deviendront assez sensibles pour la faire sortir de la catégorie des propositions vraies ou vraisemblables, qui n'ont pas eu le bonheur d'obtenir l'approbation de l'école ou le sauf-conduit des académies. C'est ce que l'on appelle en France des paradoxes.

Le somnambulisme naturel, la somniloquie spontanée sont des phénomènes du sommeil, aussi incontestés que le cauchemar. Personne n'a jamais douté qu'il y eût des hommes qui pouvoient parler leur pensée en dormant, qui pouvoient en dormant l'exécuter, et qui en venoient à bout, grâce à l'état de puissance où le sommeil fait parvenir quelquefois les organisations les plus communes, par des moyens qui auroient échappé à la méditation du philosophe, et avec une facilité qui auroit déjoué la subtilité des adroits ou effrayé l'audace des téméraires. La mémoire des hommes et leurs livres sont pleins de semblables histoires.

Je ne crois pas qu'on puisse avancer qu'aucun de ces phénomènes, le somnambulisme, la somniloquie, le cauchemar, exclut les autres; et, comme ils sont, au contraire, essentiellement congénères, il n'y aura rien de surprenant à les trouver réunis dans le même individu. Cette accumulation de facultés excentriques se sera rencontrée plus souvent dans les circonstances que j'ai supposées, c'est-à-dire dans un état de la société où l'homme ne touche aux formes générales de la civilisation que par un très-petit nombre de points, et où l'âme, qu'un commencement d'éducation lui a révélée, n'a de développement qu'en elle, et d'exercice que sur elle-même:

Le célibataire isolé du monde entier, dont toute la pensée monte, descend, et remonte sans cesse, du troupeau de ses brebis au troupeau innombrable de ses étoiles,

La vieille femme inutile et repoussée, qui ne soutient sa pauvre vie qu'à recueillir dans les bois des racines insipides pour se nourrir, et des branches sèches pour se préserver du froid de l'hiver,

La jeune fille amoureuse et souffrante, qui n'a pas trouvé une âme d'homme pour comprendre une âme de jeune fille...

Vous verrez que ceux-là sont plus sujets que les autres à ces aberrations contemplatives que le sommeil élabore, transforme en réalités hyperboliques, et au milieu desquelles il jette son patient comme un acteur à mille faces et à mille voix, pour se jouer à lui seul, et sans le savoir, un drame extraordinaire qui laisse bien loin derrière lui tous les caprices de l'imagination et du génie!

Le voilà, cet être ignorant, crédule, impressionnable,

pensif, le voilà qui marche et qui agit, parce qu'il est
somnambule; qui parle, qui gémit, et qui pleure, et qui
crie, parce qu'il est somniloque; et qui voit des choses
inconnues du reste de ses semblables, marchants et par-
lants, parce qu'il a le cauchemar. Le voilà qui se réveille
aux fraîcheurs d'une rosée pénétrante, aux premiers
rayons du soleil qui perce le brouillard, à deux lieues de
l'endroit où il s'est couché pour dormir; c'est, si vous
voulez, dans une clairière de bois que pressent entre
leurs rameaux trois grands arbres souvent frappés de la
foudre, et qui balancent encore les ossements sonores
de quelques malfaiteurs. — Au moment où il ouvre les
yeux, la perception qui s'enfuit laisse retentir à son
oreille quelques rires épouvantables; un sillon de flamme
ou de fumée, qui ne s'efface que peu à peu, marque à
sa vue effrayée la trace du char du démon; l'herbe foulée
en rond autour de lui conserve l'empreinte de ses danses
nocturnes. Où voulez-vous qu'il ait passé cette nuit de
terreur, si ce n'est au sabbat? On le surprend, la figure
renversée, les dents claquetantes, les membres transis
de froid et moulus de courbature; on le traîne devant
le juge, on l'interroge : il vient du sabbat; il y a vu ses
voisins, ses parents, ses amis, s'il en a ; le diable y assistoit en personne, sous la forme d'un bouc, mais d'un
bouc géant aux yeux de feu, dont les cornes rayonnent
d'éclairs, et qui parle une langue humaine, parce que
c'est ainsi que sont faits les animaux du cauchemar. Le
tribunal prononce; la flamme consume l'infortuné qui
a confessé son crime sans le comprendre, et on jette ses
cendres au vent. Vous avez vu les phénomènes du sommeil vous ouvrir le ciel; maintenant ils vous ouvrent
l'enfer. Si vous convenez que l'histoire de la sorcellerie
est là dedans, vous n'êtes pas loin de penser avec moi
que celle des religions y est aussi.

Quel homme accoutumé aux hideuses visites du
cauchemar ne comprendra pas du premier aspect, que

toutes les idoles de la Chine et de l'Inde ont été rêvées?

Souvent le pasteur, préoccupé de la crainte des loups, rêvera qu'il devient loup à son tour, et le sommeil lui appropriera ces instincts sanglants si funestes à ses troupeaux. Il a faim de chairs palpitantes, il a soif de sang, il se traîne à quatre pattes autour de l'étable, en poussant cette espèce de hurlement sauvage qui est propre au cauchemar, et qui rappelle si horriblement celui des hyènes affamées. Et si quelque funeste hasard lui fait rencontrer un pauvre animal égaré, trop jeune encore pour s'enfuir, vous le trouverez peut-être les mains liées dans sa toison, et menaçant déjà d'une dent innocente le plus cher de ses agneaux. — Ne dites pas que le loup-garou n'existe pas. La lycanthropie est un des phénomènes du sommeil ; et cette horrible perception, plus sujette à se prolonger que le grand nombre des illusions ordinaires du cauchemar, a passé dans la vie positive sous le nom d'une maladie connue de vos médecins. Je ne sais toutefois s'ils en ont reconnu l'origine, car je n'ai jamais lu un livre de médecine moderne; mais je regretterois que cela ne fût point, parce qu'il me semble que cette théorie, approfondie par un philosophe, ne seroit pas inutile au traitement et à la curation de la plupart des monomanies, qui ne sont probablement que la perception prolongée d'une sensation acquise dans cette vie fantastique dont se compose la moitié de la nôtre, la vie de l'homme endormi.

Que si, par hasard, le monomane rentroit, en s'endormant, dans les réalités de sa vie matérielle, comme je ne suis pas éloigné de le croire, car toutes nos fonctions tendent perpétuellement à s'équilibrer, il seroit, relativement à l'exercice de sa pensée, aussi *raisonnable* que le médecin qui le soigne, si celui-ci rêve toutes les nuits. Ce qui me confirmeroit dans cette idée, c'est que je n'ai jamais vu de monomane éveillé subitement dont la première impression ne fût parfaitement lucide.

Sa perception s'obscurcit en s'étendant, comme la nôtre s'éclaircit. — Qui sondera jamais, grand Dieu! ces mystères impénétrables de l'âme, dont la profondeur donne le vertige à la raison la plus assurée?

Il y a vingt-quatre ans que je voyageois en Bavière avec un jeune peintre italien dont j'avois fait la rencontre à Munich. Sa société convenoit à mon caractère et à mon imagination de ce temps-là, parce qu'il se trouvait une douloureuse conformité entre nos sentiments et nos infortunes. Il avoit perdu quelque temps auparavant une femme qu'il aimoit, et les circonstances de cet événement, qu'il m'a souvent racontées, étoient de nature à lui laisser une impression ineffaçable. Cette jeune fille qui s'étoit obstinée à le suivre dans les misères d'une cruelle proscription, et à lui déguiser l'altération de ses forces, finit par céder, dans une des haltes de leurs nuits vagabondes, à l'excès d'une fatigue parvenue à ce point où elle n'aspire qu'au repos de la mort. Le pain leur manquoit depuis deux jours, quand ils découvrirent un trou de roche où se cacher. Elle se jeta sur son cœur quand ils furent assis, et il sembla qu'elle lui disoit : « Mange-moi si tu as faim. » — Mais il avoit perdu connoissance; et quand il lui revint assez de forces pour la presser dans ses bras, il trouva qu'elle étoit morte. Alors il se leva, la chargea sur ses épaules, et la porta jusqu'au cimetière du premier village, où il lui creusa une fosse qu'il couvrit de terre et d'herbes, et sur laquelle il planta une croix composée de son bâton, qu'il avoit traversé de son épée. Après cela, il ne fut pas difficile à prendre, car il ne bougeoit plus. — Quelqu'un de ces événements si communs alors lui rendit la liberté : le bonheur, c'étoit fini.

Mon compagnon de voyage, qui ne conservoit à vingt-deux ans que les linéaments d'une belle et noble figure, étoit d'une extrême maigreur, peut-être parce qu'il mangeoit à peine pour se soutenir. Il étoit pâle, et, sous son épiderme un peu basané, la pâleur de l'Italien est livide. L'activité de sa vie morale sembloit s'être réfugiée tout entière dans deux yeux d'un bleu transparent et bizarre, qui scintilloient avec une puissance inexprimable entre deux paupières rouges, dont les larmes avoient, selon toute apparence, dévoré les cils, car ses sourcils étoient d'ailleurs très-beaux.

Comme nous nous étions avoué l'un à l'autre que nous étions sujets au cauchemar, nous avions pris l'habitude de coucher dans deux chambres voisines, pour pouvoir nous éveiller réciproquement, au bruit d'un de ces cris lamentables qui tiennent plus, comme je le disois tout à l'heure, de la bête fauve que de l'homme. Seulement il avoit toujours exigé que je fermasse la porte de mon côté, et j'attribuois cette précaution à l'habitude inquiète et soupçonneuse d'un malheureux qui a été longtemps menacé dans sa liberté, et qui jouit depuis peu du bonheur de se remettre à la garde d'un ami. Un soir, nous n'eûmes qu'une chambre et qu'un lit pour deux. L'hôtellerie étoit pleine. Il reçut cette nouvelle d'un front plus soucieux que de coutume; et quand nous fûmes dans le galetas qui nous étoit assigné, il divisa les matelas de manière à en faire deux lits, délicatesse dont je me serois peut-être avisé, et qui ne me choqua point. Ensuite il s'élança sur le sien, et, me jetant un paquet de cordes dont il s'étoit muni : — Viens me lier les pieds et les mains, me dit-il avec l'expression d'un désespoir amer, ou brûle-moi la cervelle.

Je raconte, je ne fais pas un épisode de roman fantastique; je ne rapporterai pas ma réponse et les détails d'un entretien de cette nature : on les devinera.

— L'infortunée qui m'a dit de la manger pour soutenir ma vie, s'écria-t-il en se renversant avec horreur et en couvrant ses yeux de ses mains...; il n'y a pas une nuit que je ne la déterre et que je ne la dévore dans mes songes...; pas une nuit où les accès de mon exécrable

somnambulisme ne me fassent chercher l'endroit où je
l'ai laissée, quand le démon qui me tourmente ne me
livre pas son cadavre ! Juge maintenant si tu peux coucher près de moi, près d'un vampire !...

Il seroit plus cruel encore pour moi que pour le lecteur d'arrêter son attention sur ce récit. Ce que je puis
faire, c'est d'attester sur l'honneur que tout ce qu'il a
d'essentiel est exactement vrai ; qu'il n'y a pas même
ici cette broderie du prosateur, qui accroît les dimen-
sions de l'idée en la couvrant de paroles, et que, si j'y
ai modifié quelque chose, ce n'est pas ce qui contrarie
une vaine hypothèse, abandonnée, comme elle le mérite,
aux amateurs d'hypothèses, mais ce qui en aggraveroit
l'affreuse réalité par des détails que la plume ne peut
écrire.

Cinq ans plus tard, j'abordois aux frontières des Morlaques, avec un ardent désir de connoître ce peuple si
curieux et si spécial, que ma destinée, toujours opposée,
ne m'a pas permis de voir comme je l'aurois voulu. Je
n'avois jamais raconté mon anecdote, parce que je la
regardois comme une anomalie effrayante, et peut-être
unique, dans la bizarre histoire de l'intelligence humaine. Quand j'eus passé les frontières de la Croatie,
je m'étonnai d'apprendre que cette prétendue anomalie
étoit, sur toute la face d'une grande province, une maladie endémique.

Il n'y a guère de hameaux des Morlaques où l'on ne
compte plusieurs *vukodlacks,* et il y en a certains où le
vukodlack se retrouve dans presque toutes les familles,
comme le saint ou le crétin des vallées alpines. Ici, la
maladie n'est pas compliquée par une infirmité dégra-
dante qui altère le principe même de la raison dans ses
facultés les plus vulgaires. Le *vukodlack* éveillé subit
toute l'horreur de sa perception ; il la redoute et la dé-
teste, comme mon peintre italien ; il se débat contre
elle avec fureur ; il recourt, pour s'y soustraire, aux

remèdes de la médecine, aux prières de la religion, à la section d'un muscle, à l'amputation d'une jambe, au suicide quelquefois ; il exige qu'à sa mort ses enfants traversent son cœur d'un pieu et le clouent à la planche du cercueil, pour affranchir son cadavre, dans le sommeil de la mort, de l'instinct criminel du sommeil de l'homme vivant. Le *vukodlack* est d'ailleurs un homme de bien, souvent l'exemple et le conseil de sa tribu, souvent son juge ou son poëte. A travers la sombre tristesse que lui impose la perception de souvenir et de pressentiment de sa vie nocturne, vous devinez une âme tendre, hospitalière, généreuse, qui ne demande qu'à aimer. Il faut que le soleil se couche, il faut que la nuit imprime un sceau de plomb sur les paupières du pauvre *vukodlack,* pour qu'il aille gratter de ses ongles la fosse d'un mort, ou inquiéter les veilles de la nourrice qui dort au berceau d'un nouveau-né ; car le *vukodlack* est vampire, et les efforts de la science et les cérémonies de l'église ne peuvent rien à son mal. La mort ne l'en guérit point, tant qu'il a conservé dans le cercueil quelque symptôme de la vie ; et comme sa conscience, torturée par l'illusion d'un crime involontaire, se repose alors pour la première fois, il n'est pas surprenant qu'on l'ait trouvé souvent frais et riant sous la tombe : l'infortuné n'avoit jamais dormi sans rêver !

Presque toujours cette aberration mentale se borne à l'illusion intuitive du malheureux qui l'éprouve. Elle a pu aussi s'accomplir dans toutes ses circonstances, car il ne falloit pour cela que le concours du cauchemar et du somnambulisme. Là commence le domaine de la philosophie médicale, qui n'a pas remarqué deux faits bien essentiels que je regarde comme certains : — Le premier, c'est que la perception d'un acte extraordinaire, qui n'est pas familier à notre nature, se convertit facilement en rêves ; — le second, c'est que la perception d'un rêve souvent répété se convertit facilement en actes, surtout quand elle agit sur un être débile et irritable.

Ainsi les monomanies que j'ai observées affectent ordinairement les femmes, et les femmes dont elles s'emparent sont, pour la plupart, frappées d'avance d'une extrême délibitation intellectuelle ; il ne faudroit pas leur demander en justice comment elles ont vécu, mais comment elles ont dormi, car le secret de leur crime est bien moins le secret de leur vie positive que celui de leur sommeil. C'est que la perception, je le répète, se prolonge surtout dans l'isolement, et que l'hébétation se fait une espèce de solitude où cette perception se développe sans obstacles, et finit par absorber toutes les facultés de la pensée. En veut-on une preuve singulière et sans réplique ? Nos annales judiciaires n'ont heureusement fourni que deux exemples du crime incompréhensible d'anthropophagie, celui de Ferrage et celui de Léger : ces deux monstres étoient stupides et solitaires.

Les savants qui savent les langues n'ignorent pas que les anciens n'avoient qu'un mot pour désigner le *solitaire* et l'*idiot*.

En supposant établi ce prolongement indéfini des perceptions du sommeil qui fait le monomane, et je n'ai pas ici assez de place pour élaborer cette idée de manière à la porter au dernier degré d'évidence, j'arriverois à une autre théorie qui ne me paroît pas moins démontrée, celle de la propagation de ces perceptions de la vie nocturne entre les auditeurs ou les témoins qui ont quelque disposition à se les rendre propres. Celle-ci expliqueroit l'endémie du vampirisme des Hongrois et des Morlaques, et de quelques autres aberrations de cette nature qui se reproduisent infailliblement partout où elles ont éclaté, mais avec une intensité relative, suivant les conditions infiniment modifiables du temps, du lieu, de l'âge, du sexe et de l'éducation des sujets. Le somnambulisme, la somniloquie, le cauchemar surtout,

sont contagieux. Les enfants, les femmes, les malades,
rêvent plus volontiers les impressions d'un rêve qui leur
a été raconté que les impressions les plus vives de la vie
réelle, parce qu'il y a une sympathie plus énergique
entre les sensations de l'homme endormi qu'entre les
sensations de l'homme éveillé, et je n'ai pas besoin d'en
dire la raison aux physiologistes. Dans notre France,
et dans tous les pays où j'ai pénétré par les voyages ou
par l'étude, j'ai entendu dire par le peuple que la communication du rêve *à jeun,* c'est-à-dire tant que la perception du rêve a pu se prolonger dans l'homme éveillé,
devenoit funeste à lui ou aux autres. L'idée de l'exten-
sibilité contagieuse de la perception du sommeil n'est
donc pas précisément nouvelle, puisqu'elle est vieille
comme le monde. C'est une superstition sans doute, et
j'en suis persuadé ; mais oserois-je vous demander quelle
vérité locale n'est pas une superstition, et quelle superstition universelle n'est pas une vérité ?

Je n'ai pas la prétention de rien apprendre à personne ;
mais on m'expliqueroit difficilement, à moi, la propagation d'une monomanie qui n'auroit pas eu le sommeil
pour intermédiaire. Tous ceux qui visitoient l'antre de
Trophonius en sortoient mélancoliques ou fous, quand
ils y avoient dormi.

Je descends de ces hauteurs, où la société royale de
médecine ne me pardonneroit pas de m'être élevé, si le
bruit de mon existence pouvoit parvenir jusqu'à elle, et
je retourne à mes histoires. En voici une que Fortis racontoit dans son *Voyage en Dalmatie,* une dizaine
d'années avant ma naissance, et que je retrouvai, quarante ans plus tard, assez différente de la sienne en
quelques points de détails, pour que je dusse imaginer
qu'elle s'étoit reproduite plus d'une fois. — Les sorcières
ou les *ujèstize* du pays, plus raffinées que les *vukodlacks*
dans leurs abominables festins, cherchent à se repaître
du cœur des jeunes gens qui commencent à aimer, et à

le manger rôti sur une braise ardente. Un fiancé de
vingt ans qu'elles entouroient de leurs embûches, et qui
s'étoit souvent réveillé à propos, au moment où elles
commençoient à sonder sa poitrine du regard et de la
main, s'avisa, pour leur échapper, d'assister son sommeil de la compagnie d'un vieux prêtre, qui n'avoit jamais entendu parler de ces redoutables mystères, et qui
ne pensoit pas que Dieu permit de semblables forfaits
aux ennemis de l'homme. Celui-ci s'endormit donc paisible, après quelques exorcismes dans la chambre du
malade qu'il avoit mission de défendre contre le démon;
mais le sommeil étoit à peine descendu sur ses paupières qu'il crut voir les *ujèstize* planer sur l'oreiller de
son ami, s'ébattre et s'accroupir autour de lui avec un
rire féroce, fouiller dans son sein déchiré, en arracher
leur proie et la dévorer avec avidité, après s'être disputé
ses lambeaux sur des réchauds flamboyants. Pour lui,
des liens impossibles à rompre le retenoient immobile
sur sa couche, et il s'efforçoit en vain de pousser des
cris d'horreur qui expiroient sur ses lèvres, pendant
que les sorcières continuoient à le fasciner d'un œil affreux, en essuyant de leurs cheveux blancs leurs bou-
ches toutes sanglantes. Lorsqu'il s'éveilla, il n'aperçut
plus que son compagnon, qui descendit du lit en chancelant, essaya quelques pas mal assurés, et vint tomber
froid, pâle et mort à ses pieds, parce qu'il n'avoit plus
de cœur. Ces deux hommes avoient fait le même rêve,
à la suite d'une perception prolongée dans leurs entretiens, et ce qui tuoit l'un, l'autre l'avoit vu. Voilà ce qui
en est de notre raison abandonnée aux idées du sommeil.

Il n'y a personne en lisant cela, si on le lit, et après
l'avoir vérifié aux pages 64 et 65 du *Voyage* de Fortis,
dans l'édition italienne, qui ne se rappelle que la même
histoire fait le sujet du premier livre d'Apulée, qui n'é-
toit probablement connu ni du pauvre Morlaque, ni du

vieux prêtre. Ce n'est pas tout : cette histoire d'Apulée, qui ressemble à certaines histoires d'Homère, est rapportée dans Pline comme particulière aux peuples de la basse Mysie et aux Esclavons, dont je parle ; et Pline s'appuie, à son sujet, du témoignage d'Isigone. Le fameux voyageur Pietro della Valle l'a retrouvée aux frontières orientales de la Perse ; elle a fait le tour du globe et des siècles.

L'impression de cette vie de l'homme que le sommeil usurpe sur sa vie positive, comme pour lui révéler une autre existence et d'autres facultés, est donc essentiellement susceptible de se prolonger sur elle-même et de se propager dans les autres ; et comme la vie du sommeil est bien plus solennelle que l'autre, c'est celle-là dont l'influence a dû prédominer d'abord sur toutes les organisations d'un certain ordre ; c'est celle-là qui a dû enfanter toutes les hautes pensées de la création sociale, initier les peuples aux seules idées qui les ont rendus imposants devant l'histoire. Sans l'action toute-puissante de cette force imaginative, dont le sommeil est l'unique foyer, l'amour n'est que l'instinct d'une brute, et la liberté que la frénésie d'un sauvage. Sans elle, la civilisation des hommes ne peut soutenir de comparaison avec celle qui règle la sage police des castors et la prévoyante industrie des fourmis, parce qu'elle est privée de l'invariable instinct qui en maintient le mécanisme sublime. — Voyez ce que la réforme a fait du christianisme, en se rapprochant du principe positif ! — Voyez ce que la philosophie du dix-huitième siècle a fait de la science de Pythagore et de Platon ! — Voyez ce que la poétique des pédants a fait de l'art divin d'Orphée, d'Homère et de David ! — Voyez ce que l'égoïsme économique et la statistique praticienne des modernes ont fait de la magnifique politique des anciens ! — Voyez ce qu'ont gagné la morale et l'intelligence de l'espèce à ce monstrueux *perfectionnement* représenté, qui a

tarifé la valeur individuelle du citoyen par sous et deniers, et qui feroit rougir de honte et d'indignation la
plus vile des peuplades barbares! — Je ne voulois faire
aucune application de ces idées à la politique, mais je
ne peux me soustraire tout à fait aux inductions qui en
sortent malgré moi.

Comme il y a deux puissances dans l'homme, ou, si
l'on peut s'exprimer ainsi, deux âmes qui régissent,
comme l'homme, les peuples dont il est l'expression
unitaire, et cela suivant l'état d'accroissement ou de décadence des facultés qui caractérisent l'individu ou l'espèce, il y a aussi deux sociétés, dont l'une appartient au
principe imaginatif, et l'autre au principe matériel de la
vie humaine. — La lutte de ces forces, presque égales à
l'origine, mais qui se débordent tour à tour, est le secret éternel de toutes les révolutions, sous quelque aspect qu'elles se présentent.

L'alternative fréquente et convulsive de ces deux
états est inévitable dans la vie des vieux peuples, et il
faut la subir dans tous les sens quand le temps en est
venu.

Les paysans de nos villages qui lisoient, il y a cent
ans, la légende et les contes des fées, et qui y croyoient,
lisent maintenant les gazettes et les proclamations, et ils
y croient.

Ils étoient insensés, ils sont devenus sots : voilà le
progrès.

Quel est le meilleur de ces deux états? Le décidera
qui pourra.

Si j'osois en dire mon avis, comme l'homme ne peut
échapper par une tangente inconnue à l'obligation d'accepter et de remplir les conditions de sa double nature,
ils sont tous les deux impossibles dans une application
exclusive.

Le meilleur, c'est celui qui tiendroit de l'un et de
l'autre, ainsi que l'homme, et tel à peu près que le chris-

tianisme nous l'avoit donné. Quand la possibilité d'une pareille combinaison n'existera plus, tout sera dit.

Dans un pays où le principe imaginatif deviendroit absolu, il n'y auroit point de civilisation positive, et la civilisation ne peut se passer de son élément positif.

Dans un pays où le principe positif entreprend de s'asseoir exclusivement au-dessus de toutes les opinions, et même au-dessus de toutes les erreurs — s'il est une opinion au monde qui ne soit pas une erreur —, il n'y a plus qu'un parti à prendre, c'est de se dépouiller du nom d'homme, et de gagner les forêts avec un éclat de rire universel; car une semblable société ne mérite pas un autre adieu

LA COMBE DE L'HOMME MORT[1].

Il s'en falloit de beaucoup, en 1561, que la route de Bergerac à Périgueux fût aussi belle qu'aujourd'hui. La grande forêt de châtaigniers qui en occupe encore une partie étoit bien plus étendue et les chemins bien plus étroits; et dans l'endroit où elle est comme suspendue sur une gorge profonde qu'on appeloit alors *la Combe du reclus*, la pente de la montagne qui aboutissoit à cette vallée étoit si âpre et si périlleuse que les plus hardis osoient à peine s'y hasarder en plein jour. Le 1er novembre de cette année-là, propre jour de la Toussaint, elle auroit pu passer, à huit heures du soir, pour tout à fait impraticable, tant la rigueur prématurée de la saison ajoutoit de dangers à ses difficultés naturelles. Le ciel, obscurci dès le matin par une bruine rude et sifflante, mêlée de neige et de grêlons, ne se distinguoit en rien, depuis le coucher du soleil, des horizons les plus sombres; et comme il se confondoit par ses ténèbres avec les ténèbres de la terre, les bruits de la terre se

---

[1] *Combe* est un mot très-françois qui signifie une vallée étroite et courte, creusée entre deux montagnes, et où l'industrie des hommes est parvenue à introduire quelque culture. Il n'y a pas un village dans tout le royaume où cette expression ne soit parfaitement intelligible; mais on l'a omise dans le Dictionnaire, parce qu'il n'y a point de *combe* aux Tuileries, aux Champs-Élysées et au Luxembourg.　　　　　　　　　　　　　　(*Note de Nodier.*)

mêloient aussi avec les siens d'une manière horrible,
qui faisoit dresser les cheveux sur le front des voyageurs. L'ouragan, qui grossissoit de minute en minute,
se traînoit en gémissements comme la voix d'un enfant
qui pleure ou d'un vieillard blessé à mort qui appelle du
secours; et l'on ne savoit d'où provenoient le plus ces
affreuses lamentations, des hauteurs de la nue ou des
échos du précipice, car elles rouloient avec elle des
plaintes parties des forêts, des mugissements venus des
étables, l'aigre criaillement des feuilles sèches fouettées
en tourbillons par le vent, et l'éclat des arbres morts
que fracassoit la tempête; cela étoit épouvantable à entendre.

La combe noire et creuse dont je parlois tout à l'heure
opposoit à ceci, sur un de ses points, un contraste frappant, une clarté fixe, mais large et flamboyante, qui s'é-
panouissoit d'en bas comme le panache d'un volcan; et,
de la porte ouverte à deux battants qui lui donnoit passage, montoient des bouffées de rires capables d'égayer
le désespoir. C'est que c'étoit la forge de Toussaint Oudard, le maréchal-ferrant, qui étoit parvenu à l'âge de
quarante ans sans se connoître un seul ennemi, et qui
solennisoit joyeusement l'anniversaire de sa fête à la
lueur de ses fourneaux et au milieu de ses ouvriers,
étourdis par le plaisir et par le vin.

Ce n'est pas que Toussaint eût jamais violé la solennité des saints jours pour armer la sole d'un cheval ou
pour ferrer une roue, à moins qu'il n'y fût contraint par
quelques accidents inopinés survenus à des étrangers
en voyage, et alors il ne tiroit aucun salaire de son la-
beur; mais sa forge ne cessoit d'ardre en aucun temps
dans les fêtes les plus scrupuleusement fériées, parce
qu'elle servoit de fanal, surtout pendant la mauvaise
saison, aux pauvres passants égarés, qui y étoient toujours les bienvenus; et quand on vouloit indiquer parmi
les paysans de la combe la maison de Toussaint Oudard,

fils de Tiphaine, on l'appeloit communément l'auberge
de la Charité.

Toussaint entra tout à coup dans une grande cuisine
contiguë à la forge, où quelques pièces de gibier et de
boucherie achevoient de rôtir devant un feu clair et bien
nourri qui auroit fait envie à la forge même, sous l'ample
manteau d'une de ces cheminées du vieux temps que
l'aisance sembloit avoir inventées pour l'hospitalité.

— Voilà qui va bien, dit-il en s'adressant gaiement à
une vieille femme qui étoit assise sur un pliant à l'angle
de la cheminée, et dont le visage grave et doux brilloit,
vivement éclairé par une lampe de cuivre à trois becs,
posée sur une console de plâtre historié, mais fort noir-
cie par la fumée et par le temps ; il m'est avis que tous
les petits sont couchés et que le joli troupeau des jeunes
filles de la combe vous fait aussi bonne compagnie qu'à
l'ordinaire pour la veillée qui commence. Dieu me garde
de la laisser troubler par les éclats de mes garçons que
le bruit de l'enclume a depuis longtemps assourdis, et
qui ne sauroient s'entendre entre eux s'ils ne hurlent
comme des loups. Je viens de les dépêcher dans ma
chambre à coucher d'où leurs cris n'arriveront plus jusqu'à vous, et où vous aurez la bonté, ma mère, de nous
envoyer le reste de ces béatilles par une de vos servantes, la plus mûre et la plus rechignée qu'il y ait, si
faire se peut, et pour cause. Conservez cependant quelque bon lopin pour les pauvres diables que le mauvais temps pourroit nous amener ; et quant à vos gentes
amies, tâchez de les bien régaler à leur gré de châtaignes dorées sous la braise, en les arrosant largement de
vin blanc doux, frais sorti de la cuvée, et qui mousse
comme un charme. Quand il n'y en aura plus, il y en
aura encore... Je ne vous laisserois pas toutes ces peines,
mère bien-aimée, continua Toussaint en essuyant une
larme et en embrassant la vieille, si ma chère Scholas-
tique vivait encore ; mais Dieu a permis qu'il ne restât

que vous de mère à mes enfants, et de providence visible
à leur père!

— Tout sera fait comme vous le désirez, mon digne
Toussaint, dit la bonne Huberte, aussi émue que son
fils du souvenir qu'avoient réveillé ses dernières paroles.
Donnez-vous un peu de bon temps pour ce qui reste de
votre fête, car les heures passent vite. Quand la cloche
du moutier aura sonné les premières prières des morts,
nous serons de loisir pour y penser. Égayez-vous donc
bellement, et ne soyez pas en souci sur vos hôtes. En
voici déjà deux, le ciel en soit loué, que nous nous ef-
forçons de bien recevoir, et qui seront assez indulgents
pour faire grâce à la petitesse de nos moyens, si notre
accueil ne répond pas à notre bonne volonté.

— Que le Seigneur soit avec eux, reprit Toussaint en
saluant les étrangers qu'il n'avoit pas remarqués jusque-
là, et qu'ils se regardent chez nous comme dans leur
propre famille! Faites-leur d'agréables histoires qui leur
adoucissent l'ennui des heures, et ne ménagez pas les
provisions, car dans la maison de l'ouvrier chaque jour
amène son pain.

Ensuite il embrassa encore une fois sa mère, et il se
retira.

Les deux hommes dont venoit de parler la vieille Huberte s'étoient levés un moment comme pour répondre
à la politesse de Toussaint, et puis ils s'étoient rassis immobiles et en silence à l'autre bout du foyer.

Le premier avoit l'apparence d'un personnage de quelque distinction; il portoit un juste-au-corps noir à ai-
guillettes, sur lequel se rabattoit une large fraise blanche
à gros plis bien empesés et bien godronnés; ses jambes
étoient enveloppées jusqu'au-dessus du genou, vers l'endroit où descendoit sa cape de drap, d'une bonne paire
de guêtres de cuir bouclées en dehors, et son chapeau
rabattu étoit ombragé d'une plume flottante qui retomboit devant ses yeux. Sa barbe pointue et grisonnante

nnonçoit qu'une robuste vieillesse, et son attitude
ve et discrète lui donnoit l'air d'un docteur.

L'autre, à en juger par sa petite taille, devoit être un
enfant du commun; mais son accoutrement extraordinaire avoit attiré d'abord l'attention d'Huberte et des
jeunes filles de la combe, qui regrettoient de ne pas discerner ses traits à travers les touffes énormes de cheveux
roux dont sa figure étoit couverte presque tout entière;
il étoit vêtu d'un haut-de-chausses et d'un pourpoint
rouge cramoisi, extrêmement serrés, et le sommet de sa
tête se cachoit seul sous une calotte de laine de même
couleur, d'où s'échappoit en boucles crépues cette chevelure d'un blond ardent qui lui prêtoit une physionomie
si étrange. Cette espèce de bonnet étoit fixé sous le menton par une forte courroie, comme la muselière d'un
chien hargneux.

— Vous nous excuserez d'autant mieux, messire, de
mal nous acquitter de notre devoir, continua Huberte en
reprenant son propos et en s'adressant au plus vieux des
étrangers, que notre pays pauvre et peu fréquenté n'a
pas souvent l'honneur d'être visité par des voyageurs tels
que vous. Il faut que ce soit le hasard qui vous y ait
conduits.

— Le hasard ou l'enfer, répondit l'homme noir d'une
voix rauque, dont l'aigre son fit tressaillir les jeunes
filles.

— Cela s'est vu quelquefois, interrompit le nain en se
renversant en arrière avec un éclat de rire étourdis-
sant, mais de manière à ne laisser voir de son visage
qu'une bouche immense, garnie de dents innombrables,
pointues comme des aiguilles et blanches comme de
l'ivoire.

Après quoi il rapprocha brusquement sa sellette des
landiers brûlants et déploya devant le brasier deux mains
très-longues et très-décharnées, à travers lesquelles la
flamme transparoit, comme si elles avoient été de corne.

L'homme noir fit peu d'attention pour lors à cette gausserie brutale.

— Mon damné de cheval, poursuivit-il, emporté par la crainte de l'orage ou poussé d'un mauvais esprit, m'a égaré pendant trois heures de forêts en forêts et de ravins en ravins, jusqu'à ce qu'il ait pris le parti de me culbuter dans un précipice où je l'ai laissé pour mort. Je compte bien avoir fait trente lieues, et je ne me suis dirigé en ce pays inconnu qu'à la lueur de votre forge et par la grâce de Dieu.

— Sa sainte volonté soit accomplie en toutes choses, dit mère Huberte en se signant.

— La grâce de Dieu ne pouvoit rien moins, reprit le méchant petit homme, en faveur de très-illustre et très-révérend seigneur maître Pancrace Chouquet, ancien promoteur du monastère des filles de Sainte-Colombe, ministre du Saint-Évangile, recteur de l'université d'Heidelberg, et docteur en quatre facultés.

Et cette phrase fut suivie d'un éclat de rire plus bruyant que le premier.

— De quel droit, s'écria le docteur en grinçant les dents, un malotru de votre espèce ose-t-il se mêler à ma conversation pour m'attribuer des noms et des titres que je n'ai peut-être point? Où m'avez-vous rencontré?

— Pardon, pardon, mon doux maître, ne vous emportez pas, répondit le petit garçon en flattant de sa main démesurée la cape et les manches du vieux docteur. Je vous vis à Cologne en faisant mon tour d'Europe afin de m'instruire ès-bonnes lettres, suivant les premières intentions de mon père, et j'assistois à une des leçons où vous nous traduisiez Plutarchus en latin très-excellent, lorsque vous vous arrêtâtes subitement, aussi empêché que si Satan vous avoit tenu à la gorge, sur le traité : *De serâ Numinis vindictâ.* C'est belle et savante matière. Il est vrai que vous aviez ce jour-là quelque chose à voir à vos affaires, car on commençoit à vous

chauffer, derrière le tombeau des trois rois, une cou-
chette plus ardente que ne l'est l'âtre de dame Huberte.
L'histoire en est assez bouffonne, et je la conterai volontiers, si cela duit à l'aimable et joyeuse compagnie.

— Et moi, dit le docteur à basse voix, si tu reviens
sur ce propos, je te le ferai rentrer dans l'âme avec ma
dague! Il est surprenant, ajouta-t-il en grondant,
qu'on reçoive de pareils garnements en si honnête maison!

— Je le prenois pour votre serviteur, repartit madame Huberte, et je ne le connois pas autrement.

— Ni moi, ni moi, dirent les jeunes filles en se pressant les unes contre les autres, ainsi que des petites fau-
vettes prises au nid.

— Moi non plus, dit Cyprienne en cachant sa tête entre
les genoux de Maguelonne.

— Oh! les mièvres d'enfants! cria le voyageur à la
calotte rouge, du coin du feu où il s'étoit accroupi pour
retirer à belles griffes les châtaignes toutes brûlantes.
Vous verrez qu'elles auront la malice de ne pas me reconnoître en habit de dimanche? Regardez cependant
s'il est changé, mère Huberte, le petit maquignon de
céans, Colas Papelin, jadis clerc, aujourd'hui valet d'é-
curie pour vous servir. L'honnête maître Toussaint n'a
pas posé un fer à une de nos cavales que je n'eusse auparavant lavée, frottée, étrillée, lissée, cirée, brunie,
rendue plus polie qu'un miroir, et dont je n'aie à toute
heure, au moins de nuit, peigné les crins de mes doigts.
Voilà pourquoi je suis toujours bien reçu à la forge, car
entre le palefrenier et le maréchal il n'y a, comme on
dit, que la main.

En tenant ce discours, il écarta de droite et de gauche
les boucles épaisses de ses cheveux flamboyants, pour
mettre sa face à découvert, et il montra, en riant à
ébranler les murs, une figure assez hideuse, blême et
jaunie, comme la cire d'une vieille torche, sillonnée de

rides bizarres, et au front de laquelle brilloient deux petits yeux rouges, plus éclatants que des charbons sur
lesquels joue incessamment le vent du soufflet. Tout le
monde fit un mouvement de terreur.

Dame Huberte connut bien qu'elle ne l'avoit jamais
vu; mais un sentiment secret l'avertit qu'il n'étoit pas
bon de le dire.

— Si j'ai jamais aperçu ce fantôme, grommela Pancrace, il faut que ce soit au grand diable d'enfer!

— Ce pourroit bien être là, reprit Colas Papelin en
riant toujours, et j'aurois lieu de m'étonner comme vous
du hasard qui nous fait trouver ici. Qui se seroit avisé
de chercher maître Pancrace Chouquet à la combe du
Reclus?

— A la combe du Reclus! dit Pancrace d'une voix
tonnante... Ah! ah! reprit-il se mordant le poing.

— Ah! ah! répéta Colas Papelin du ton d'un rica-
nement infernal; mais ne pensez-vous pas comme moi,
docteur, qu'il seroit assez curieux pour nous autres gens
d'étude, chez qui l'amour de l'instruction s'unit à celui
de l'or et du plaisir, de pénétrer pourquoi on appela ainsi
cette misérable vallée? L'histoire doit en être singulière,
et il m'est avis que dame Huberte, qui sait toutes les
belles histoires du monde, nous apprendra volontiers
celle-ci entre deux brocs de vin doux.

— Je me soucie fort peu d'histoires, bonhomme, repartit Pancrace en faisant un mouvement pour se lever.

— Si ce n'est celle-là, ce sera la mienne, s'écria Colas
Papelin en le retenant assis dans l'étreinte de son bras
nerveux qui le serrait comme un étau. Oh! que nous
prendrons grand plaisir, dame Huberte, à vous ouïr conter cela!

— Je l'avois promis à mes filles, répondit la vieille, et
le récit n'en est pas long : Il faut donc vous dire que ce
pays était bien plus sauvage et plus triste que vous ne le
voyez, quand un saint homme vint, il y a plus de cent

ans, y fonder un petit ermitage sur une des saillies du
rocher qui borde le précipice. On dit que c'étoit un jeune
et riche seigneur, et qu'il s'étoit rebuté de la cour par la
crainte de n'y pouvoir faire son salut ; mais il ne se fit
jamais connoître que par le nom d'Odilon, sous lequel
notre très-saint-père l'a béatifié, en attendant qu'on le
canonise.

— Diable! dit Colas Papelin.

— Tant y a, continua Huberte, qu'on ne sauroit douter qu'il eût apporté beaucoup d'argent avec lui, car en
moins de rien toute la combe changea de face. Il fit cul-
tiver les terres propres au labour, construire des usines
sur les courants d'eau, bâtir un petit hospice, un pres-
bytère, un moutier, et ses libéralités attirèrent dans la
combe des gens de tous les métiers utiles aux voyageurs,
dont les familles existent encore dans une commode médiocrité, et ne cessent de glorifier le nom du bienheureux saint Odilon, qui les laissa pour héritières. C'est
pourquoi cette vallée s'appelle la combe du Reclus[1],
parce qu'il ne sortoit jamais de son ermitage, et qu'à
l'imitation de Dieu il faisoit du bien aux hommes sans
en être vu. Le Seigneur ait son âme devant sa face, ainsi
qu'il est dit dans le bref.

—Cette histoire est fort édifiante, dit le docteur Pancrace, et j'y veux bien croire cette fois, quoique j'aie

[1] On appeloit au moyen âge reclus ou enclus, *reclusi, inclusi,* les moines
qui, pour se livrer avec plus de détachement à la vie contemplative, s'enfer-
moient volontairement dans une cellule isolée, sans jamais en sortir. On ne
pouvoit embrasser la vie de reclus qu'après avoir donné les preuves les plus
incontestables de sainteté, et il falloit, pour les séculiers, l'autorisation de l'évêque, pour les moines, l'autorisation de l'abbé. La cellule des reclus étoit ordinairement murée, et on n'y réservoit qu'un guichet étroit pour passer quelques
provisions. On cite, en France, plusieurs moines qui restèrent enfermés pendant quarante ou cinquante ans, entre autres saint Léonien, qui vécut ainsi à
Vienne en Dauphiné, et dont l'exemple fut suivi par une soixantaine d'autres
personnes, qui s'établirent autour de lui dans des cellules particulières.

(*Note de l'Éditeur.*)

entendu sa pareille dans tous les pays de moinerie ; mais il me semble que le beau temps se rétablit : le vent a cessé de bruire, et la pluie de battre les croisées.

— Ce sera vraiment plaisir de voyager tout à l'heure, remarqua gaiement Papelin, en maintenant le docteur sur son siége ; mais il seroit trop mal séant d'abandonner dame Huberte au commencement d'une si belle et si instructive narration.

— Cette narration est fort complète, répliqua le docteur avec impatience, et dit clairement tout ce que nous pouvions en attendre, c'est-à-dire l'origine et l'étymologie du nom de cette vallée : il n'y manque pas un mot.

— Il y manque, reprit Colas, une péripétie, un dénoûment et une moralité dont vous ne nous auriez pas fait grâce sur les bancs quand vous preniez la peine de nous expliquer péripatétiquement les rhétoriques de maître Guillaume Fichet ; et voilà, pour la preuve, la vénérable madame Huberte qui se dispose à continuer après avoir repris haleine.

— Le bienheureux Odilon, continua-t-elle en effet, avoit ainsi vécu près des trois quarts d'un siècle dans la retraite et la prière, quand se présenta, pour l'assister en ses saints offices, un jeune homme qui se faisoit remarquer depuis quelques mois par la dévotion de ses pratiques et son assiduité aux sacrements. Comme il avoit autant de science qu'un prêtre, autant d'éloquence qu'un prédicateur, et autant de piété apparente qu'un saint, car on n'avoit jamais vu de pénitent plus recherché dans ses mortifications, l'ermitage lui fut facilement ouvert. Son nom est pour le présent sorti de ma mémoire, quoiqu'il me semble l'avoir entendu il n'y a pas longtemps.

— Le nom de ce personnage est fort inutile à votre récit, murmura le docteur en se rongeant encore les doigts.

— Maître Pancrace Chouquet, répéta Colas Papelin,

d'une voix stridente, pense que le nom de ce personnage
est inutile à votre récit, ô ma respectable hôtesse! Entendez-vous bien, ajouta-t-il en criant encore plus fort,
que votre histoire peut se passer du nom de ce bon
apôtre, qui m'a l'air d'être quelque infernal hypocrite,
et que telle est l'opinion de messire Pancrace, de messire Chouquet, de messire Pancrace Chouquet! Vous ne
vous rappelez donc pas, dame Huberte?

— Le misérable veut me faire mourir! pensa le docteur à part lui, en tournant les yeux vers la porte.

— Pas encore, répondit à sa pensée le petit Colas Papelin, qui s'étouffoit de rire à son oreille.

— Nous avions craint longtemps que l'appât des trésors du bienheureux n'alléchât quelques voleurs, poursuivit la bonne veuve de Tiphaine, qui avoit à peine pris
garde à ces interruptions; nous savions cette fois qu'a-
près en avoir distribué une grande part en œuvres pies,
comme je vous l'ai rapporté ci-devant, il avoit réparti le
reste entre la cure et le monastère pour l'éducation des
enfants, le soulagement des voyageurs et la réparation
des fléaux du ciel. On ne vit donc dans toute la combe,
à l'arrivée du jeune clerc, qu'un doux et favorable ré-
confort que la Providence envoyoit par sa grâce à la
vieillesse du solitaire. Au moins, disions-nous à nos veillées, le saint homme aura quelqu'un près de lui qui lui
ferme les yeux et qui appelle sur sa tête, avec la dernière
onction, les bénédictions du ciel.

— Oh! que cela est dignement pensé, brave femme!
s'écria Colas Papelin en sanglotant; la tête de ce bienfaisant vieillard, je l'aurois moi-même bénie, je le jure,
si Dieu me l'avoit permis!... Qu'en dit mon maître, messire Pancrace Chouquet?

Pancrace tordit sa barbe, s'agita sur sa sellette, regarda de nouveau à la porte, et ne répondit pas.

—Voilà qui est bon, continua la vieille femme. Une
nuit, Tiphaine se leva tout effaré d'auprès de moi: c'é-

toit, messieurs, il y a trente ans, la propre nuit de la Toussaint, comme aujourd'hui, un peu avant les matines des morts.

— Comment? dit Colas Papelin; pensez-vous, ma bonne mère, qu'il y aura effectivement trente ans accomplis depuis ce jour; trente ans à heure fixe, ni plus ni moins, quand sonneront les matines?

— Il le faut bien, honnête monsieur Papelin, répliqua Huberte, puisque c'étoit en 1531. Je demandai à Tiphaine ce qui le décidoit à se lever de si bonne heure, pensant qu'il pouvoit être malade. — Remettez-vous, me répondit-il, et soyez sans crainte, bonne amie : c'est un mauvais songe qui m'a travaillé tout à l'heure, et dont il faut que j'aie mon cœur clair avant de me rendormir; car les rêves sont quelquefois des avertissements du Seigneur. Il m'a semblé qu'on assassinoit le saint vieillard Odilon, et depuis que je suis réveillé, je ne sais quel bruit de plaintes et de gémissements me poursuit; je compte vous rassurer dans un moment. — Sur cette parole, il courut à l'ermitage avec quelques-uns de ses ouvriers que tenoit le même souci, et ils reconnurent que le sommeil ne les avoit que trop bien instruits!...

— Le pauvre reclus étoit mort! reprit Colas. Maître, entendez-vous?...

— Il se mouroit quand Tiphaine arriva; mais, quoiqu'il fût tombé sans conserver aucune apparence de vie aux yeux de son meurtrier, il s'étoit trouvé assez de forces un moment après pour se traîner au dehors de sa cellule, pendant que le misérable cherchoit inutilement les prétendus trésors qu'il venoit de payer de son âme!

— Et son meurtrier, c'étoit le monstre artificieux et détestable qui lui avoit dérobé son amitié et ses prières sous le masque de la dévotion! Maître, entendez-vous?...

Pancrace ne répondit que par une espèce de râle sourd qui ressembloit à un rugissement.

— C'étoit lui! dit dame Huberte. Cependant la grille de la cellule s'étoit refermée sur les pas du bienheureux, par le moyen d'un ressort de l'invention de Tiphaine, dont le secret n'étoit pas connu de l'assassin.

— Le voilà pris enfin! s'écria Colas Papelin avec son horrible rire; quelques moments encore, et le juste sera vengé! Maître, entendez-vous?...

— Il n'en fut pas ainsi, poursuivit Huberte en hochant la tête : Tiphaine et ses gens ne découvrirent personne dans la grotte; et comme il s'y étoit répandu tout à coup une odeur de bitume et de soufre, on pensa que l'étranger avoit contracté un pacte avec le démon pour échapper au danger où il s'étoit mis, ce qui se trouva véritable; car on apprit depuis qu'il avoit étudié à Metz ou à Strasbourg sous le méchant sorcier Cornélius, dont vous pouvez avoir entendu parler!...

— Oh! son marché n'en est pas meilleur, interrompit Colas Papelin en se livrant à de nouveaux éclats de joie. Maître, entendez-vous?...

— J'entends, j'entends, riposta Pancrace Chouquet du ton d'un calme affecté, le langage des folles superstitions dont le papisme a nourri ce peuple ignorant. Puisse descendre sur lui la lumière de vérité!

Et il fit un mouvement subit pour s'éloigner de son voisin. Colas Papelin ne le suivit point; il tourna sur lui un regard de dérision et de mépris.

— Ce qu'il y a de sûr, ajouta la vieille un peu piquée, c'est qu'il restoit dans la grotte un brimborion de cédule taché de sang et marqué de cinq grands ongles noirs comme d'un scel royal, qui assuroit trente ans de répit à l'homicide, comme il appert par la translation qu'en fit monseigneur le grand pénitencier; car il étoit écrit en lettres diaboliques.

— Ou les oreilles me tintent, murmura Colas Papelin,

ou voilà le branle des matines. Maître, entendez-
vous ?...

— L'assassin ne fut d'ailleurs jamais reconnu, acheva
Huberte, quoiqu'il eût laissé pour signalement dans la
main du bienheureux une épaisse poignée de cheveux
chargés d'une peau sanglante, qui n'ont pas dû re-
pousser.

— Respect à saint Odilon! dit Colas Papelin en se
levant et en faisant voler d'un revers de son bras le chapeau empanaché du docteur.

Maître Pancrace Chouquet avoit un des côtés de la
tête chauve et lisse comme si le feu y avoit passé.

Il mesura Colas d'un air menaçant, ramassa son
chapeau et gagna la porte en regardant derrière lui
pour savoir si le valet d'écurie le suivoit ; mais le
petit homme s'amusoit à frapper les landiers tout
rouges avec un fourgon de fer, pour en tirer des
étincelles qui jaillissoient jusqu'au comble obtus de la
cheminée.

La porte se referma. Tout le groupe des femmes se
tenoit silencieux et sans mouvement sous le poids d'une
terreur inconnue, comme si elles avoient été pétrifiées.
Colas Papelin s'en aperçut en éclatant de plus belle, et
tira sa révérence en rebroussant ses cheveux confus avec
la grâce coquette d'un homme du monde élevé dans les
belles études et les manières élégantes.

— Adieu, respectable Huberte, et vous, bachelettes
gentilles, dit-il en les quittant. Grâces vous soient rendues de l'hospitalité que nous avons reçue de vous; mais
elle impose encore d'autres devoirs : je vais suivre ce
galant homme dans sa route, de crainte qu'il ne s'égare.

Un instant après, on entendit rouler les gonds, et les
fortes fermetures retentirent sur l'huis.

— Le diable est-il aussi parti? s'écria la blonde Julienne en élevant ses petits doigts palpitants vers le
ciel.

— Le diable! dit Anastasie en croisant les mains dans l'attitude de l'oraison; pensez-vous qu'il soit ainsi fait?...

— Il y a grande apparence, observa gravement madame Huberte, qui n'avoit cessé depuis longtemps de défiler les grains du rosaire.

— Ne s'est-il pas nommé? reprit Julienne un peu rassurée; Colas Papelin et le diable, c'est la même chose.

— Ces deux noms sont exactement synonymes, ajouta d'un air posé demoiselle Ursule, qui étoit nièce et filleule du curé.

— Je l'avois soudainement reconnu, dit Cyprienne; je l'ai vu tant de fois attiser ainsi le feu, quand je m'endormois sur mon fuseau!

— Et moi, dit Maguelone, embrouiller malignement les poils de nos chèvres, quand je veillois dans l'étable!

— Ce doit être lui, observa tout à coup la petite Annette, la fille du meunier Robert, qui égare nos ânesses en sifflant dans le bois!

— Il a bien voulu nous égarer aussi, répondit à basse voix sa sœur Catherine, et le malin au juste-au-corps rouge a fait plus d'un de ses tours au bord du ruisseau de la combe.

— *Libera nos, Domine!* s'écria la vieille Huberte en tombant à deux genoux.

On pense bien que les jeunes filles suivirent aussitôt son exemple, et qu'elles ne se séparèrent pas à la cloche des matines sans avoir purifié la cuisine de dame Huberte par des prières, des fumigations de buis consacré, et des aspersions d'eau bénite.

Le lendemain matin, comme les gens du hameau se rendoient à l'office au moutier qui en est séparé par quelques broussailles, Toussaint Oudard quitta tout à coup le bras de sa mère et s'arrêta au-devant de sa petite troupe, en l'avertissant d'un geste et d'un cri de ne pas aller plus avant, car il vouloit lui épargner le hideux spectacle dont ses yeux venoient d'être frappés.

C'étoit un cadavre si horriblement lacéré, si déformé par les convulsions de l'agonie, si rapetissé, si racorni par l'action d'un feu céleste ou infernal, qu'il étoit difficile d'y reconnoître quelque chose d'humain; seulement on voyoit traîner à côté les lambeaux d'une cape noire et d'un chapeau à plume flottante.

Et c'est depuis ce temps que la Combe du Reclus a pris le nom de la *Combe de l'homme mort.*

PAUL OU LA RESSEMBLANCE [1].

HISTOIRE VÉRITABLE ET FANTASTIQUE.

———

Je commence par déclarer hautement que s'il falloit renoncer de toute nécessité à l'un de ces immortels chefs-d'œuvre d'Homère, l'*Iliade* et l'*Odyssée*, et qu'il y eût pour cela une ordonnance expresse du roi, ou une loi formelle des chambres, je tâcherois d'apprendre l'*Iliade* par cœur avant de la perdre, mais c'est l'*Odyssée* que je garderois. Je n'hésiterois pas un moment.

Et je conviens que ce début peut sembler trop magnifique pour une historiette. Il me met en état de rébellion manifeste contre la règle éternelle de l'exorde classique :

Non fumum ex fulgore, sed ex fumo dare lucem.

Il faut cependant le prendre comme il est, car je n'y changerai pas un mot. Les critiques en parlent bien à leur aise.

---

[1] Ce morceau a été publié pour la première fois sous le titre de : *Un domestique de M. le marquis de Louvois, histoire véritable et fantastique.* — *Revue de Paris,* 1836, nouvelle série, tome **XXX**. (*Note de l'Éditeur.*)

Ce qui me charme dans l'*Odyssée*, ce qui me pénètre à sa lecture d'un sentiment mêlé d'admiration et d'attendrissement, c'est la bonne foi sublime de ce poëte qui récite ingénument des contes d'enfants comme il les a entendu réciter, et qui les orne à plaisir des plus riches couleurs de l'imagination et du génie, parce qu'il n'a rien appris de mieux dans la conversation des vieillards, des héros et des sages. Ses histoires sont merveilleuses, à la vérité; mais il est plus merveilleux qu'elles encore, lui qui a confiance dans ses histoires. Quand Alcinoüs, roi des Phéaciens, laisse échapper quelques doutes sur la vraisemblance de tant d'événements étranges observés en quelques années de navigation, Ulysse se garde bien de lui répondre par des raisonnements; il se borne à continuer, et Alcinoüs n'insiste plus. C'est qu'il faut deux choses essentielles à la poésie, le poëte qui croit ce qu'il dit, et l'auditeur qui croit le poëte. Cette rencontre est devenue fort rare et la poésie aussi.

Notre âge participe beaucoup du double état de ces corps affoiblis que la mort a déjà saisis presque tout entiers. A ceux-là, une mélodie suave et tendre comme des chants anticipés du ciel suffit pour bercer l'agonie, et le poëte inspiré arrive à son temps. A ceux-ci, dont la sensibilité matérielle ne peut être réveillée que par des irritants caustiques et dévorants, il arrive un autre poëte qui les déchire et qui les brûle pour leur arracher un cri de vie. Ce sont les deux dernières missions de l'art, et, quand elles sont accomplies, tout est fini.

Il y a du génie dans ces derniers efforts de la poésie; il y en a autant peut-être que dans l'abondance naïve et crédule des compositions homériques : il faut lutter à la fois contre le *prosaïsme* d'une parole usée, contre la monotonie d'une création trop décrite, où les savants ne voient plus que des agrégations capricieuses de molécules élémentaires, contre la sécheresse de ce cœur de cendre que porte la société actuelle et qui ne palpite

plus. Cela est difficile et admirable. Mais la poésie des
choses, où est-elle maintenant sur la terre? où sont les
anges d'Isaac et de Tobie, les tentes de Booz et les la-
voirs de Naucicaa? je ne vous en dirai pas de nouvelles.

Ce grand voyageur épique de l'antiquité, dont j'aime
tant les récits, seroit bien surpris aujourd'hui s'il avoit à
recommencer sa fable immortelle! On lui apprendroit
que sa Circé n'est tout au plus que la Narina de Levail-
lant, ou l'Obérea de Bougainville. Ses syrènes, ce sont
des phoques ou des veaux marins; Carybde et Scylla,
des roches; Polyphème, un Patagon borgne et anthropophage. Heureuse influence des découvertes et des progrès! ne redemandez pas ce sublime conteur aux siècles
pour lesquels il étoit fait, et qui l'ont cependant mé-
connu. Vous seriez encore plus ingrats et plus injustes
qu'eux; vous ne lui donneriez pas l'aumône [1].

Un de mes amis s'écrioit dernièrement à ce propos,
dans une boutade assez gaie :

> Mais ces trésors de goût, d'amour, de poésie,
> Qui les remplacera? — *l'idiosyncrasie.*

Hélas! oui; sous la baroque influence qui a fait de la
rose un *phanérogame*, et du papillon un *lépidoptère*, il
ne faut rien attendre de mieux de notre civilisation *an-
thropomorphe.* J'en suis aussi fâché que vous.

C'est pour cela que j'ai juré de ne plus lire d'ouvrages
marqués au sceau du savoir et de l'esprit, et on ne sauroit croire combien il est difficile d'en trouver qui n'aient
pas ce cachet fatal, depuis que l'enseignement mutuel
et la méthode Jacotot ont mis la littérature transcendante
à la portée de toutes les intelligences. Oh! si j'avois été
M. de Montyon, avec toutes les agréables conditions

---

[1] On trouve ces mêmes pensées, développées d'une façon toute différente
et très-élevée, dans le premier article sur *Grainville,* au tome I des « Souvenirs, épisodes et portraits de la Révolution. »   (*Note de l'Éditeur.*)

qui lui ont permis de doter si richement ses héritiers, que j'aurois fondé de beaux prix en faveur des ignorants et des simples, et que je prendrois de plaisir, du monde où il habite, à les voir distribuer, au jugement des mères de famille et des petits enfants! quelles bonnes primes j'aurois attachées à la publication d'un livre ingénu où la foi tient lieu de science, où l'expérience tient lieu d'étude, où le sentiment tient lieu d'habileté; où le naturel feroit oublier au besoin l'absence du talent, s'il étoit bien prouvé que le talent fût autre chose que le naturel! Avec quelle munificence, toutefois plus économique et plus facile que la sienne, j'aurois voulu reproduire en abondance tous les ans, pour l'instruction et le bonheur de la multitude, ces délicieuses compositions qui saisissent l'âme par des sympathies si vives, et qui la pénètrent d'enseignements si utiles et si doux : l'*Odyssée*, les *Voyages de Pinto,* les *Contes de Perrault*, les *Fables de Pilpay*, d'*Ésope*, de *La Fontaine*, *Télémaque*, *Robinson*, *Don Quichotte*, *les Hommes volants!* On sent bien qu'il n'est question ici que des livres de l'homme, mais quels hommes et quels livres, grand Dieu! que ceux dont je viens de parler! voilà de l'argent bien employé! voilà une bibliothèque de véritable *progrès humanitaire* [1]! et le peuple qui l'adoptera, voilà un peuple digne d'envie, un peuple qui mérite que l'on vive de l'air qu'il respire, et qu'on se réchauffe à son soleil! M. Herschell le trouvera peut-être dans a lune.

En attendant, je n ai pas renoncé à raconter des histoires auxquelles je suis souvent le seul à croire, et je

---

[1] On sait que Nodier n'étoit point partisan du progrès indéfini, et qu'il étoit assez disposé à n'y voir qu'une hallucination de la vanité humaine. Il a composé sous le titre d'*Histoires progressives* quelques satires pleines de verve et d'atticisme où il se moque, et souvent avec une raison supérieure, des théories humanitaires de la perfectibilité. Ces histoires sont : *Hurlubleu, grand manifafa d'Hurlubières* (1833), — *Léviathan le Long* (1833), — *Voyage pittoresque et industriel dans le Paraguay-Roux et la Palingénésie australe*,

voudrois bien savoir pourquoi, mes histoires réunissant
tous les motifs de créance qu'on peut chercher dans les
histoires, la vraisemblance des faits et la loyauté du
témoin désintéressé qui les rapporte. Je vous demande
en effet quel intérêt j'aurois à imaginer que le loup a
mangé le *Petit Chaperon*, s'il ne l'avoit pas mangé? et
plût à Dieu que le loup n'eût pas mangé le *Petit Chaperon*, et qu'on pût me le prouver tout à l'heure, car cette
peine compte encore parmi mes peines, bien que la foule
y soit grande! Ces choses-là ne s'inventent pas, et ne se
disent qu'à regret quand on ne peut se dispenser de les
dire pour en tirer de saines inductions morales et d'excellentes règles de conduite, comme celles qui sortent
de la catastrophe du pauvre *Chaperon*, savoir : première-
ment, qu'il ne faut jamais confier son secret aux méchants, et secondement, qu'il ne faut pas laisser sortir
les petites filles toutes seules. Je voudrois qu'on me fît
connoître un livre de haute philosophie ou de haute politique, solennellement couronné, qui ait porté dans les
familles deux enseignements plus utiles, et qui les ait ac-
crédités d'une manière plus universelle par un symbole
plus naïf et plus populaire! Je sais bien qu'un livre que
je n'entends pas est au-dessus du *Petit Chaperon* de toute
la hauteur insurmontable de son inintelligibilité; mais
ce livre que je n'entends pas, ne fussions-nous qu'un
cinquième ou un dixième de la nation à ne pas l'entendre (et cela n'est pas très-fier), est en dehors du but
providentiel de l'instruction nécessaire qui appartient à
tout le monde. Dans une bonne civilisation, les gens qui

par **Tridace-Nafé** Théobrome de Kaout' T'chouk (1830). Nodier restoit fidèle
dans la pratique de sa vie à son antipathie contre la perfectibilité. « Il avoit
horreur, dit **M.** Dumas, des plumes de fer. Le gaz lui faisoit mal aux yeux; il
voyoit la fin du monde infaillible et prochaine dans la destruction des forêts et
l'épuisement des mines de houille. C'est dans ses colères contre le progrès de
la civilisation que Nodier étoit resplendissant de verve et foudroyant d'entrain. »

(Note de l'Éditeur)

ne *progressent* pas, qui n'ont pas *progressé* et qui ne *progresseront* probablement jamais, n'en méritent pas moins des égards.

Chacun est libre, d'ailleurs, d'occuper son imagination à sa manière, et « de s'approprier, comme le dit admirablement un philosophe, dans les mythes d'une intellectualité rationnelle, ce qui s'harmonie le plus identiquement avec les sympathies spontanées de son esthétisme individuel et intime. » Voilà qui est assez clair ! Avez-vous plus de foi, par hasard, au saint-simonisme qu'aux *contes de fées?* Allez au père ! — Est-ce au néo-christianisme? Allez au pontife, qui est ressuscité le troisième jour. — Au Phalanstère? on va l'ouvrir. — A la loterie de M. Reinganum? on va la fermer. — A l'Église française de M. Châtel? on sonne la messe; il y en a pour tous les goûts. A moi seulement, à moi, esprits indolents et crédules, mais tendres et gracieux, qui prendriez plus de plaisir à une fable intéressante qu'à toutes ces vaines théories de l'orgueil, quand même ces mensonges superbes seroient destinés à devenir, par malheur, des vérités et des lois. Permettez aux petits de venir, car il n'y a point de danger pour eux à écouter mes récits, et vous me connoissez assez pour me croire. Celui-ci sera revêtu d'ailleurs d'une autorité qui vaut mieux que la mienne. Il m'a été communiqué par un homme dont j'aurois peut-être essayé de décrire les rares et parfaites qualités, s'il ne m'avoit permis d'attacher son nom à ces pages fugitives. Maintenant qu'il est nommé, son éloge est fait.

Le 4 août 1834, M. le marquis de Louvois arrivoit en calèche dans les Pyrénées. Sur le siége de sa voiture étoit assis un jeune domestique dont l'histoire antérieure ne tiendra pas beaucoup de place. Paul est le fils d'un marchand de bestiaux très-peu favorisé par la fortune, et le frère de neuf autres enfants qui déciment, chacun pour leur part, les fruits chanceux du petit

commerce paternel. Paul s'étoit par conséquent trouvé
trop heureux d'entrer au service de **M.** de Louvois,
et cela se conçoit à merveille quand on connoit son
maitre.

La voiture suivoit depuis quelque temps cette route
inégale qui domine sur la route la riante vallée d'Ar-
gelez, et d'où l'œil s'égare à plaisir, en remontant le
cours des eaux, à travers des massifs d'arbres touffus,
parmi lesquels se dressent quelquefois les ruines d'une
vieille tour féodale, aussi fameuse par ses traditions que
pittoresque par son aspect. Au loin, quelques espaces
d'un blanc lisse et resplendissant se détachent çà et là
sur le fond obscur et mobile de la plus magnifique végé-
tation; une flèche pointue perce les cimes arrondies,
et vous devinez un village presque entièrement voilé de
la richesse de ses ombrages, comme d'un rideau de
verdure. Ainsi s'acheminoit, sous le fouet retentissant du
postillon, la calèche de **M.** le marquis de Louvois, quand
elle dépassa pour la dernière fois un bon vieillard à
cheval, qui sembloit s'efforcer de l'accompagner, et dont
l'émulation hors de propos inquiétoit sans doute la sensibilité de notre noble voyageur. Enfin, c'en était fait:
ni l'homme ni sa monture n'avoient reparu dès lors jusqu'au relai de Pierrefitte; et **M.** de Louvois, délivré du
souci de cette lutte inégale, s'empressa de demander des
chevaux. Les chevaux manquent rarement au relais de
Pierrefitte, mais la route y manque souvent, quand les
eaux du gave de Cauterets, grossies par un violent orage,
se débordent avec fureur dans la plaine; et le 4 août 1834
était un de ces jours-là. Il falloit coucher à la poste de
Pierrefitte, ce qui est une des extrémités les plus fàcheuses
auxquelles puisse être réduit le *touriste* des Pyrénées,
depuis les rives du Tet jusqu'à celles de la Nivette. **M.** de
Louvois se résigna, et porta aussi loin que possible le
courage de sa position. Malgré la mauvaise apparence
des mets, il se résolut à souper.

A l'extrémité de la longue table où il s'étoit placé on vint apporter un second couvert, et un vieillard ne tarda pas à s'y asseoir après un salut modeste : c'étoit le cavalier présomptueux qui avoit entrepris, une heure auparavant, de mettre son coursier fatigué au train d'un attelage fringant, circonstance dont l'attention de M. de Louvois avoit été frappée, comme on s'en souvient. Il jeta sur lui les yeux, et c'étoit un simple mouvement de curiosité; il les y reporta plusieurs fois, et c'étoit l'effet d'un mouvement d'intérêt et de sympathie. Cet homme avoit une figure noble et douce; des cheveux blancs, mais fournis, ombrageoient sa tête respectable; son regard, que M. de Louvois rencontroit souvent, paroissoit animé d'une expression peu commune; et les larmes involontaires qu'il rouloit quelquefois trahissoient une peine intérieure qui demandoit à se répandre. La conversation ne tarda pas de s'établir et d'en amener l'occasion. Je ne changerai rien à ce récit, pas même les noms propres, que je sais ajuster comme un autre aux convenances d'une fiction, quand j'ai besoin de les inventer. J'ai promis en commençant une histoire authentique, où l'imagination du conteur ne seroit pour rien, une histoire sans parure et sans déguisement, comme la nature et la société en donnent de temps en temps à ceux qui les cherchent, et c'est cette histoire que j'écris. Il y a peut-être quelque indiscrétion à désigner si ouvertement des personnes dont je n'ai ni reçu ni demandé l'aveu; mais à quoi bon s'envelopper des mystères du roman dans une narration qui n'a rien d'offensant pour qui que ce soit, et qui, sous certains rapports, est honorable pour tout le monde? Quoi qu'il en puisse être, et dans le cas même où l'on me condamneroit sur la forme, on m'absoudra sur l'intention. Je n'en demande pas davantage, car ce n'est pas ici une œuvre d'écrivain, mais une causerie de la veillée, destinée à ne pas sortir d'un petit cercle de bonnes gens dans lequel j'ai renfermé mon auditoire, mes prétentions littéraires et ma réputation.

— Vous avez dû vous étonner, monsieur, dit le vieillard, de me voir tout à l'heure si obstiné à vous suivre; et cette ambition, si déplacée à mon âge, peut vous avoir donné une mauvaise opinion de mon jugement?

— Non, en vérité, répondit M. de Louvois; j'ai seulement supposé que ma rencontre, prévue ou non, ne vous étoit pas tout à fait indifférente, et que vous aviez quelque communication à me faire.

— Il le faut bien, si vous m'y autorisez, répliqua le vieux voyageur; mais comment expliquer cela? Mon seul dessein étoit d'attirer l'attention d'un jeune domestique assis devant votre voiture, et qui ne paroît pas me reconnoître. Il n'est que trop probable au reste, ajouta-t-il en étouffant un sanglot, et portant sa main sur ses yeux pour y contenir une larme, que nous nous sommes vus tous deux aujourd'hui pour la première fois. Oserois-je vous demander s'il est depuis longtemps à votre service?

— Depuis deux ans, dit M. de Louvois, et je le connois depuis son enfance; je l'ai reçu de sa famille.

— De sa famille, répéta le vieillard. A ce mot, il éleva les yeux au ciel, et ses larmes s'échappèrent en abondance.

— Parlez, parlez! s'écria M. de Louvois. Je ne comprends rien encore à ce mystère; mais j'ai besoin de vous entendre et un désir profond de vous consoler; j'y parviendrai peut-être.

Un soupir qui exprimoit le doute, une inclination de tête qui exprimoit la reconnoissance, furent d'abord sa seule réponse. — Vous le permettez donc, reprit-il enfin, et il ne me reste qu'à vous demander grâce pour ce qui pourra dans mes paroles révolter votre esprit et votre raison. Le trouble où m'ont jeté mes impressions d'aujourd'hui ne me laisse pas la force de me décider moi-même entre ce qu'il faut croire et ce qu'il faut nier.

Je m'appelle Despin, je suis maire de la petite ville de Gaujac, où M. le comte de Marcellus a un château. J'étois, il y a quatre mois tout au plus, aussi heureux qu'on peut l'être sur la terre. Nous avons trois cent mille francs de fortune, ma femme et moi, c'est-à-dire beaucoup plus qu'il n'en faut pour vivre dans une douce aisance, et pour faire un peu de bien autour de soi, quand on a des goûts simples et qu'on vit sans ambition. Toute la nôtre étoit de laisser, avec un nom honnête, l'agréable indépendance dont nous avions joui à un fils unique âgé de vingt-deux ans, qui récompensoit nos soins par les meilleures qualités et la plus tendre affection. La mort nous l'a enlevé; là finit notre bonheur. Nous avions vécu trop longtemps!

Ici de nouvelles larmes interrompirent M. Despin. Après un moment de silence il continua :

— Une pierre surmontée d'une croix, voilà tout ce qui nous reste de lui! Par **mon** inconsolable douleur, monsieur, vous pouvez juger de celle d'une mère. Souvent, pendant les courts moments de sommeil que le ciel accordoit à mes yeux fatigués, ma vieille femme se déroboit de mon lit pour aller pleurer au cimetière sur la tombe de son fils. Dernièrement, par une nuit froide et humide, je m'aperçus de son absence, et je me relevai pour la chercher, ou plutôt pour la trouver, car je savois bien où elle étoit. Cependant elle ne répondit point à ma voix, et j'arrivai jusqu'à la place où avoit été creusée la fosse avant de l'apercevoir. Elle y étoit couchée, immobile, sans connoissance. Je crus un moment, hélas! qu'elle étoit morte aussi. Le mouvement de mon départ avoit réveillé quelques domestiques qui me suivoient de loin. Les uns la rapportèrent à la maison, un autre me soutint pour y revenir. Je n'avois pas encore tout perdu : elle étoit rendue à la vie. On nous laissa.

La physionomie de ma femme étoit extrêmement animée. Ses yeux brilloient d'une lumière étrange que je n'y avois pas remarquée jusque-là.

— Notre fils n'est peut-être pas mort, dit-elle en me pressant la main; peut-être sa fosse est vide?

Ce langage me remplit d'une nouvelle inquiétude, car je craignis que le désespoir n'eût altéré sa raison.

— Écoute, continua-t-elle du ton de voix assuré d'une personne qui veut qu'on la croie, tu connois ma dévotion à la Sainte Vierge, et combien j'ai toujours redouté de l'offenser. Eh bien! j'ai osé compter sur sa protection dans le malheur qui nous accable, et tout m'annonce que ses divines bontés ont répondu à mon espérance. Je l'ai déjà vue deux fois.

— Grand Dieu! m'écriai-je, qui penses-tu donc avoir vu?

— Elle-même, reprit-elle avec calme, et c'est l'éclat dont elle est entourée qui m'avoit privée de mes sens quand tu m'as retrouvée tout à l'heure au cimetière; mais ses paroles sont aussi présentes à mon oreille que si je les entendois à l'instant. Tu m'as priée, m'a-t-elle dit; je viens à ceux qui me prient dans la sincérité de leur cœur. Envoie ton mari vers la montagne; il y reverra l'enfant que vous avez perdu.

Qu'auriez-vous fait à ma place, monsieur?

J'hésitai cependant, car la fréquentation des gens éclairés et l'habitude de la lecture m'avoient guéri des préjugés du peuple. Est-ce là un grand bonheur? Il le faut bien, puisque les philosophes sont si impatients de le faire goûter à tout le monde. Mais l'apparition se renouvela plusieurs fois au même lieu avec les mêmes circonstances. Je connoissois dans ma femme une simplicité de cœur et une austérité de conscience qui la rendoient incapable du moindre mensonge; aucune autre illusion n'obscurcissoit son intelligence, car, à ma grande satisfaction, son désespoir, calmé par une promesse venue du ciel, laissoit reprendre de jour en jour à ses esprits la sérénité qu'ils avoient perdue pendant trois mois. Son bon sens naturel s'étoit fortifié depuis qu'elle avoit foi en cette révélation étrange, dans laquelle vous ne voyez sans doute qu'une marque de folie. Que vous dirois-je? Prestige ou vérité, il y avoit du moins dans son rêve un sujet de consolation que ne pouvoit lui fournir la vaine sagesse des hommes, et je me hâtai de souscrire à ses espérances, avec plus de confiance dans le pouvoir du temps, qui guérit toutes les douleurs, que dans l'accomplissement du miracle; j'avois besoin du miracle aussi, et quel homme n'a pas eu besoin d'un miracle pour se réconcilier avec la vie! mais je n'y comptois pas; je partis toutefois quand le terme annoncé dans la sainte apparition fut venu, et je quittai ma pauvre femme en lui témoignant une sécurité qui n'avoit point gagné mon âme. Dès ce moment, je n'ai cessé d'errer inutilement dans la montagne, comme je m'y étois attendu, et je devois partir demain pour porter la mort peut-être à la plus malheureuse des mères, quand ce matin...

— Eh bien! monsieur Despin, ce matin?...

— Quand ce matin j'ai vu mon fils assis sur le siège de votre voiture; mais il ne m'a pas reconnu.

— Paul, votre fils, dites-vous?

— C'est bien le nom de mon fils, c'est bien mon fils aussi; mais il ne m'a pas reconnu. C'est mon fils, quoiqu'il ne me reconnoisse pas, et j'en ignore la raison. Je l'ai vu pendant toute la route. Je viens de le revoir et de lui parler quelque temps dans la cour de l'auberge. C'est mon fils. Je me suis informé de son âge. Il a exactement l'âge de mon fils. Il a ses traits. Il a le son de sa voix. Il a son accent. Mon fils a un signe à la joue. Il a un signe à la joue. S'il arrivoit à Gaujac, tout le monde le reconnoîtroit. Je le reconnois si bien, moi, qui ne peux pas m'y tromper, moi qui suis son père! mais il ne me reconnoît point.

Les larmes de M. Despin recommencèrent à couler, et il resta plongé dans un morne silence, les bras accoudés et la tête appuyée sur ses mains.

M. de Louvois étoit profondément ému. — Croyez, dit-il au vieillard, croyez, monsieur, que je voudrois pouvoir prolonger l'erreur qui a suspendu un moment vos afflictions, s'il dépendoit de moi de l'entretenir sans manquer à la vérité. Un incroyable hasard l'a produite, et je ne sais s'il n'est pas plus propre à augmenter vos regrets qu'à les adoucir.

— Vous êtes plus capable que vous ne l'imaginez, monsieur, de donner à cette apparence une espèce de réalité, reprit M. Despin en relevant sur M. de Louvois un regard suppliant. Vous vous étonnez de mes paroles, et je le conçois, mais cette dernière espérance va s'expliquer. La famille de Paul n'est pas dans l'aisance, puisqu'il est obligé de vendre ses services à un maître. Il n'est pas mon fils, je le crois ; mais sa ressemblance avec mon fils a trompé mon désespoir, et tromperoit celui de sa mère. N'est-il pas le fils qu'une céleste protection lui a rendu ? Je lui offre une mère, un père dévoués à son bonheur ; je lui offre tout mon bien dont je suis prêt à signer la donation, et M. le comte de Marcellus ne refusera pas d'attester ce que je vous en ai dit : il n'appartiendra plus qu'à lui-même, il n'aura plus de devoirs que ceux qu'impose une affection facile à contenter, et qui ne demande que de l'affection ; il étoit pauvre, il sera riche ; il servoit, il sera servi ; votre bonté pourvoyoit sans doute à son bonheur, nous y suppléerons par notre tendresse ; nous en serons aimés, j'en suis sûr, car nous l'avons aimé d'avance, nous l'avons aimé dans un autre, et on est toujours aimé quand on aime. C'étoit là, tout me l'annonce, le véritable sens d'une prédiction dont la vérité s'est manifestée hier à mes yeux. Le ciel ne fait pas inutilement de semblables miracles ; il a voulu réparer envers votre Paul un tort du hasard, envers nous un tort de la nature qui nous a ravi le nôtre. L'indigent aura une fortune, et les parents en deuil auront un fils. Ne vous semble-t-il pas, monsieur, que cela soit ainsi? Oh! ne me refusez pas, je vous en conjure, votre intercession et votre appui! Les grands de la terre peuvent compatir sans déroger à une douleur qui a intéressé la reine du ciel. Je n'ai plus qu'à mourir si vous me rebutez.

En prononçant ces dernières paroles, M. Despin pressoit les mains de M. de Louvois et les mouilloit de ses pleurs.

La nuit s'étoit écoulée en partie dans cet entretien, et M. de Louvois ne pouvoit douter que la résolution du vieillard ne fût invariable. Il entra de bonne heure dans la chambre où Paul, tout habillé, dormoit paisiblement sur un des grabats de l'auberge, et il y retrouva M. Despin à genoux, les yeux avidement fixés sur la vivante image de son fils mort. M. Despin se leva, remit à M. de Louvois l'acte de donation dont il lui avoit parlé, accompagné d'un dédit de la somme de *dix mille francs*, payable au cas où cette épreuve étrange ne réussiroit pas à la satisfaction de toutes les parties, et se retira en lui recommandant pour la dernière fois la négociation dont paroissoit dépendre sa vie, par une inclination respectueuse et par un regard suppliant. Le mouvement qui se faisoit dans la chambre avoit réveillé Paul; il voulut s'élancer à l'aspect de son maître, et s'excuser de n'avoir pas été plus diligent.

— Reste, lui dit M. de Louvois, et assieds-toi pour m'écouter avec tout le recueillement dont tu es capable. Tu n'as peut-être pas entendu raconter, continua-t-il en souriant, l'histoire de l'homme que la fortune vint surprendre dans son lit, et tu n'imaginerois peut-être pas que ce fût la tienne. Il n'y a cependant rien de plus vrai. Un mot, Paul, et tu vas échanger ma livrée contre le frac d'un gros bourgeois. Un mot, et tu seras riche!

— En vérité, monsieur, répondit Paul, je n'en serois
pas surpris. On me prédit cette destinée depuis l'enfance, et il y a quelques jours qu'on me l'annonçoit en
Auvergne. Monsieur se rappelle sans doute qu'il s'arrêta
pour déjeuner dans une misérable auberge des montagnes, où des gendarmes arrivèrent presque en même
temps, avec une espèce de bohémienne qu'ils condui-
soient à la prison du chef-lieu, et dont la physionomie
le frappa. C'est que ce n'étoit pas une sorcière du commun, et on voyoit bien à ses airs de dignité qu'elle croyoit
à son art. Je fus un moment si tenté d'y croire aussi,
que je n'osai retirer ma main quand elle la saisit de sa
main sèche et nerveuse, et qu'elle me força, par un dur
regard de ses yeux noirs, à la déployer devant elle. Quant
à moi, je détournai les miens, tant elle me faisoit peur
à voir.

— Oh! oh! voici du nouveau, dit-elle avec une voix
rauque, et en grommelant entre ses dents; vous con-
viendroit-il, mon fils, d'avoir de bons champs en plein
rapport, de bons prés qui verdoient au soleil, de bons
troupeaux de moutons prêts à tondre, deux ou trois dou-
zaines de bonnes vaches laitières, et autant de veaux qui
bondissent à l'entour, une maison de campagne qui
rit au midi, et d'où l'œil plonge avec peine dans l'épais-
seur d'un beau verger, ployant sous le poids des fruits
mûrs? Vous plairoit-il de vous délasser, de temps en
temps à la ville, du soin de vos grasses métairies dans
un bon fauteuil de velours d'Utrecht à longues raies, au
premier étage d'une maison spacieuse et en bon état qui
vous appartînt; aussi près qu'il vous plaira d'un balcon
chargé de fleurs qui donne sur la grande place, et d'y
attendre indolemment l'heure d'un excellent repas en
lisant votre journal, si le journal vous amuse?

Je ne pus me défendre de sourire, car le genre de vie
qu'elle me proposoit étoit assez de mon goût. — Vous
serez tout au plus entré dans les Pyrénées, ajouta-t-elle

en repoussant ma main avec une méprisante colère, que cette fortune vous aura été offerte, et que vous l'aurez refusée. — Je ne compris pas trop comment cela pourroit se faire, mais j'attachois si peu d'importance à la prédiction de cette aventurière, que je n'y ai pas songé depuis.

La coïncidence de ces deux mystérieux événements frappa M. de Louvois, car il n'est point d'esprit si aguerri contre la séduction des apparences, qu'il ne s'étonne d'être obligé d'accorder quelque chose à l'intelligence du hasard. Après un moment de réflexion, il fit part à Paul de ce qui s'étoit passé la veille entre lui et M. Despin, et ouvrit sous ses yeux l'acte formel qui n'attendoit plus que sa signature. Il le quitta ensuite pour laisser un libre cours à ses réflexions. L'affaire en valoit la peine.

Pendant que tout ceci se passoit au méchant cabaret de Pierrefitte, le ciel s'étoit éclairci; les eaux turbulentes du gave étoient rentrées dans leur lit, et les mazettes du relais, délassées par un long loisir, piaffoient à la porte, sur les pavés de granit sonore, comme des chevaux de bataille; le maréchal du pays cherchoit à dégager adroitement quelque vis de son écrou, pour avoir un prétexte à le resserrer, et M. de Louvois se préparoit à partir. Un quart d'heure s'étoit à peine écoulé, quand Paul entra chez son maître, d'un air modeste et cependant résolu. M. de Louvois le regarda fixement.

— Eh bien! dit-il en riant, est-ce à M. Despin fils que j'ai l'avantage de parler?

— Non, monsieur le marquis, répondit Paul; c'est à Paul qui étoit votre domestique hier, qui l'est aujourd'hui, et qui n'a d'autre ambition que de l'être toujours, si vous êtes content de ses services.

— As-tu bien réfléchi? reprit M. de Louvois étonné.

— Je réfléchirois dix ans sans changer de détermination. — M. de Louvois paroissant disposé à lui accorder une attention sérieuse, il continua : Je suis extrêmement touché, dit-il, du malheur de cette famille, et je vou-

drois pouvoir lui procurer quelque soulagement. C'est
un devoir que j'aimerois à accomplir, s'il s'accordoit
avec les miens, et je n'aurois pas besoin d'y être porté
par mon intérêt; mais ce que demande ce bon vieillard, monsieur, je suis incapable de le lui donner : il
cherche un fils, et j'ai un père. C'est à mon père que je
dois la tendresse et les soins d'un fils, et le cœur d'un
fils n'est pas à l'enchère. L'honnête homme qui a voulu
m'enrichir a des droits à ma reconnoissance; je ne peux
rien lui offrir de plus. Les sentiments qu'il réclame appartiennent à cet autre vieillard qui m'a nourri, qui m'a
élevé du produit de son travail, qui m'a réchauffé sur
son sein quand j'avais froid, qui a pleuré sur mon berceau quand j'étois malade, qui a fondé sur ma bonne
conduite et sur ma reconnoissance le dernier espoir de
ses vieux jours. Croyez-vous qu'il survivroit à l'idée que
j'ai vendu son nom pour de l'argent, que j'ai renoncé au
souvenir de ses embrassements et de ses conseils, que
j'ai renié mes neuf frères comme un traître et comme un
maudit, pour me livrer sans gêne aux douceurs de la paresse? Vous me direz sans doute, monsieur, que mon
nouvel état me permettroit de lui faire quelque bien, que
M. Despin lui-même ne blâmeroit pas cet emploi de mon
superflu, et qu'il y auroit moyen de racheter à ce prix
devant les hommes mon ingratitude et ma lâcheté;
mais qui me justifieroit devant ma propre conscience?
Il faudroit d'ailleurs que mon père voulût accepter cette
indemnité honteuse, et je le connois assez pour être sûr
qu'il la repousseroit avec indignation. « A quel propos,
s'écrieroit-il, M. Despin fils, de Gaujac, qui m'est inconnu, vient-il me gratifier de ses aumônes? Qui les lui
a demandées? Qui lui a parlé de mes affaires et de ma
pauvreté? Ai-je eu besoin de recourir à lui pour fournir
à l'entretien de mes neuf enfants (il ne me compteroit
plus); pour les élever dans la crainte de Dieu, et dans
l'amour de leur famille et de leur pays? Si M. Despin

fils est trop riche, s'il est tourmenté par quelque remords qui l'oblige à répandre son superflu en œuvres de charité, qu'il regarde autour de lui ! Ne connoît-il point de peines à soulager dans son village, et peut-être parmi ses plus proches voisins ? » Car je serois devenu aussi étranger à mes souvenirs, à mes amitiés d'enfance, à ma patrie qu'à mon père ! Je recommencerois une vie nouvelle, la vie d'un autre qui n'a rien aimé de ce que j'aime ; et si elle étoit abrégée par la honte, par le chagrin, par les plaisirs même auxquels je me livrerois pour m'étourdir, laisserois-je les regrets que M. Despin fils a laissés ? Pensez-vous, monsieur, que mon véritable père, insensible à l'abandon que j'aurois fait de sa vieillesse, iroit courir les montagnes pour y chercher ma ressemblance ? Ah ! il l'éviteroit plutôt, n'en doutez pas ; car elle ne lui rappelleroit que mon avarice, ma bassesse et mon indignité ! Non, monsieur, je ne changerai pas d'état, je ne changerai pas de fortune, parce que je ne veux pas changer de nom, parce que je ne veux pas changer de famille. Je resterai pauvre, mais je resterai le fils de mon père, et je conserverai le droit de l'embrasser sans rougir : cela vaut mieux que de l'argent.

— Va régler les comptes, va, mon enfant, lui dit M. de Louvois en se détournant pour cacher son émotion. Un quart d'heure après, le fouet du postillon frappa l'air à coups redoublés. Une chaise de poste roula bruyamment sous la porte cochère de l'auberge. Elle sortit. Paul étoit assis sur le siége, comme la veille.

Un homme attentif à ce qui se passoit dans cette maison, et qui erroit tristement dans sa chambre en invoquant le secours de Dieu, s'élança rapidement vers la croisée pour convaincre ses yeux d'un nouveau malheur qu'il n'avoit pas prévu. Tout venoit d'être perdu pour lui, jusqu'à l'espérance ; il avoit vu mourir son fils pour la seconde fois, Paul étoit parti.

M. Despin tomba comme foudroyé sur le lit où il

n'avoit point dormi, et quand un valet de l'auberge lui remit la triste lettre d'adieu de M. de Louvois, il ne fit qu'y jeter un regard sombre et abattu, car il connoissoit déjà son arrêt. Oh! de quelle force a-t-il dû s'armer pour regagner sa maison! Comment s'est-il présenté à sa femme, si impatiente de son retour, et cependant si assurée du résultat de son voyage? Quel récit lui a-t-il fait de ces espérances d'un moment changées en deuil éter-. nel? La religion seule peut expliquer la résignation du cœur dans de si cruelles épreuves! Il y a là des angoisses qui se conçoivent à peine, et qui ne se décrivent pas.

L'histoire que je viens de raconter, sans y ajouter la plus légère circonstance, et sans la relever par des or- nements recherchés qui me la gâteroient à moi-même, peut donner lieu à de graves réflexions. Les philosophes positifs qui nient l'intervention d'un Dieu dans les choses de la terre feront honneur de ces rencontres merveil- leuses à la puissance du hasard, parce que c'est le nom qu'on donne à Dieu quand on a pris le parti désespéré de n'y pas croire. Les chrétiens y verront un symbole plus consolant et plus élevé.

Que peut, en effet, l'intercession la plus puissante pour consoler le veuvage d'un cœur que la mort a, pour ainsi dire, dédoublé (pardonnez-moi cette expression, qui est celle d'un sentiment, et non pas celle d'une ma- nière)? Hélas! elle ne peut que lui rendre des apparences et des formes; car l'âme qui les animoit a déjà un autre séjour, et c'est à celui-là qu'il nous est enseigné d'as- pirer, pour retrouver tout ce que nous avons perdu. Le reste n'est qu'une illusion qui peut tromper un moment les yeux d'un père, mais qui ne trompe pas longtemps sa tendresse. Pour voir recommencer la vie d'un être chéri qui nous a été enlevé, il faut recommencer nous- mêmes à vivre; et cette idée suffiroit pour embellir la mort, si la mort avoit besoin d'être embellie aux regards de quiconque a vécu longtemps. Mais du moins la vie

recommencera-t-elle? Oui, n'en doutez pas, elle recom-
mencera! Il n'y a rien dans cette création qui n'ait ses
harmonies et son complément, si ce n'est le cœur de
l'homme; et le rôle d'un jour qu'il joue sur la terre ne
seroit qu'un mauvais épisode de plus dans un drame mal
fait, si ce drame de dérision et de cruauté se dénouoit par
la mort. Cela n'est pas à redouter, parce que cela est
impossible.

Il est vrai de dire qu'il faudroit avoir été mort pour
pouvoir se former des notions exactes sur cet avenir
mystérieux, et cela n'est pas commun. C'est le cas cependant du fameux Islandois de Bessestedt, qui fut extrait vivant de sa bière après huit jours de mort consta-
tée, et qui vécut dix ans depuis dans la pratique des
bonnes œuvres, mais sans communication immédiate
avec les hommes. Ce sage, nommé ou plutôt surnommé
Lazare Néobius (car la critique n'a pas encore éclairci
ce point curieux d'histoire littéraire), avoit passé tout le
temps pendant lequel il fut retranché du siècle dans le
monde intermédiaire où les bons vont recevoir le commencement de leur récompense, et se disposer, par des
épreuves plus douces que les nôtres, à recevoir dignement une récompense éternelle. Il y avoit retrouvé, avec
un ravissement que l'on croiroit inexprimable s'il n'étoit
parvenu à l'expliquer fort éloquemment, sa famille et
ses amis; et quand il se vit retombé dans les douloureux liens de notre vie de préparation, il s'étoit fait de
son nouvel exil l'idée d'une sainte mission, qui lui étoit
imposée pour réchauffer la tiédeur des fidèles et pour
prémunir les foibles contre l'invasion des fausses doctrines[1]. Tel est l'objet du livre admirable de Lazare

---

[1] Les migrations des vivants dans le monde des morts remontent à la plus
haute antiquité. Nous ne parlons pas des descentes aux enfers, qui se trouvent
dans Homère et dans Virgile, mais seulement des voyages ou des rêves dans
le genre de ceux de Lazare Néobius. La plus ancienne légende de cette espèce
est celle qui se trouve dans Platon et dont le héros est un soldat que le philo-

Néobius, sur lequel je me suis un peu plus étendu qu'il
ne convenoit à mon sujet, parce qu'il est presque inconnu, et si rare d'ailleurs, qu'il n'en existe probablement pas d'autre exemplaire que le mien. Il encourut,
en effet, tout naturellement, une double censure, dès le
moment où il vint à paroître au jour de la publicité :
celle de l'Église, qui ne se crut pas autorisée à recevoir,
sur le témoignage isolé d'un saint homme, un document
supplémentaire à la révélation de l'Évangile; et celle du
pouvoir temporel qui jugeoit, peut-être avec raison,
que la perspective d'un avenir si facile et si doux, en
diminuant l'attrait qui nous attache à notre existence
actuelle, relâcheroit au bénéfice de la vie contemplative
le lien de la vie sociale. Ce danger n'existe plus aujour-
d'hui, ou plutôt l'excès contraire est devenu si effrayant
qu'on ne sauroit trop se hâter d'y porter remède. Si la
société menace de mourir bientôt, ce n'est pas l'expansion d'une sensibilité rêveuse qui la mine et qui la
détruit; ce n'est pas l'intention de pousser au delà de

---

sophe désigne sous le nom d'Er l'Arménien. Er, ayant été tué dans une bataille,
fut trouvé dix jours après parmi les morts dans un état parfait de conservation.
Au moment où on le plaça sur le bûcher des funérailles, il revint à la vie, et
raconta ce qui étoit arrivé à son âme dans les régions mytérieuses du fond desquelles elle étoit revenue. Plutarque, dans son *Traité des délais de la justice
divine*, § 42, raconte une histoire semblable. « Succédant au matérialisme des
théogonies antiques, dit un écrivain enlevé trop jeune aux lettres [1], la poésie
du christianisme, la poésie des temps nouveaux, put bientôt, à la suite du
dogme, s'emparer de ces domaines inoccupés de la mort, et les montrer comme
la future patrie à ceux qui s'oublioient dans la vie présente. » Jusqu'au sixième
siècle, la vision emporta ses élus dans les régions lumineuses du ciel : plus tard,
elle les emporta dans l'enfer pour effrayer par l'idée de damnation. Il y a là, jusqu'à
Dante qui les résume avec toute la grandeur du génie, une suite non interrompue
de véritables épopées extra-terrestres, dans lesquelles le moyen âge a semé à
profusion la terreur et la poésie. Nous renvoyons ceux de nos lecteurs qui
seroient curieux de s'éclairer sur ce sujet au beau travail de M. Labitte.

(*Note de l'Éditeur.*)

---

1. Charles Labitte, *la Divine Comédie avant Dante*, en tête de *la Divine Comédie*, tra-
duction de M. Brizeux, précédée de la Vie nouvelle. *Bibliothèque Charpentier*.

toutes limites sa longévité intellectuelle et morale ; c'est
le déplorable instinct d'un égoïsme étroit, qui l'empri-
sonne dans la matière et qui la force à escompter son
éternité au prix de quelques années stériles que le présent dévore aussi vite qu'il les donne. Il n'y auroit donc
pas d'inconvénient bien sérieux maintenant à livrer aux
âmes tendres et souffrantes ces trésors de consolation et
d'espérance, qui les dédommageroient du malheur de
vivre dans un temps mauvais et dans un monde imparfait. J'y ai même pensé quelquefois, et si j'ai tardé longtemps à le faire, c'est que j'imaginois que l'âge pourroit
prêter un jour plus d'autorité à ma parole. L'idée d'ouvrir enfin ce monde ignoré, mais certain, à l'attention
de mes lecteurs m'occupoit encore au moment où j'ai
commencé à tracer ces dernières pages ; mais des considérations soudaines m'ont retenu...

— Et il me semble, tout réfléchi, que je ferai mieux
d'y aller voir moi-même

LIDIVINE.

En 1800, j'étois dans les prisons d'une ville de province, et je n'y étois pas pour la première fois. La cause
de ces petits malheurs de jeune homme me dispense d'en
rougir.

Je ne parlerai pas du geôlier et de sa femme, honnêtes
et charitables personnes qui m'ont laissé cependant un
bien tendre souvenir; mais je ne saurois me dispenser
de remarquer en passant que ce triste ministère du geôlier est un des plus honorables qu'il y ait au monde,
quand il est exercé avec douceur et humanité.

Madame Henriey étoit infirme et presque toujours
malade; mais elle avoit pour la représenter, dans l'intérieur, une vieille femme de charge qui s'appeloit Lidivine,

> Nom peu connu, même parmi les saints,

et que les pauvres prisonniers nommoient *la divine,*
parce qu'ils croyoient que ce nom hyperbolique étoit
son nom véritable. Il n'y a rien, en effet, qui puisse nous
donner une idée plus distincte de la Divinité que la
charité chrétienne.

Lidivine avoit soixante-dix-huit ans, ce qui ne l'empêchoit pas d'être vive, active, empressée, et toute à tous, comme si elle n'en avoit eu que cinquante. Elle étoit même allègre et joviale, car la première des conditions de l'hygiène c'est une bonne conscience. Il y a une foncière gaieté du cœur qui n'appartient qu'aux bonnes gens. Les esprits occupés de mauvaises pensées deviennent, au contraire, facilement tristes. Il y a bien de quoi.

Quand je pense à Lidivine, je crois toujours la voir avec son petit béguin blanc si propre, son juste noir si leste et si sert', et son cœur d'argent passé à un petit cordon de velours noir aussi, qui avoit un peu rougi. Elle n'osoit porter visiblement la croix qui y avoit été suspendue; cela n'étoit pas encore permis; mais elle la conservoit sans doute entre sa chair et le cilice de laine ou de crin dont elle se couvroit par pénitence, et je n'ai jamais compris que Lidivine eût à faire pénitence de quelque chose. C'étoit peut-être d'avoir été jolie, car sa pâleur saine et sa maigreur robuste ne lui avoient pas fait perdre tous les avantages d'une taille bien prise et d'une figure agréable.

Ce que je raconte ici de Lidivine, c'étoit ce que nous en pensions tous, bons ou méchants. Aussi l'influence de Lidivine sur les esprits les plus âpres et les plus rebelles avoit quelque chose de plus puissant que la force, et qui agissoit sans qu'on sût au juste comment, par une sorte de faveur providentielle. A Lidivine le secret d'affermir les cœurs abattus et de consoler les cœurs désespérés. Quand la rage soulevoit au fond des cachots une de ces émeutes de démons qui se battent avec leurs fers, et qui meurent, sans se rendre, en mordant des baïonnettes sanglantes, on n'y envoyoit plus de soldats. On y envoyoit Lidivine. Un instant après, tout étoit calme.

Dieu n'auroit pas cru faire assez pour la prison dont je vous parle, s'il n'y avoit placé que Lidivine. Elle étoit secondée par son petit-fils dans ce noble et pieux ministère. Pierre étoit un jeune homme de vingt-trois ans, foible de corps, mais infatigable de patience et de courage, qu'aucun soin ne rebutoit pour adoucir nos ennuis et pour secourir nos misères. Je ne vous donnerois qu'une idée imparfaite de sa physionomie résignée et non pas abattue, de son regard bleu, plein de compassion et de tendresse, de sa chevelure blonde, lisse, aplatie et coupée à angles droits, si je ne disois que vous avez pu remarquer des caractères pareils dans le type de nos bons paysans de montagne, ou dans les images des saints, tracées par un peintre naïf.

Pierre n'étoit pas un grand personnage, même en prison. Arrivé là, selon nos conjectures, par la protection de Lidivine, il n'y étoit guère que l'aide et le valet des guichetiers. J'appris tard que c'étoit son titre, et que ce titre, chose étrange, étoit une faveur acquise par sa bonne conduite. J'expliquerai cela tout à l'heure, si la mèche de ma lampe brûle encore.

Quoi qu'il en soit, j'avois été entraîné vers Pierre par cette sympathie d'âge qui rapproche si vite les jeunes gens, surtout quand ils sont malheureux, et par cette sympathie de croyances, le seul lien social que nos discordes politiques n'eussent pas rompu. Quand sa chemis⌐ s'entr'ouvroit dans quelque œuvre de force, à rafraîchir notre grabat en y introduisant une botte de paille neuve, ou à transporter un malade, j'avois vu souvent flotter sur sa poitrine le cordon du scapulaire. Peut-être aussi quelque instinct secret m'avertissoit que le Seigneur nous avoit imposé une vie commune de misère et de dévouement, et que notre bonheur, comme son empire, ne seroit pas de ce monde.

Notre chambrée, n° 6, étoit ordinairement ouverte par Pierre que nous chérissions tous ; et c'étoit un de ces égards auxquels nous reconnoissions la bienveillance de la geôle, car le salut religieux que Pierre nous adressoit chaque matin étoit pour nous comme une bénédiction répandue sur la journée. Une fois, les verrous tournés plus tard et plus rudement, sans égard pour notre sommeil, nous annoncèrent la visite d'un autre guichetier. Celui-ci s'appeloit Nicolas.

Nicolas étoit un bon homme qu'un autre genre de vocation, dont je ne me suis pas informé, avoit engagé au service des prisons, et qui ne s'étoit pas accommodé sans efforts, je le suppose, à l'esprit de son état; mais il y étoit parvenu de manière à faire illusion sur ses sentiments naturels à quiconque ne les auroit pas connus. A force d'exercer les cordes basses de sa voix, le pauvre diable avoit réussi à se donner une parole rauque et menaçante, qu'il savoit rendre plus formidable en fronçant convulsivement des sourcils épais, mais doux, qui ne furent jamais destinés à exprimer la colère. Comme cette complication d'artifice devoit lui coûter beaucoup, il ne répondoit jamais plus brutalement que lorsqu'il avoit le dos tourné. Un jour qu'on le surprit à pleurer sur un homme qui alloit mourir, et qui embrassoit sa femme pour la dernière fois, il se plaignit qu'on lui eût jeté du tabac dans les yeux. J'ai rencontré vingt guichetiers comme Nicolas. Les hommes ne sont jamais si méchants qu'ils en ont l'air.

— Où est Pierre? lui dis-je, en m'asseyant sur mon lit.

— Pierre! Pierre! répondit-il avec aigreur. C'est toujours Pierre qu'on demande; on diroit qu'il n'y a que Pierre ici. Que fait-il pour vous qu'on ne fasse? Pierre vous apporte-t-il autre chose qu'une cruche et du pain? Une cruche, la voilà; du pain, en voilà : si vous avez affaire à Pierre, allez le chercher. Pierre est au cachot.

— Pierre est au cachot? m'écriai-je; c'est une chose impossible. Qu'a-t-il fait?

— Ce qu'il a fait? est-ce que je sais cela, moi, ce qu'il a fait? Est-ce que cela me regarde? Est-ce que je me mêle de ce que font les autres? une porte ouverte trop tôt, une porte fermée trop tard, une lettre remise

secrètement avant d'avoir été lue, une complaisance de
lâche et de fainéant pour vos camarades ou pour vous.
l en est bien capable, le petit bigot !

Je n'ai pas besoin de dire que Nicolas avoit tourné le
los pour prononcer ces grosses paroles.

— C'est infâme ! repris-je en l'interrompant, c'est
horrible ! Si les magistrats le savoient, on réprimeroit
sévèrement un tel abus de pouvoir. Le cachot est une pénalité très-grave ; et nulle pénalité ne peut être infligée
à un homme libre que par l'autorité de la loi. Cette vexa-
tion est indigne à l'égard de Pierre, comme elle seroit
indigne au vôtre. Je vous dis qu'elle crie vengeance !

— Bon ! répliqua Nicolas en me regardant fixement
cette fois. Avez-vous pris, par hasard, votre ami Pierre
pour un homme libre comme moi, qui peux quitter la
maison ce soir en demandant mes gages ? Il est prisonnier comme vous, à cela près que vous passez demain en
justice, et que ces messieurs de là-haut sont parfaitement maîtres de vous renvoyer chez vos parents, si vous
avez de bons témoins ; tandis que Pierre a treize ans à
faire encore, puisqu'il n'en a fait que sept, et treize ans
de galères, vraiment, quand l'idée en viendra au com-
missaire du pouvoir exécutif, qui le retient par faveur,
comme dans un château de plaisance. Je conviens que
cela seroit dur ; mais que voulez-vous ? il n'avoit pas
l'âge pour être guillotiné.

La guillotine, les galères, cet honnête Pierre, cette
admirable Lidivine, toutes les apparences qui m'avoient
frappé, toutes les notions que je venois de recueillir
dans une conversation de deux minutes, se confondoient
tumultueusement dans mon esprit, quand la porte se
referma sur moi. Je ne pouvois plus interroger Nicolas
qui n'auroit probablement pas été d'humeur à me répondre ; mais je croyois l'entendre encore murmurer son
refus à travers l'épaisse muraille, sur un ton plus grave
que celui des verroux : « Est-ce que je sais cela, moi ?

« Est-ce que cela me regarde ? Est-ce que je me mêle de
« ce que font les autres?... »

Je passai en justice, en effet, dès le lendemain, comme
Nicolas me l'avoit annoncé, et je fus acquitté à la majorité de neuf voix sur douze. On ne sera peut-être pas
étonné si j'ajoute naïvement que jamais résultat avantageux d'un scrutin ne m'a été plus agréable.

La première chose qui m'occupa quand je me trouvai
libre, ce fut l'histoire de Lidivine et de Pierre. Un vieux
prêtre, saintement téméraire, s'étoit réfugié dans leur
famille, en 1793, pour porter de là des exhortations et
des espérances à son troupeau de chrétiens sans pasteur
et sans autels. Il fut surpris en officiant, et tendit ses
bras aux fers, comme un martyr des premiers âges de
l'Église. Son petit peuple du hameau le défendit malgré
lui, avec cette ardeur de dévouement que la religion
inspire toujours quand elle est persécutée. Ils étoient
quinze. Treize moururent sur l'échafaud du confesseur,
après avoir reçu sa dernière bénédiction. La grand'-
mère avoit plus de soixante-dix ans, le petit-fils en
avoit moins de seize; et, selon la juste expression du
guichetier, l'un des deux avoit plus d'âge qu'il n'en falloit, l'autre n'avoit pas encore *l'âge pour être guillotiné.* C'est à cause de cela que Lidivine et Pierre étoient
en prison.

Dans ces entrefaites, Bonaparte étoit revenu, Bonaparte, ce géant de la civilisation, qui la rapportoit toute
faite, et qui ne put pas la raffermir sur des bases éternelles, parce que Dieu n'en vouloit plus. La révision de
ces procédures exceptionnelles d'une législation d'an-
thropophages étoit devenue facile. Un grand nombre
d'honnêtes gens s'intéressèrent au sort de Pierre et de
Lidivine. Il n'y a rien de si commun que de trouver des
cœurs tout disposés à la réparation du mal quand il n'y
a plus de péril à l'empêcher. Je ne parlois pas de ces
efforts à mes amis de prison que je voyois souvent, parce

que je savois déjà, par une expérience précoce, que la
moindre révolution de bureau pouvoit les rendre inutiles. Au moment où les pièces qui annuloient leur jugement m'arrivèrent, bien authentiques et bien légalisées,
je volai vers eux, dix fois plus heureux que je n'étois,
en les quittant le jour de mon absolution. Je portois à
Lidivine et à Pierre vingt-six ans de liberté.

Aussi me souvient-il de cette impression comme si
je n'avois ni souffert ni vu souffrir depuis. C'étoit à
quatre heures du soir, par une belle journée de printemps, comme la Franche-Comté en a quelquefois en
avril; mais l'heure n'étoit pas expirée, et les prisonniers
jouissoient encore dans la cour, sous la lumière d'un
plein soleil, bien tiède et bien réjouissant, de ses dernières minutes de récréation. Il y a dans les prisons un
temps et un lieu qui sont assignés à la récréation, c'est
moi qui vous le certifie.

— Vous êtes libres, m'écriai-je en sautant tour à tour
au cou de Pierre et de Lidivine. — J'eus quelque peine
à m'en faire comprendre; mais tout le monde m'avoit
compris, et l'émotion de ces pauvres gens, qui baignoient
de larmes leurs joues et leurs cheveux, expliquoit assez
mes paroles.

Après cela il y eut un grand silence, un silence grave
et triste; car il y a d'autres liens à rompre, dans une
prison qu'on habite depuis sept ans, que ceux de la captivité. Lidivine regardoit ces femmes, ces convalescents,
ces infirmes dont elle avoit été si longtemps la mère,
et qu'elle s'étoit flattée de ramener peu à peu à la religion et à la vertu ; elle s'arrêta enfin devant un vieillard
tout cassé, que la fatigue de l'âge ou l'excès de la joie
avoit comme enchaîné à sa place :

— Eh! Georges! lui dit-elle, qui te portera ton bouillon?

Ensuite elle revint à moi, et, pressant ma main dans
ses deux mains :

— Je suis vraiment libre? dit-elle.

— Oui, Lidivine.

— Je pourrois sortir avec vous maintenant, si je voulois?

— Oui, Lidivine.

— Vous me mèneriez tout maintenant chez l'avocat de mes prisonniers?

— Oui, Lidivine.

— Vous pourriez me montrer la maison du médecin de mes malades?

— Oui, Lidivine; et l'église qui va se rouvrir; car nous vivons sous un gouvernement humain, juste, éclairé, qui sentira la nécessité d'appuyer son pouvoir sur la foi. Dieu est le meilleur des auxiliaires.

— Vous avez raison, mon ami! Oh! si j'étois sûre de n'être pas à charge en prison...

La femme du geôlier l'embrassa et fit un mouvement involontaire pour la retenir.

— Voilà qui est bien, continua-t-elle en souriant, pendant que du revers de la main elle essuyoit ses yeux. Je ne suis pas encore si vieille que je ne puisse honnêtement gagner mon pain chez mes maîtres. Allez vous coucher bravement, vous autres, car voilà quatre heures qui sonnent. Nous nous retrouverons demain. Je ne veux pas sortir d'ici... Où irois-je, d'ailleurs, ajouta Lidivine, pour être plus utile ou plus heureuse? Une maison, un village, une famille, il n'y en a plus pour moi : le cimetière même ne me diroit rien; car mon mari, mes frères et mes enfants n'y sont pas. Vous savez qu'ils sont morts bien loin de là, et qu'on les a mis je ne sais où. Quant à Pierre, c'est autre chose; il est jeune, beau, industrieux, patient, et, par-dessus tout, craignant Dieu. Si le monde est revenu au bien, comme vous dites, mon pauvre Pierre prospérera peut-être. Viens ici, mon enfant, que je te bénisse et que je te dise adieu !

Pierre n'avoit pas encore parlé. Il paroissoit plongé dans une méditation sérieuse et embarrassé de rompre

le silence ; enfin, il se rapprocha de Lidivine, à l'appel
qu'elle venoit de lui faire.

— Jamais, ma mère, dit-il avec fermeté. J'ai pensé
quelquefois à la vocation que je suivrois quand mon
temps seroit fini ; j'aurois voulu être prêtre, mais je
n'ai pas eu le loisir de devenir savant. Au reste, si le
ministère de prêtre est grand, celui de guichetier a des
devoirs que j'aime et auxquels je ne veux pas me soustraire. Nicolas a besoin d'un aide, et il sait maintenant
que ma compassion pour des peines que j'ai ressenties
depuis l'enfance ne m'a jamais détourné de mes obligations. Je vous supplie de me permettre, ma mère, de ne
pas sortir de prison. C'est la vie que le Seigneur m'a
faite, et je n'y renoncerai pas.

Les prisonniers étoient partis. Nicolas n'avoit plus de
motifs pour contraindre l'expression de son excellent
naturel.

— Reste ! reste ! crioit-il à Pierre en pleurant à chau-
des larmes.

— N'est-il pas vrai qu'à ma place vous auriez fait
comme moi ? dit Pierre en se retournant de mon côté.

— Oui, mon ami, si j'en avois eu le courage.

Lidivine et Pierre sont morts au service des prisonniers.

LE BIBLIOMANE.

Vous avez tous connu ce bon Théodore, sur la tombe duquel je viens jeter des fleurs, en priant le ciel que la terre lui soit légère.

Ces deux lambeaux de phrase, qui sont aussi de votre connoissance, vous annoncent assez que je me propose de lui consacrer quelques pages de notice nécrologique ou d'oraison funèbre.

Il y a vingt ans que Théodore s'étoit retiré du monde pour travailler ou pour ne rien faire : lequel des deux, c'étoit un grand secret. Il songeoit, et on ne savoit à quoi il songeoit. Il passoit sa vie au milieu des livres, et ne s'occupoit que de livres, ce qui avoit donné lieu à quelques-uns de penser qu'il composoit un livre qui rendroit tous les livres inutiles; mais ils se trompoient évidemment. Théodore avoit tiré trop bon parti de ses études pour ignorer que ce livre est fait il y a trois cents ans. C'est le treizième chapitre du livre premier de Rabelais.

Théodore ne parloit plus, ne rioit plus, ne jouoit plus,

ne mangeoit plus, n'alloit plus ni au bal, ni à la comédie.
Les femmes qu'il avoit aimées dans sa jeunesse n'attiroient plus ses regards, ou tout au plus il ne les regardoit qu'au pied ; et quand une chaussure élégante de
quelque brillante couleur avoit frappé son attention :
— Hélas ! disoit-il en tirant un gémissement profond de
sa poitrine, voilà bien du maroquin perdu !

Il avoit autrefois sacrifié à la mode : les mémoires du
temps nous apprennent qu'il est le premier qui ait noué
la cravate à gauche, malgré l'autorité de Garat qui la
nouoit à droite, et en dépit du vulgaire qui s'obstine
encore aujourd'hui à la nouer au milieu. Théodore ne
se soucioit plus de la mode. Il n'a eu pendant vingt ans
qu'une dispute avec son tailleur : — Monsieur, lui dit-il
un jour, cet habit est le dernier que je reçois de vous,
si l'on oublie encore une fois de me faire des poches
in-quarto.

La politique, dont les chances ridicules ont créé la
fortune de tant de sots, ne parvint jamais à le distraire
plus d'un moment de ses méditations. Elle le mettoit de
mauvaise humeur, depuis les folles entreprises de Napoléon dans le Nord, qui avoient fait enchérir le cuir de
Russie. Il approuva cependant l'intervention françoise
dans les révolutions d'Espagne. — C'est, dit-il, une
belle occasion pour rapporter de la Péninsule des romans de chevalerie et des *Cancioneros.* — Mais l'armée
expéditionnaire ne s'en avisa nullement, et il en fut piqué. Quand on lui parloit *Trocadero,* il répondoit ironi-
quement *Romancero,* ce qui le fit passer pour libéral.

La mémorable campagne de M. de Bourmont sur les
côtes d'Afrique le transporta de joie. — Grâce au ciel,
dit-il en se frottant les mains, nous aurons les maroquins du Levant à bon marché ; — ce qui le fit passer
pour carliste.

Il se promenoit l'été dernier dans une rue populeuse,
en collationnant un livre. D'honnêtes citoyens, qui sor-

toient du cabaret d'un pied titubant, vinrent le prier, le
couteau sur la gorge, au nom de la liberté des opinions,
de crier : *Vivent les Polonois!* — Je ne demande pas
mieux, répondit Théodore, dont la pensée étoit un cri
éternel en faveur du genre humain, mais pourrois-je
vous demander à quel propos? — Parce que nous dé-
clarons la guerre à la Hollande qui opprime les Polonois, sous prétexte qu'ils n'aiment pas les jésuites, repartit l'ami des lumières, qui étoit un rude géographe
et un intrépide logicien. — Dieu nous pardonne, murmura notre ami, en croisant piteusement les mains.
Serons-nous donc réduits au prétendu papier de Hollande de M. Montgolfier !

L'homme éminemment civilisé lui cassa la jambe d'un
coup de bâton.

Théodore passa trois mois au lit à compulser des ca-
talogues de livres. Disposé comme il l'a toujours été à
prendre les émotions à l'extrême, cette lecture lui en-
flamma le sang.

Dans sa convalescence même son sommeil était horriblement agité. Sa femme le réveilla une nuit au milieu
des angoisses du cauchemar. — Vous arrivez à propos,
lui dit-il en l'embrassant, pour m'empêcher de mourir
d'effroi et de douleur. J'étois entouré de monstres qui ne
m'auroient point fait de quartier.

— Et quels monstres pouvez-vous redouter, mon bon
ami, vous qui n'avez jamais fait de mal à personne?

— C'étoit, s'il m'en souvient, l'ombre de Purgold dont
les funestes ciseaux mordoient d'un pouce et demi sur
les marges de mes aldes brochés, tandis que celle d'Heu-
dier plongeoit impitoyablement dans un acide dévorant
mon plus beau volume d'édition *princeps*, et l'en retiroit
tout blanc; mais j'ai de bonnes raisons de penser qu'ils
sont au moins en purgatoire.

Sa femme crut qu'il parloit grec, car il savoit un peu
le grec, à telles enseignes que trois tablettes de sa biblio-

thèque étoient chargées de livres grecs dont les feuilles n'étoient pas fendues. Aussi ne les ouvroit-il jamais, se contentant de les montrer à ses plus privées connoissances, par le plat et par le dos, mais en indiquant le lieu de l'impression, le nom de l'imprimeur et la date, avec une imperturbable assurance. Les simples en concluoient qu'il étoit sorcier. Je ne le crois pas.

Comme il dépérissoit à vue d'œil, on appela son médecin, qui étoit, par hasard, homme d'esprit et philosophe. Vous le trouverez si vous pouvez. Le docteur reconnut que la congestion cérébrale étoit imminente, et il fit un beau rapport sur cette maladie dans le *Journal des Sciences médicales*, où elle est désignée sous le nom de *monomanie du maroquin*, ou de *typhus des bibliomanes*; mais il n'en fut pas question à l'Académie des sciences, parce qu'elle se trouva en concurrence avec le *choléra-morbus*.

On lui conseilla l'exercice, et comme cette idée lui sourioit, il se mit en route l'autre jour de bonne heure. J'étois trop peu rassuré pour le quitter d'un pas. Nous nous dirigeâmes du côté des quais, et je m'en réjouis, parce que j'imaginai que la vue de la rivière le récréeroit; mais il ne détourna pas ses regards du niveau des parapets. Les parapets étoient aussi lisses d'étalages que s'ils avoient été visités dès le matin par les défenseurs de la presse, qui ont noyé en février la bibliothèque de l'archevêché. Nous fûmes plus heureux au quai aux Fleurs. Il y avoit profusion de bouquins; mais quels bouquins! Tous les ouvrages dont les journaux ont dit du bien depuis un mois, et qui tombent là infailliblement dans la case à cinquante centimes, du bureau de rédaction ou du fonds de libraire. Philosophes, historiens, poëtes, romanciers, auteurs de tous les genres et de tous les formats, pour qui les annonces les plus pompeuses ne sont que les limbes infranchissables de l'immortalité, et qui passent, dédaignés, des tablettes du

magasin aux margelles de la Seine, Léthé profond d'où
ils contemplent, en moisissant, le terme assuré de leur
présomptueux essor. Je déployois là les pages satinées de
mes *in-octavo*, entre cinq ou six de mes amis.

Théodore soupira, mais ce n'étoit pas de voir les œuvres de mon esprit exposées à la pluie, dont les garantit
mal l'officieux balandran de toile cirée.

— Qu'est devenu, dit-il, l'âge d'or des bouquinistes
en plein vent? C'est ici pourtant que mon illustre ami
Barbier avoit colligé tant de trésors, qu'il étoit parvenu
à en composer une bibliographie spéciale de quelques
milliers d'articles. C'est ici que prolongeoient, pendant
des heures entières, leurs doctes et fructueuses promenades, le sage Monmerqué en allant au Palais, et le sage
Laboudcrie en sortant de la métropole. C'est d'ici que
le vénérable Boulard enlevoit tous les jours un mètre
de raretés, toisé à sa canne de mesure, pour lequel ses
six maisons pléthoriques de volumes n'avoient pas de
place en réserve. Oh! qu'il a de fois désiré, en pareille
occasion, le modeste *angulus* d'Horace ou la capsule
élastique de ce pavillon des fées qui auroit couvert au
besoin l'armée de Xercès, et se portoit aussi commodément à la ceinture que la gaîne aux couteaux du grand-
père de Jeannot! Maintenant, quelle pitié! vous n'y
voyez plus que les ineptes rogatons de cette littérature
moderne qui ne sera jamais de la littérature ancienne, et
dont la vie s'évapore en vingt-quatre heures, comme
celle des mouches du fleuve Hypanis : littérature bien
digne en effet de l'encre de charbon et du papier de
bouillie que lui livrent à regret quelques typographes
honteux, presque aussi sots que leurs livres! Et c'est
profaner le nom de livres que de le donner à ces guenilles
barbouillées de noir qui n'ont presque pas changé de
destinée en quittant la hotte aux haillons du chiffonnier!
Les quais ne sont désormais que la Morgue des célébrités
contemporaines!

Il soupira encore, et je soupirai aussi, mais ce n'étoit pas pour la même raison.

J'étois pressé de l'entraîner, car son exaltation qui croissoit à chaque pas sembloit le menacer d'un accès mortel. Il falloit que ce fût un jour néfaste, puisque tout contribuoit à aigrir sa mélancolie.

— Voilà, dit-il en passant, la pompeuse façade de Ladvocat, le Galiot du Pré des lettres abâtardies du dix-neuvième siècle, libraire industrieux et libéral, qui au-roit mérité de naître dans un meilleur âge, mais dont l'activité déplorable a cruellement multiplié les livres nouveaux au préjudice éternel des vieux livres ; fauteur impardonnable à jamais de la papeterie de coton, de l'orthographe ignorante et de la vignette maniérée, tu-teur fatal de la prose académique et de la poésie à la mode ; comme si la France avoit eu de la poésie depuis Ronsard et de la prose depuis Montaigne ! Ce palais de bibliopole est le cheval de Troie qui a porté tous les ra-visseurs du palladium, la boîte de Pandore qui a donné passage à tous les maux de la terre ! J'aime encore le cannibale, et je ferai un chapitre dans son livre, mais je ne le verrai plus !

Voilà, continua-t-il, le magasin aux vertes parois du digne Crozet, le plus aimable de nos jeunes libraires, l'homme de Paris qui distingue le mieux une reliure de Derome l'aîné d'une reliure de Derome le jeune, et la dernière espérance de la dernière génération d'amateurs, si elle s'élève encore au milieu de notre barbarie ; mais je ne jouirai pas aujourd'hui de son entretien dans lequel j'apprends toujours quelque chose ! Il est en Angleterre où il dispute, par juste droit de représailles, à nos avides envahisseurs de Soho-Square et de Fleet-Street les pré-cieux débris des monuments de notre belle langue, ou-bliés depuis deux siècles sur la terre ingrate qui les a produits ! *Macte animo, generose puer !*...

Voilà, reprit-il en revenant sur ses pas, voilà le Pont-

des-Arts, dont l'inutile balcon ne supportera jamais, sur
son garde-fou ridicule de quelques centimètres de lar-
geur, le noble dépôt de l'*in-folio* triséculaire qui a flatté
les yeux de dix générations de l'aspect de sa couverture
en peau de truie et de ses fermoirs de bronze; passage
profondément emblématique, à la vérité, qui conduit
du château à l'Institut par un chemin qui n'est pas
celui de la science. Je ne sais si je me trompe, mais l'invention de cette espèce de pont devoit être pour l'érudit
une révélation flagrante de la décadence des bonnes
lettres.

Voilà, dit toujours Théodore en passant sur la place
du Louvre, la blanche enseigne d'un autre libraire actif
et ingénieux; elle a longtemps fait palpiter mon cœur,
mais je ne l'aperçois plus sans une émotion pénible, depuis que Techener s'est avisé de faire réimprimer avec
les caractères de Tastu, sur un papier éblouissant et sous
un cartonnage coquet, les gothiques merveilles de Jehan
Bonfons de Paris, de Jehan Mareschal de Lyon, et de
Jehan de Chaney d'Avignon, bagatelles introuvables
qu'il a multipliées en délicieuses contrefaçons. Le papier
d'un blanc neigeux me fait horreur, mon ami, et il n'est
rien que je ne lui préfère, si ce n'est ce qu'il devient
quand il a reçu, sous le coup de barre d'un bourreau de
pressier, l'empreinte déplorable des rêveries et des sot-
tises de ce siècle de fer.

Théodore soupiroit de plus belle; il alloit de mal en
pis.

Nous arrivâmes ainsi dans la rue des Bons-Enfants,
au riche bazar littéraire des ventes publiques de Silvestre,
local honoré des savants, où se sont succédé en un quart
de siècle plus d'inappréciables curiosités que n'en ren-
ferma jamais la bibliothèque des Ptolémées, qui n'a peut-
être pas été brûlée par Omar, quoi qu'en disent nos
radoteurs d'historiens. Jamais je n'avois vu étaler tant de
splendides volumes.

— Malheureux ceux qui les vendent! dis-je à Théodore.

— Ils sont morts, répondit-il, ou ils en mourront.

Mais la salle étoit vide. On n'y remarquoit plus que l'infatigable M. Thour, fac-similant avec une patiente exactitude, sur des cartes soigneusement préparées, les titres des ouvrages qui avoient échappé la veille à son investigation quotidienne. Homme heureux entre tous les hommes, qui possède, dans ses cartons, par ordre de matières, l'image fidèle du frontispice de tous les livres connus! C'est en vain, pour celui-là, que toutes les productions de l'imprimerie périront dans la première et prochaine révolution que les progrès de la perfectibilité nous assurent. Il pourra léguer à l'avenir le catalogue complet de la bibliothèque universelle. Il y avoit certainement un tact admirable de prescience à prévoir de si loin le moment où il seroit temps de compiler l'inventaire de la civilisation. Quelques années encore, et on n'en parlera plus.

— Dieu me pardonne! brave Théodore, dit l'honnête M. Silvestre, vous vous êtes trompé d'un jour. C'étoit hier la dernière vacation. Les livres que vous voyez sont vendus et attendent les porteurs.

Théodore chancela et blêmit. Son front prit la teinte d'un maroquin-citron un peu usé. Le coup qui le frappa retentit au fond de mon cœur.

— Voilà qui est bien, dit-il d'un air atterré. Je reconnois mon malheur accoutumé à cette affreuse nouvelle! Mais encore, à qui appartiennent ces perles, ces diamants, ces richesses fantastiques dont la bibliothèque des de Thou et des Grolier se seroit fait gloire?

— Comme à l'ordinaire, monsieur, répliqua M. Silvestre. Ces excellents classiques d'édition originale, ces vieux et parfaits exemplaires autographiés par des érudits célèbres, ces piquantes raretés philologiques dont l'Académie et l'Université n'ont pas entendu parler,

revenoient de droit à sir Richard Heber. C'est la part
du lion anglois auquel nous cédons de bonne grâce le
grec et le latin que nous ne savons plus. — Ces belles
collections d'histoire naturelle, ces chefs-d'œuvre de
méthode et d'iconographie sont au prince de...., dont
les goûts studieux ennoblissent encore, par son emploi,
une noble et immense fortune. — Ces mystères du
moyen âge, ces moralités phénix dont le ménechme
n'existe nulle part, ces curieux essais dramatiques de
nos aïeux vont augmenter la bibliothèque-modèle de
M. de Soleine. — Ces facéties anciennes, si sveltes, si
élégantes, si mignonnes, si bien conservées, composent
le lot de votre aimable et ingénieux ami, M. Aimé-
Martin. — Je n'ai pas besoin de vous dire à qui appartiennent ces maroquins frais et brillants, à triples
filets, à larges dentelles, à fastueux compartiments.
C'est le Shakspeare de la petite propriété, le Corneille
du mélodrame, l'interprète habile et souvent éloquent des passions et des vertus du peuple, qui, après
les avoir un peu déprisés le matin, en a fait le soir
emplette au poids de l'or, non sans gronder entre ses
dents, comme un sanglier blessé à mort, et sans tourner
sur ses compétiteurs son œil tragique ombragé de noirs
sourcils.

Théodore avoit cessé d'écouter. Il venoit de mettre
la main sur un volume d'assez bonne apparence, auquel
il s'étoit empressé d'appliquer son elzéviriomètre, c'est-
à-dire le demi-pied divisé presqu'à l'infini, sur lequel il
régloit le prix, hélas! et le mérite intrinsèque de ses
livres. Il le rapprocha dix fois du livre maudit, vérifia
dix fois l'accablant calcul, murmura quelques mots que
je n'entendis pas, changea de couleur encore une fois, et
défaillit dans mes bras. J'eus beaucoup de peine à le
conduire au premier fiacre venu.

Mes instances pour lui arracher le secret de sa subite
douleur furent longtemps inutiles. Il ne parloit pas. Mes

paroles ne lui parvenoient plus. C'est le typhus, pensai-
je, et le paroxysme du typhus.

Je le pressois dans mes bras. Je continuois à l'interroger. Il parut céder à un mouvement d'expansion. —
Voyez en moi, me dit-il, le plus malheureux des hommes!
Ce volume, c'est le Virgile de 1676, en grand papier, dont
je pensois avoir l'exemplaire géant, et il l'emporte sur le
mien d'un tiers de ligne de hauteur. Des esprits ennemis
ou prévenus pourroient même y trouver la demi-ligne.
Un tiers de ligne, grand Dieu!

Je fus foudroyé. Je compris que le délire le gagnoit.

— Un tiers de ligne! répéta-t-il en menaçant le ciel
d'un poing furieux, comme Ajax ou Capanée.

Je tremblois de tous mes membres.

Il tomba peu à peu dans le plus profond abattement.
Le pauvre homme ne vivoit plus que pour souffrir. Il
reprenoit seulement de temps à autre : — Un tiers de
ligne! en se rongeant les mains. — Et je redisois tout
bas : — Foin des livres et du typhus!

— Tranquillisez-vous, mon ami, soufflois-je tendrement à son oreille, chaque fois que la crise se renouveloit. Un tiers de ligne n'est pas grand'chose dans les
affaires les plus délicates de ce monde!

— Pas grand'chose, s'écrioit-il, un tiers de ligne au
Virgile de 1676! C'est un tiers de ligne qui a augmenté
de cent louis le prix de l'Homère de Nerli chez M. de
Cotte; un tiers de ligne! Ah! compteriez-vous pour rien
un tiers de ligne du poinçon qui vous perce le cœur?

Sa figure se renversa tout à fait, ses bras se roi-
dirent, ses jambes furent saisies d'une crampe aux
ongles de fer. Le typhus gagnoit visiblement les extrémités. Je n'aurois pas voulu être obligé d'allonger
d'un tiers de ligne le court chemin qui nous séparoit de
sa maison.

Nous arrivâmes enfin - Un tiers de ligne! dit-il au
portier.

— Un tiers de ligne! dit-il à la cuisinière qui vint ouvrir.

— Un tiers de ligne! dit-il à sa femme, en la mouillant de ses pleurs.

— Ma perruche s'est envolée! dit sa petite fille qui pleuroit comme lui.

— Pourquoi laissoit-on la cage ouverte? répondit Théodore. — Un tiers de ligne!

— Le peuple se soulève dans le Midi, et à la rue du Cadran, dit la vieille tante qui lisoit le journal du soir.

— De quoi diable se mêle le peuple? répondit Théodore. — Un tiers de ligne!

— Votre ferme de la Beauce a été incendiée, lui dit son domestique en le couchant.

— Il faudra la rebâtir, répondit Théodore, si le domaine en vaut la peine. — Un tiers de ligne!

— Pensez-vous que cela soit sérieux? me dit la nourrice.

— Vous n'avez donc pas lu, ma bonne, le *Journal des Sciences médicales?* Qu'attendez-vous d'aller chercher un prêtre?

Heureusement, le curé entroit au même instant pour venir causer, suivant l'usage, de mille jolies broutilles littéraires et bibliographiques, dont son bréviaire ne l'avoit j'avais complétement distrait, mais il n'y pensa plus quand il eut tâté le pouls de Théodore.

— Hélas! mon enfant, lui dit-il, la vie de l'homme n'est qu'un passage, et le monde lui-même n'est pas affermi sur des fondements éternels. Il doit finir comme tout ce qui a commencé.

— Avez-vous lu, sur ce sujet, répondit Théodore, le Traité *de son origine et de son antiquité?*

— J'ai appris ce que j'en sais dans la Genèse, reprit le espectable pasteur; mais j'ai ouï dire qu'un sophiste du siècle dernier, nommé M. de Mirabeau, a fait un livre à ce sujet.

— *Sub judice lis est*, interrompit brusquement Théodore. J'ai prouvé dans mes *Stromates* que les deux premières parties du *monde* étoient de ce triste pédant de Mirabeau, et la troisième de l'abbé le Mascrier.

— Eh! mon Dieu, reprit la vieille tante en soulevant ses lunettes, qui est-ce donc qui a fait l'Amérique?

— Ce n'est pas de cela qu'il est question, continua l'abbé. Croyez-vous à la Trinité?

— Comment ne croirois-je pas au fameux volume *de Trinitate* de Servet, dit Théodore en se relevant à mi-corps sur son oreiller, puisque j'en ai vu céder, *ipsissimis oculis*, pour la modique somme de deux cent quinze francs, chez M. de Maccarthy, un exemplaire que celui-ci avait payé sept cents livres à la vente de La Vallière?

— Nous n'y sommes pas, exclama l'apôtre un peu déconcerté. Je vous demande, mon fils, ce que vous pensez de la divinité de Jésus-Christ.

— Bien, bien, dit Théodore. Il ne s'agit que de s'entendre. Je soutiendrai envers et contre tous que le *Toldos-jeschu*, où cet ignorant pasquin de Voltaire a puisé tant de sottes fables, dignes des *Mille et une Nuits*, n'est qu'une méchante ineptie rabbinique, indigne de figurer dans la bibliothèque d'un savant!

— A la bonne heure! soupira le digne ecclésiastique.

— A moins qu'on n'en retrouve un jour, continua Théodore, l'exemplaire *in chartâ maximâ* dont il est question, si j'ai bonne mémoire, dans le fatras inédit de David Clément.

Le curé gémit, cette fois, fort intelligiblement, se leva tout ému de sa chaise, et se pencha sur Théodore pour lui faire nettement comprendre, sans ambages et sans équivoques, qu'il étoit atteint au dernier degré du typhus des bibliomanes, dont il est parlé dans le *Journal des Sciences médicales*, et qu'il n'avoit plus à s'occuper d'autre chose que de son salut.

Théodore ne s'étoit retranché de sa vie sous cette impertinente négative des incrédules qui est la science des sots ; mais le cher homme avoit poussé trop loin dans les livres la vaine étude de la lettre, pour prendre le temps de s'attacher l'esprit. En plein état de santé une doctrine lui auroit donné la fièvre, et un dogme le tétanos. Il auroit baissé pavillon en morale théologique devant un saint-simonien. Il se retourna vers la muraille.

Au long temps qu'il passa sans parler, nous l'aurions cru mort, si, en me rapprochant de lui, je ne l'avois entendu sourdement murmurer : « Un tiers de ligne ! Dieu de justice et de bonté ! mais où me rendrez-vous ce tiers de ligne, et jusqu'à quel point votre omnipotence peut-elle réparer la bévue irréparable de ce relieur ? »

Un bibliophile de ses amis arriva un instant après. On lui dit que Théodore étoit agonisant, qu'il déliroit au point de croire que l'abbé le Mascrier avoit fait la troisième partie du monde, et que depuis un quart d'heure il avoit perdu la parole.

— Je vais m'en assurer, répliqua l'amateur.

A quelle faute de pagination reconnoît-on la bonne édition du *César* Elzévir de 1635 ? demanda-t-il à Théodore.

— 153 pour 149.

— Très-bien. Et du *Térence* de la même année ?

— 108 pour 104.

— Diable ! dis-je, les Elzévirs jouoient de malheur cette année-là sur le chiffre. Ils ont bien fait de ne pas la prendre pour imprimer leurs logarithmes !

— A merveille ! continua l'ami de Théodore. Si j'avois voulu écouter ces gens-ci, je t'aurois cru à un doigt de la mort.

— A un tiers de ligne, répondit Théodore dont la voix s'éteignoit par degrés.

— Je connois ton histoire, mais elle n'est rien auprès de la mienne. Imagine-toi que j'ai manqué, il y a huit jours, dans une de ces ventes bâtardes et anonymes dont on n'est averti que par l'affiche de la porte, un Boccace de 1527, aussi magnifique que le tien, avec la reliure en vélin de Venise, les *a* pointus, des témoins partout, et pas un feuillet renouvelé.

Toutes les facultés de Théodore se concentroient dans une seule pensée : — Es-tu bien sûr au moins que les *a* étoient pointus?

— Comme le fer qui arme la hallebarde d'un lancier.

— C'étoit donc, à n'en pas douter, la *vintisettine* elle-même!

— Elle-même. Nous avions ce jour-là un joli dîner, des femmes charmantes, des huîtres vertes, des gens d'esprit, du vin de Champagne. Je suis arrivé trois minutes après l'adjudication.

— Monsieur, cria Théodore furieux, quand la *vintiset-tine* est à vendre, on ne dîne pas!

Ce dernier effort épuisa le reste de vie qui l'animoit encore, et que le mouvement de cette conversation avoit soutenu comme le soufflet qui joue sur une étincelle expirante. Ses lèvres balbutièrent cependant encore : — Un tiers de ligne! mais ce fut sa dernière parole.

Depuis le moment où nous avions renoncé à l'espoir de le conserver, on avoit roulé son lit près de sa bibliothèque, d'où nous descendions un à un chaque volume qui paroissoit appelé par ses yeux, en tenant plus longtemps exposés à sa vue ceux que nous jugions les plus propres à la flatter. Il mourut à minuit, entre un Deseuil et un Padeloup, les deux mains amoureusement pressées sur un Thouvenin.

Le lendemain nous escortâmes son convoi, à la tête d'un nombreux concours de maroquiniers éplorés, et nous fîmes sceller sur sa tombe une pierre chargée de l'inscription suivante, qu'il avoit parodiée pour lui-même de l'épitaphe de Franklin :

CI-GIT

SOUS SA RELIURE DE BOIS,

UN EXEMPLAIRE IN-FOLIO,

DE LA MEILLEURE ÉDITION

DE L'HOMME,

ÉCRITE DANS UNE LANGUE DE L'AGE D'OR.

QUE LE MONDE NE COMPREND PLUS.

C'EST AUJOURD'HUI

UN BOUQUIN

GATÉ,

MACULÉ,

DÉPAREILLÉ,

IMPARFAIT DU FRONTISPICE,

PIQUÉ DES VERS,

ET FORT ENDOMMAGÉ DE POURRITURE.

ON N'OSE ATTENDRE POUR LUI

LES HONNEURS TARDIFS

ET INUTILES

DE LA RÉIMPRESSION.

POLICHINELLE.

———

Polichinelle est un de ces grands personnages tout en dehors de la vie privée, qu'on ne peut juger que par leur extérieur et sur lesquels on se compose, par conséquent, des opinions plus ou moins hasardées, à défaut d'avoir pénétré dans l'intimité de leurs habitudes domestiques. C'est une fatalité attachée à la haute destinée de Polichinelle. Il n'y a point de grandeur humaine qui n'ait ses compensations.

Depuis que je connois Polichinelle, comme tout le monde le connoît, pour l'avoir rencontré souvent sur la voie publique, dans sa maison portative, je n'ai pas passé un jour sans désirer de le connoître mieux; mais ma timidité naturelle, et peut-être aussi quelque difficulté qui se trouve à la chose, m'ont empêché d'y réussir. Mes ambitions ont été si bornées, que je ne me rappelle pas qu'il me soit arrivé, en ce genre, d'autre désappointement, et je n'en connois point de comparable à l'inconsolable douleur que celui-ci me laisseroit au dernier moment, si j'ai le malheur d'y parvenir sans avoir joui d'un entretien familier de Polichinelle, en audience particulière. Que de secrets de l'âme, que de curieuses révélations des mystères du génie et de la sensibilité, que d'observations d'une vraie et profonde philosophie il y auroit à recueillir dans la conversation de Polichinelle, si Polichinelle le vouloit! Mais Polichinelle ressemble à tous les grands hommes de toutes les époques; il est quinteux, fantasque, ombrageux; Polichinelle est foncièrement mélancolique. Une expérience amère de la perversité de l'espèce, qui l'a d'abord rendu hostile envers ses semblables et qui s'est convertie depuis en dédaigneuse et insultante ironie, l'a détourné de se commettre aux relations triviales de la société. Il ne consent à communiquer avec elle que du haut de sa case oblongue, et il se joue des vaines curiosités de la foule, qui le poursuivroit, sans le trouver, derrière le pan de vieux tapis dont il se couvre quand il lui plaît. Les philosophes ont vu bien des choses, mais je ne crois pas qu'il y ait un seul philosophe qui ait vu l'envers du tapis de Polichinelle. C'est qu'au milieu de cette multitude qui afflue au bruit de sa voix, Polichinelle s'est fait la solitude du sage et reste étranger aux sympathies qu'il excite de toutes parts, lui dont le cœur, éteint par l'expérience ou par le malheur, ne sympathise plus avec personne, si ce n'est peut-être avec son compère dont je parlerai une autre fois. Je suis trop occupé maintenant de Polichinelle pour m'arrêter aux accessoires. Un épisode ingénieux peut tenir sa place dans les histoires ordinaires, mais l'épisode seroit oiseux, l'épisode seroit inconvenant, j'ose dire qu'il seroit profane dans l'histoire de Polichinelle.

On appréciera, je l'espère, à sa valeur mon grand travail sur Polichinelle (si je le conduis jamais à fin), par un seul fait qui est heureusement bien connu et que je rapporte sans vain orgueil comme sans fausse modestie. Bayle adoroit Polichinelle. Bayle passoit les plus belles heures de sa laborieuse vie, debout, devant la maison de Polichinelle, les yeux fixés par le plaisir sur les yeux de Polichinelle, la bouche entr'ouverte par un doux sourire

aux lazzis de Polichinelle, l'air badaud et les mains dans
ses poches, comme le reste des spectateurs de Polichinelle. C'étoit Pierre Bayle que vous connoissez, Bayle
l'avocat général des philosophes et le prince des critiques, Bayle qui a fait la biographie de tout le monde en
quatre énormes in-folio; et Pierre Bayle n'a pas osé faire
la biographie de Polichinelle! Je ne cherche pas toutefois dans ce rapprochement des motifs de m'enorgueillir,
comme un sot écrivain amoureux de ses ouvrages. La civilisation marchoit, mais elle n'étoit pas arrivée; c'est la
faute de la civilisation, ce n'est pas la faute de Bayle. Il
falloit à Polichinelle un siècle digne de lui; si ce n'est
pas celui-ci, j'y renonce.

L'ignorance où nous sommes des faits intimes de la
vie de Polichinelle étoit une des conditions nécessaires
de sa suprématie sociale. Polichinelle, qui sait tout, a
réfléchi depuis longtemps sur l'instabilité de notre foi
politique et sur celle de nos religions. C'est sans doute
lui qui a suggéré à Byron l'idée qu'un système de croyances ne duroit guère plus de deux mille ans, et Polichinelle n'est pas homme à s'accommoder de deux mille
ans de popularité, comme un législateur ou comme un
sectaire. Polichinelle, qui a pour devise l'*Odi profanum
vulgus*, a senti que les positions solennelles exigeoient
une grande réserve, et qu'elles perdoient progressive-
ment de leur autorité en s'abaissant à des rapports trop
vulgaires. Polichinelle a pensé comme Pascal, si ce n'est
Pascal qui l'a pensé comme Polichinelle, que le côté
foible des plus hautes célébrités de l'histoire, c'est qu'elles touchoient à la terre par les pieds, et c'est de là que
proviennent en effet ces immenses vicissitudes qui ont
fait dire à Mahomet :

> Mon empire est détruit si l'homme est reconnu !

Polichinelle, logicien comme il l'est toujours, n'a jamais touché à la terre par les pieds. Il ne montre pas

ses pieds. Ce n'est que sur la foi de la tradition et des monuments qu'on peut assurer qu'il a des sabots. Vous ne verrez Polichinelle ni dans les cafés ou les salons comme un grand homme ordinaire, ni à l'Opéra comme un souverain apprivoisé qui vient complaisamment, une fois par semaine, faire constater à la multitude son identité matérielle d'homme. Polichinelle entend mieux le *décorum* d'un pouvoir qui ne vit que par l'opinion. Il se tient sagement à son entresol au-dessus de toutes les têtes du peuple, et personne ne voudroit le voir à une autre place, tant celle-là est bien assortie à la commodité publique, et heureusement exposée à l'action des rayons visuels du spectateur. Polichinelle n'aspire point à occuper superbement le faîte d'une colonne, il sait trop comment on en tombe ; mais Polichinelle ne descendra de sa vie au rez-de-chaussée, comme Pierre de Provence, parce qu'il sait aussi que Polichinelle sur le pavé seroit à peine quelque chose de plus qu'un homme ; il ne seroit qu'une marionnette. Cette leçon de la philosophie de Polichinelle est si grave qu'on a vu des empires s'écrouler pour l'avoir laissée en oubli, et qu'on ne connoît aujourd'hui de systèmes politiques bien établis que ceux dans lesquels elle a passé en dogme, celui de l'empereur de la Chine, celui du grand Lama, et celui de Polichinelle.

Aussi est-il des sophistes (et il n'en manque pas dans ce temps de paradoxes) qui vous soutiendront hardiment que Polichinelle se perpétue de siècle en siècle, à la ressemblance du grand Lama, sous des formes toujours semblables, dans des individus toujours nouveaux, comme si la nature prodigue pouvoit incessamment fournir à la reproduction de Polichinelle ! Il y a près d'un demi-siècle, à mon grand regret, que je vois Polichinelle. Pendant tout ce temps-là, je n'ai guère vu que Polichinelle ; je n'ai guère médité que sur Polichinelle, et je le déclare dans la sincérité de ma conscience, non loin du moment où je rendrai compte à Dieu de mes opinions philologiques et des autres, je suis encore à concevoir comment le monde pourroit en contenir deux.

Le secret de Polichinelle, qu'on cherche depuis si longtemps, consiste à se cacher à propos sous un rideau qui ne doit être soulevé que par son compère, comme celui d'Isis; à se couvrir d'un voile qui ne s'ouvre que devant ses prêtres; et il y a plus de rapport qu'on ne pense entre les compères d'Isis et le grand-prêtre de Polichinelle. Sa puissance est dans son mystère, comme celle de ces talismans qui perdent toute leur vertu quand on en livre le mot. Polichinelle, palpable aux sens de l'homme comme Apollonius de Tyane, comme Saint-Simon, comme Débureau, n'auroit peut-être été qu'un philosophe, un funambule ou un prophète. Polichinelle idéal et fantastique occupe le point culminant de la société moderne. Il y brille au zénith de la civilisation, ou plutôt l'expression actuelle de la civilisation perfectionnée est tout entière dans Polichinelle; et si elle n'y étoit pas, je voudrois bien savoir où elle est.

Pour exercer à ce point l'incalculable influence qui s'attache au nom de Polichinelle, il ne suffisoit pas de réunir le génie presque créateur des Hermès et des Orphée, l'aventureuse témérité d'Alexandre, la force de volonté de Napoléon, et l'universalité de M. Jacotot. Il falloit être *doué*, dans le sens que la féerie attribue à ce mot, c'est-à-dire pourvu d'une multitude de facultés de choix propres à composer une de ces individualités toutes-puissantes qui n'ont qu'à se montrer pour subjuguer les nations. Il falloit avoir reçu de la nature le galbe heureux et riant qui entraîne tous les cœurs, l'accent qui parvient à l'âme, le geste qui lie, et le regard qui fascine. Je n'ai pas besoin de dire que tout cela se trouve en Polichinelle. On l'auroit reconnu sans que je l'eusse nommé.

Je vous ai déjà dit que Polichinelle étoit éternel, ou plutôt j'ai eu l'honneur de vous le rappeler en passant, l'éternité de Polichinelle étant, grâce à Dieu, de toutes les questions dogmatiques celle qui a été le moins contestée, à ma connoissance. J'ai lu du moins tous les livres de polémique religieuse que l'on a écrits depuis que l'on prend la peine d'en écrire, et je n'y ai trouvé de ma vie un seul mot qui pût mettre en doute l'indubitable éternité de Polichinelle, qui est attestée par la tradition monumentale, par la tradition écrite, et par la tradition verbale. — Pour la première, son masque a été retrouvé, saisissant de ressemblance, dans les fouilles de l'Égypte. On sait s'il est possible de se tromper sur la ressemblance du masque de Polichinelle! et on m'assure que l'authenticité de ce portrait est au moins aussi bien démontrée que celle du testament autographe de Sésostris qu'on a dernièrement retrouvé aussi quelque part, à la grande satisfaction des gens de goût qui ne pouvoient plus se passer du testament de Sésostris. Pour la tradition écrite elle ne remonte pas tout à fait si haut, mais nous savons que Polichinelle existoit identiquement et nominativement à l'époque de la création de l'Académie, qui partage avec Polichinelle le privilége de l'immortalité, par lettres-patentes du roi. Il est vrai que Polichinelle ne fut pas de l'Académie, et qu'elle en parle même en termes un peu légers dans son *Dictionnaire*, mais cela s'explique naturellement par le sentiment d'aigreur que jettent des concurrences de gloire entre deux grandes notabilités. — Pour la tradition orale enfin, vous ne rencontrerez nulle part d'hommes assez vieux pour avoir vu Polichinelle plus jeune qu'il n'est aujourd'hui, et qui ait entendu parler à son bisaïeul d'un autre Polichinelle. — On a retrouvé le berceau de Jupiter dans l'île de Crète ; on n'a jamais retrouvé le berceau de Polichinelle. « L'âge adulte est l'âge des dieux, » dit Hésiode qui ne devoit pas croire au berceau de Jupiter. L'âge adulte est l'âge aussi de Polichinelle, et je n'entends pas tirer de là une conséquence rigoureuse qui risqueroit fort d'être une impiété. J'en conclus seulement qu'il a été donné à Polichinelle de fixer ce présent fugitif qui nous échappe toujours. Nous vieillissons incessamment, tous tant que nous sommes, autour de Polichinelle qui ne vieillit pas. Les dynasties passent; les royaumes tombent, les pairies, plus vivaces que les royaumes, s'en vont; les journaux, qui ont détruit tout cela, s'en iront faute d'abonnés. Que dis-je! les nations s'effacent de la terre; les religions descendent et disparoissent dans l'abîme du passé après les religions qui ont disparu; l'Opéra-Comique a déjà fermé deux fois, et Polichinelle ne ferme point! Polichinelle fustige toujours le même enfant; Polichinelle bat toujours la même femme; Polichinelle assommera demain soir le Barigel qu'il assommoit ce matin, ce qui ne justifie en aucune manière le soupçon de cruauté que des historiens, ignorants ou prévenus, font peser mal à propos sur Polichinelle. Ses innocentes rigueurs ne se déploient que sur des acteurs de bois, car tous les acteurs du théâtre de Polichinelle sont de bois. Il n'y a que Polichinelle qui soit vivant.

Polichinelle est invulnérable; et l'invulnérabilité des héros de l'Arioste est moins prouvée que celle de Polichinelle. Je ne sais si son talon est resté caché dans la main de sa mère quand elle le plongea dans le Styx, mais qu'importe à Polichinelle dont on n'a jamais vu les talons? Ce qu'il y a de certain, et ce que tout le monde peut vérifier à l'instant même sur la place du Châtelet, si ces louables études occupent encore quelques bons esprits, c'est que Polichinelle, roué de coups par les sbires, assassiné par les *bravi*, pendu par le bourreau et emporté par le diable, reparoît infailliblement, un quart d'heure après, dans sa cage dramatique, aussi frisque, aussi vert et aussi galant que jamais, ne rêvant qu'a-

mourettes clandestines et qu'espiégleries grivoises. *Polichinelle est mort, vive Polichinelle!* C'est ce phénomène qui a donné l'idée de la légitimité. Montesquieu
l'auroit dit s'il l'avoit su. On ne peut pas tout savoir.

Je poursuis. Polichinelle éternel et invulnérable,
comme on voudroit l'être quand on ne sait pas ce que
vaut la vie, Polichinelle a le don des langues, qui n'a
été donné que trois fois : la première fois aux apôtres, la
seconde fois à la Société Asiatique, et la troisième fois à
Polichinelle. Parcourez la terre habitée, si vous en avez le
temps et le moyen; allez aussi loin de Paris qu'il vous
sera possible, et je vous le souhaite, en vérité, du plus
profond de mon cœur. Cherchez Polichinelle, et que
chercheriez-vous? Je vous mets au défi de suspendre
votre hamac dans un coin du globe où Polichinelle ne
soit pas arrivé avant vous.

Polichinelle est cosmopolite. Ce que vous preniez d'a-
bord pour la hutte du sauvage, c'est la maison de Polichinelle sous ses portières de coutil flottant (et vous
savez si elle s'annonce de loin par le cercle joyeux qui
l'entoure!). Polichinelle encore endormi, sa tête sur un
bras et son bras sur la barre de sa tribune en plein vent,
comme l'Aurore de La Fontaine, ne se sera pas réveillé
au brusque appel de son compère, ou au retentissement
de l'airain monnoyé qui sonne harmonieusement sur
les pavés, que vous allez le voir tressaillir, sursaillir,
bondir, danser, et que vous l'entendrez s'exprimer allé-
grement, comme un naturel, dans l'idiome du pays.
Moi, voyageur nomade à travers toutes les régions de
l'ancien monde, je n'ai pas fait vingt lieues sans retrouver Polichinelle, sans le retrouver naturalisé par les
mœurs et par la parole, et si je ne l'avois pas retrouvé,
je serois revenu; j'aurois dit comme les compagnons de
Regnard :

Hic tandem stetimus nobis ubi defuit orbis.

Les colonnes d'Hercule de la civilisation des modernes! c'est la loge de Polichinelle.

Ce n'est pas tout : Polichinelle possède la véritable pierre philosophale, ou, ce qui est plus commode encore dans la manipulation, l'infaillible denier du juif errant. Polichinelle n'a pas besoin de traîner à sa suite un long cortége de financiers, et de mander, à travers les royaumes, ses courtiers en estafettes et ses banquiers en ambassadeurs. Polichinelle exerce une puissance d'attraction qui agit sur les menus métaux comme la parole d'un ministre sur le vote d'un fonctionnaire public, puissance avouée, réciproque, solidaire, synallagmatique, amiable, désarmée de réquisitions, de sommations, d'exécutions et des moyens coërcitifs, à laquelle les contribuables se soumettent d'eux-mêmes et sans réclamer, ce qui ne s'est jamais vu dans aucun autre budget, depuis que le système représentatif est en vigueur, et ce qui ne se verra peut-être jamais, car la concorde des payeurs et des payés est encore plus rare que celle des frères. Il n'y a si mince prolétaire qui n'ait pris plaisir à s'inscrire, au moins une fois en sa vie, parmi les contribuables spontanés de Polichinelle. L'ex-capitaliste ruiné par une banqueroute, le solliciteur désappointé, le savant dépensionné, le pauvre qui n'a ni feu ni lieu, philososophe, artiste ou poëte, garde un sou de luxe dans sa réserve pour la liste civile de Polichinelle. Aussi voyez comme elle pleut, sans être demandée, sur les humbles parvis de son palais de bois! C'est que les nations tributaires n'ont jamais été unanimes qu'une fois sur la légalité du pouvoir, et c'étoit en faveur de Polichinelle; mais Polichinelle étoit l'expression d'une haute pensée, d'une puissante nécessité sociale, et tout homme d'État qui ne comprendra pas ce mystère, je le prouverai quand on voudra, est indigne de presser la noble main du compère de Polichinelle.

L'incomparable ministre dont j'ai eu l'honneur d'être

le secrétaire particulier, dans le temps où les ministres répondoient encore aux lettres qui leur étoient écrites, se plaignant un jour de mes inexactitudes régulières, j'essayai de m'excuser comme un écolier, par le plaisir que j'avois pris à m'arrêter quelque temps devant la loge de Polichinelle. « A la bonne heure, me dit-il en « souriant, mais comment se fait-il que je ne vous y aie « pas rencontré?...» Mot sublime qui révèle une immense portée d'études et de vues politiques. Malheureusement il ne conserva le portefeuille que cinquante-trois heures et demie, et je ne le plaignis point, parce que je connoissois la force et la stoïcité de son esprit. Polichinelle venoit de s'arrêter par hasard devant l'hôtel du ministère; Polichinelle insouciant et libre, en sa qualité de Polichinelle, du caprice et de la mauvaise humeur des rois. Le ministre disgracié s'arrêta, par un de ces échanges de procédés qui signalent les bonnes éducations, devant la loge de Polichinelle. Polichinelle chantoit toujours; le ministre se remit à l'écouter avec autant de joie que s'il n'avoit jamais été ministre, et vous l'y trouverez peut-être encore; mais vous verrez, hélas! qu'on n'ira pas le chercher là.

Les notabilités n'y manquent pas devant la loge de Polichinelle! Tout le monde y passe à son tour! Peu sont dignes de s'y fixer. L'oisif hébété la laisse en dédain ; le flâneur, impatient de nouvelles émotions, la salue tout au plus d'un regard de connoissance ; le pédant, pétrifié dans sa sotte science, la cligne en rougissant d'un coup d'œil honteux. Vous n'y craindrez pas le contact effronté de la grossière populace aux goûts blasés et abrutis, écume de l'émeute et de l'orgie, qui se roule, sale cohue, autour des monstres du carrefour, des disputes gymniques des cabarets et des échafauds du Palais; elle a vu des enfants sans têtes et des enfants à deux têtes; elle a vu des têtes coupées : elle ne se soucie plus de Polichinelle.

La clientèle ordinaire de Polichinelle est beaucoup mieux composée. C'est l'étudiant, fraîchement émoulu de sa province, qui rêve encore les douceurs de sa famille et les adieux de sa mère. Hâtez-vous de goûter sur son visage frais et riant l'expansion de son dernier bonheur ; demain il sera classique, romantique ou saint-simonien : il sera perdu ! — C'est le jeune député, patriote de conviction, honnête homme d'instinct, qui brave l'appel nominal pour venir méditer un moment avec Polichinelle sur les institutions rationnelles de la société. Loué soit Dieu qui l'a mis dans la bonne voie ! La tribune de Polichinelle lui apprendra plus de vérités en un quart d'heure que l'autre ne peut lui en désapprendre dans une session. — C'est le pair déshérité qui descend de son cabriolet, devenu plus modeste, pour se former au mépris des grandeurs humaines par l'exemple de Polichinelle. Homme heureux entre tous les hommes ! il a perdu la pairie, mais il a gagné la sagesse. — C'est l'érudit cassé de travail que Polichinelle délasse et reverdit, ou le philosophe épuisé de spéculations inutiles qui vient, en désespoir de cause, humilier ses doctrines trompées aux pieds invisibles de Polichinelle. — Et c'est encore mieux que tout cela !

Voilà, voilà Polichinelle, le grand, le vrai, l'unique Polichinelle ! Il ne paroît pas encore, et vous le voyez déjà ! Vous le reconnoissez à son rire fantastique, inextinguible comme celui des dieux. Il ne paroît pas encore ; mais il susurre, il siffle, il bourdonne, il babille, il crie, il parle de cette voix qui n'est pas une voix d'homme, de cet accent qui n'est pas pris dans les organes de l'homme, et qui annonce quelque chose de supérieur à l'homme, Polichinelle, par exemple. Il s'élance en riant : il tombe, il se relève, il se promène, il gambade, il saute, il se débat, il gesticule, et retombe démantibulé contre un châssis qui résonne de sa chute. Ce n'est rien ; c'est tout, c'est Polichinelle ! Les sourds l'entendent et rient ;

les aveugles rient et le voient ; et toutes les pensées de
la multitude enivrée se confondent en un cri : C'est lui !
c'est lui ! c'est Polichinelle !

Alors... Oh! c'est un spectacle enchanteur que celui-ci!... Alors les petits enfants, qui se tenoient immobiles d'un curieux effroi entre les bras de leurs bonnes,
la vue fixée avec inquiétude sur le théâtre vide, s'émeu-
vent et s'agitent tout à coup, agrandissent encore leurs
beaux yeux ronds pour mieux voir, s'approchent, se
disputent la première place. — Ils s'en disputeront bien
d'autres quand ils seront grands ! — Le flot de l'avant-
scène roule à sa surface de petits bonnets, de petits cha-
peaux, de petits schakos, des toques, des casquettes, des
bourrelets, de jolis bras blancs qui se contrarient, de jolies mains blanches qui se repoussent, et tout cela, vous
savez pourquoi? pour saisir, pour avoir Polichinelle vivant! Je le comprends à merveille ; mais moi, pauvres
enfants, moi qui ai grisonné là, derrière vos pères, il y
a quarante ans que je l'attends !...

Au second rang cependant se pressent les bonnes et
les nourrices, épanouies, vermeilles, joyeuses comme
d'autres enfants, sous le bonnet pointu et sous le bonnet
rond, sous la cornette aux bandes flottantes et sous le
madras en turban ; les bonnes de la haute société surtout, aux manières de femmes de chambre, au cou penché, à l'épaule dédaigneuse, au geste rond, au regard
oblique et acéré que darde, entre de longs cils, une
prunelle violette, et qui promet tout ce qu'il refuse. Je
ne sais pas si cela est changé, mais je me souviens qu'elles
étoient charmantes.

C'est ici que devroit commencer logiquement l'histoire de Polichinelle ; mais ces prémisses philosophiques
m'ont entraîné à des considérations si profondes sur les
besoins moraux de notre malheureuse société, que l'attendrissement m'a gagné au premier chapitre de l'histoire de Polichinelle. L'histoire de Polichinelle, c'est,

hélas! l'histoire entière de l'homme avec tout ce qu'il
a d'aveugles croyances, d'aveugles passions, d'aveugles
folies et d'aveugles joies. Le cœur se brise sur l'histoire
de Polichinelle : *sunt lacrymæ rerum!*

J'ai promis cependant l'histoire de Polichinelle. Eh!
mon Dieu! je la ferai un jour, et je ferai plus que cela;
car c'est décidément le seul livre qui reste à faire; et si
je ne le faisois pas, je vous conseille en ami de la demander à deux hommes qui la connoissent mieux que
moi : — Cruyshank et Charlet.

M. DE LA METTRIE [1].

———

« Quoique le soleil touche à la fin de son cours, il n'est pas encore jour chez Nyctale ; gardez-vous de le réveiller. Son sommeil a probablement été retardé par les croassements d'un oiseau de mauvais augure ou par les hurlements d'un chien perdu. Les songes qui lui sont survenus depuis sortoient tous de la porte d'ivoire, et il attend encore ceux du matin, qui ne manquent jamais d'apporter d'utiles enseignements pour la conduite de la vie. N'espérez pas l'entraîner d'ailleurs dans quelque divertissement, car c'est aujourd'hui vendredi, un jour fâcheux, un jour contraire et néfaste, *nigro notanda lapillo*. Mais voilà Nyctale qui vous suit tout pensif, quoiqu'il ait chaussé son premier escarpin du pied gauche,

---

[1] On sait qu'il y a deux personnages de ce nom, l'un Jean-Claude de La Métherie, l'autre Julien-Offray de La Mettrie ; on les a confondus quelquefois, quoique leurs noms s'écrivent différemment. Le premier, Jean-Claude de La Métherie, physicien et naturaliste, est né à la Clayette, petite ville du Mâconnais, en 1743 ; il est mort en 1817. Le second, Julien-Offray de La Mettrie, médecin, littérateur et philosophe dans la mauvaise acception du mot, est né à Saint-Malo en 1709, et mort en 1751. C'est de lui dont il est question dans le morceau qu'on va lire. *(Note de l'Éditeur.)*

et qu'il vienne de buter, en sortant, contre le seuil de sa
porte. Vous avez pour le maîtriser quelque pierre cons-
tellée ou quelque talisman sympathique, puisque vous
le décidez à prendre part à votre banquet dans cette
maison, qui est la seule du quartier où les hirondelles
n'aient pas fait leur nid dans les travées des fenêtres et
entre les solives du plafond. Tout à coup cependant son
visage se rembrunit. Ne s'est-il pas assis par mégarde en
face du méchant miroir de Bohême qu'un lourdaud de
valet rompit l'autre jour; ou bien auroit-il trouvé son
couvert d'argenterie en croix à côté d'une salière renversée? Je me trompe : il est occupé d'un soin vraiment
sérieux, il compte les convives un à un; et maintenant
que vous le voyez pâlir et trembler, il vient de s'assurer
pour la troisième fois qu'ils étoient treize. A compter de
ce moment il n'y a plus de repos pour Nyctale. Les mets
les plus délicats se changent en poison sous sa main
comme au festin des harpies, et il ne cherche qu'un prétexte pour sortir, quand la couronne de lumignons brûlants qui fait pencher les mèches négligées l'avertit heureusement qu'il doit recevoir aujourd'hui à son logis
une visite ou un message. Il s'esquive subtilement, sans
que personne ait pu deviner la cause de sa tristesse et de
son impatience. Nyctale est homme de bien, de savoir et
de bon conseil, dont les honnêtes gens font état, qui
s'est montré propre aux affaires, et qui se porte avec prudence et fermeté dans l'occasion, mais Nyctale est superstitieux. »

Je disois l'autre jour, en m'appuyant d'une expression
de Montaigne, qu'on ne rabattroit jamais assez l'oreille
des hommes du nom de la superstition, pour les forcer
à comprendre qu'ils sont absurdes dans les acceptions
qu'ils attachent aux mots, insensés dans le jugement
qu'ils portent des idées, et plus présomptueux encore
qu'ignorants. C'est cette fantaisie qui m'avoit décidé à
charger d'un long commentaire l'épopée classique dont

je viens de vous donner connoissance, et que vous seriez bien fondés à regarder comme la plus mauvaise de notre grand peintre de caractères, si je vous la donnois pour autre chose que pour un détestable pastiche.

Mais, tout réfléchi, j'aime mieux vous raconter ce que me disoit à ce sujet mon vieil et respectable ami Jacques Mauduyt, un soir de vendémiaire an VIII, que nous dînions ensemble chez Legacque, dans un cabinet particulier, car il avoit la bonté d'aimer à s'entendre causer devant moi, quoique je ne fusse alors qu'un jeune écolier très-novice en philosophie; et comme j'étois fort avide de science, j'y prenois de mon côté un singulier plaisir.

Or, si vous avez oublié M. Jacques Mauduyt, ce qui pourroit bien être arrivé au train que vont les réputations, je me félicite de pouvoir vous apprendre que c'étoit un homme studieux, savant, modeste, parfait d'esprit et de mœurs, qui avoit concouru tout jeune, sans sortir d'une sage et méritoire obscurité, aux travaux de l'académie de Berlin, où il fut le confrère et l'élève de Voltaire, de Maupertuis, de Formey[1], du marquis d'Argens, du roi de Prusse, d'une foule de gens de lettres plus ou moins célèbres dont les principaux sont ici classés par ordre de talents, et qu'il exerçoit, à l'époque dont il est actuellement question, les honorables fonctions de président d'une école centrale, dans laquelle je me formois, sans le savoir, à grossoyer des feuilles, bonnes ou mauvaises, pour la *Revue de Paris*, quand je ne serois plus d'âge à commencer l'apprentissage d'un métier plus utile et plus sûr.

Un jour donc qu'il me donnoit à dîner chez le Loin-

---

[1] Formey (Jean-Henri-Samuel), d'une famille originaire de Vitry en Champagne, ministre de l'Évang'le, rédacteur du journal de Berlin, auteur d'un grand nombre d'ouvrages historiques, philosophiques et académiques, doyen de l'Académie des sciences et belles-lettres de Berlin, né dans cette ville le 31 mai 1711, mort le 8 mars 1797.

tier du directoire, sur la terrasse des Tuileries : — Voici qui mérite attention, me dit-il quand il fut arrivé au troisième ou quatrième chapitre de la carte. J'écoutois de toutes mes oreilles, parce que c'étoit le moment où il avoit coutume de développer devant moi toutes les richesses de son érudition et de sa mémoire.

— Manges-tu du pigeon rôti? — reprit-il en consultant ma pensée d'un regard scrutateur.

Je ne sais quel effet auroit produit sur vous une pareille question; ce qu'il y a de certain, c'est qu'elle fut pour moi l'objet d'une de ces opérations de l'esprit qui s'exécutent spontanément, mais d'une manière très-logique, dans l'intelligence, et qui la tiennent comme suspendue un moment sur un nouvel abîme qu'elle vient de découvrir dans le monde moral.

Non, je ne mange pas du pigeon rôti.

Pourquoi ne mangerois-je pas du pigeon rôti?

Je ne me souviens pas d'avoir mangé du pigeon rôti.

Quel mal y a-t-il à manger du pigeon rôti, si on en servoit maintenant?

De cet enchaînement de pensées je ne livrai à M. Mauduyt que la solution matérielle du problème. Je restai indécis sur les motifs déterminants de ma réponse, ou plutôt je n'essayai pas même de les débrouiller.

— Non, monsieur, répondis-je à M. Mauduyt en rougissant un peu, je ne mange pas de pigeon.

— Alors, continua-t-il avec une intention marquée de m'embarrasser, nous pourrons nous faire servir, si cela te convient mieux, un salmis d'hirondelles ou une brochette de moineaux.

— Eh! qui s'est jamais avisé, m'écriai-je, de manger des moineaux à la brochette et des hirondelles en salmis?

— Ce n'est pas l'usage, continua M. Mauduyt, quoique la chair de ces petits animaux soit fine, délicate, exquise et d'une facile digestion. Mais tu ne m'as pas dit si

cette répugnance te vient du défaut d'habitude, ou si elle
est systématique.

Puis il se retourna du côté du garçon qui nous servoit, et lui demanda, sans m'interroger davantage, la
moitié d'une poularde au cresson.

— C'est ce que j'ignore entièrement, repartis-je, car
je n'y ai jamais réfléchi. Ce n'est peut-être qu'un caprice.

— Voilà ce qui te trompe, dit-il. Le caprice est une
explication bonne pour les esprits paresseux qui ne prennent pas la peine de chercher en eux-mêmes une explication plus rationnelle de leurs choix et de leurs réso-
lutions. L'arbitre de l'homme ne s'arrête jamais à un
dessein sans y être porté par quelque mouvement qui lui
est propre et qui résulte, ou de son instinct naturel, ou
de l'instinct auxiliaire que lui a fait son éducation, ou de
l'empire d'un raisonnement occulte qui s'est développé
en lui à son insu, mais dont il retrouveroit, en s'étudiant
soigneusement, les principes et les corollaires.

— Cela est probable, répondis-je tout haut ; — mais,
ajoutai-je en moi-même, voilà bien de la philosophie à
propos de l'usage de manger du pigeon !

— Cela est si probable que cela est sûr. Le pigeon,
l'hirondelle et le moineau sont les hôtes volontaires de la
maison de l'homme. On croiroit que la nature les a produits tout exprès pour entretenir dans sa pensée le souvenir de son premier état, et pour ne pas lui laisser
perdre de vue ses anciens rapports avec le reste du
monde créé. Ils ne sont pas ses vassaux par droit de conquête ; seulement ils aiment à vivre dans les bâtiments
qu'il a édifiés, et y accourent à l'envi comme s'ils étoient
faits pour eux. Ils l'enchantent des grâces variées de leur
vol, de leurs chants et de leurs couleurs, car le pigeon
plane avec élégance et avec noblesse, il roucoule tendrement, il déploie au soleil les richesses de sa robe nuée de
mille reflets, il reproduit tous les jours sous nos yeux ces

miracles d'amour et d'inconsolable constance dont les
poëtes sont obligés de lui emprunter le modèle. L'hirondelle, au vêtement plus sévère, comme il convient à une
exilée, file, s'égare et disparoit dans l'air. Elle va au loin
pour nous préparer à la perdre; elle vient de loin pour
nous consoler par l'idée de la revoir. Elle ne sait que su-
surrer et se plaindre, et son murmure inquiet ressemble
à des pleurs, parce qu'elle a le soin d'une famille. Tu
sais de quels enseignements elle est chargée pour nous :
elle annonce la pluie, elle annonce le beau temps, elle
annonce le deuil de l'année, elle annonce le retour de la
bonne saison ; elle porte sur ses ailes noires le calendrier
du laboureur. C'est elle qui apprit à nos pères l'art de
l'architecture rustique ; c'est elle qui apprend à nos filles
les sollicitudes et les joies de la maternité. Le moineau,
habillé comme un simple paysan pauvre, mais robuste, de
bonne humeur, et tout dispos pour une fête, le moineau,
vif, indiscret, curieux, pétulant et bouffon, vole, sautille,
bondit au milieu de nos troupeaux et de nos enfants. Il
babille, il jargonne, il siffle, il porte partout la gaieté.
Libre habitant du toit domestique, où il paye sa bienve-
nue en plaisirs, on lui doit tout ce qu'il dérobe, on lui
donne tout ce qu'il demande, et il le sait si bien qu'il ne
manque jamais, quand la neige couvre la terre où dor-
ment les semences que nous lui avons confiées, de venir
frapper du bec, avec un air résolu, à la vitre de la salle
à manger, pour réclamer les miettes du festin. En vérité,
n'imagines-tu pas que le premier homme qui fit servir
sur sa table le pigeon de ses tourelles, l'hirondelle de ses
corniches et le moineau de ses murailles, viola outrageusement les saintes lois de l'hospitalité [1] ?

---

[1] Nodier, tout en devenant un des maîtres de la littérature, un des causeurs
les plus aimés, les plus éblouissants de la société parisienne, garda toujours
un sentiment très-vif de la vie simple de ses premières années, une sympathie
profonde pour la nature et ses merveilleuses créations. Les plantes et les animaux étoient pour lui des amis véritables, et, comme on le voit par la page

— Je sais maintenant, lui répondis-je, pourquoi je ne mange point de pigeons, d'hirondelles ni de moineaux ; et je tiens que c'est un crime qui prend place tout de suite après celui de l'anthropophage !...

— Il en est de cette idée comme de presque toutes celles que la pratique des honnêtes gens t'a inculquées depuis l'enfance, et dont tu n'as pas encore développé le sens mystérieux dans ta petite cervelle, car je doute qu'il se soit accrédité parmi les peuples quelque prétendu mensonge qui ne soit pas fondé sur une vérité morale fort essentielle. Aurois-tu entendu parler par hasard de M. de La Mettrie ?

— Il n'est personne qui n'ait entendu parler de M. de La Mettrie. C'étoit l'athée à titre d'office du roi de Prusse, précisément comme Bébé étoit le nain du roi de Pologne.

— Athée en toutes choses, reprit M. Mauduyt : médecin qui ne croyoit pas à la médecine ; moraliste qui ne croyoit pas à la vertu ; psychologiste qui ne croyoit pas à l'âme ; courtisan qui ne croyoit pas à la royauté. Je l'ai vu entrer plus d'une fois, par une chaude journée de

---

ci-dessus et par d'autres encore, nombreuses dans ses œuvres, il en parle toujours avec un charme infini. Cet homme aimable, qui concilioit avec un grand fonds de malice une bienveillance inépuisable, et qui réhabilitoit avec tant de passion et de curiosité les poëtes inconnus, s'étoit aussi constitué le défenseur des animaux méprisés. M. Alexandre Dumas a donné à ce sujet de très-piquants détails dans des feuilletons épisodiques des *Mille et un fantômes*, feuilletons intitulés *l'Arsenal* et insérés dans le *Constitutionnel* des 23, 24, 25 et 26 septembre 1849. « Toute injustice, dit M. Dumas, toute oppression révoltoit Nodier, et selon lui on étoit injuste envers le crapaud. Le crapaud étoit bon ami ; Nodier l'avoit prouvé par l'association du crapaud et de l'araignée, et à la rigueur il le prouvoit deux fois en racontant une autre histoire de crapaud et de lézard, non moins fantastique que la première. Le crapaud étoit donc non-seulement bon ami, mais encore bon père et bon époux. En accouchant lui-même sa femme, le crapaud avoit donné aux maris les premières leçons d'amour conjugal : en enveloppant les œufs de sa famille autour de ses pattes de derrière, ou en les portant sur son dos, le crapaud avoit donné aux chefs de famille la première leçon de paternité. » etc.   *Note de l'Éditeur).*

l'été, dans le cabinet de Frédéric, se laisser tomber sur
un canapé après un petit salut assez brusque, camper ses
pieds poudreux sur un tabouret, jeter sa perruque sur
un fauteuil, se débarrasser de sa cravate, et s'éventer
sans façon de son mouchoir de poche, pendant que le
despote philosophe rioit à part et entre ses dents de ses
sottes incartades. C'est que l'athée du roi se trompoit un
peu sur ses véritables attributions à Potsdam. Les temps
étoient changés, et non pas les choses, depuis Brusquet
et Langeli. La Mettrie se croyoit l'égal de son maître, et
il n'en étoit que le fou [1].

— Tout fou qu'il étoit, il entroit, je pense, quelque secrète combinaison dans son extravagance. La Mettrie
avoit du bon ; je le connoissois fort peu, mais je préférois
de beaucoup son entretien au verbiage diffus du direc-
teur général de l'académie et à l'expansion cynique du
vieux Formey, l'étourdi le plus fécond en *spropositi* que
j'aie entendu de ma vie. L'originalité vraie ou fausse de
La Mettrie étoit du moins féconde en aperçus piquants
et nouveaux, en paradoxes ingénieux qu'il savoit énoncer
d'une manière saisissante, et qui, après avoir fait sourire la raison, lui laissoient toujours à penser. Il avoit le
bonheur de se convaincre de ses idées en les développant ;
et comme il n'étoit pas dénué d'une certaine verve d'ima-

---

[1] Ce que Nodier dit ici de La Mettrie concorde parfaitement avec les renseignements fournis par les biographes et l'opinion des contemporains. « Quand
La Mettrie entroit chez Frédéric, il se jetoit et se couchoit sur les canapés, est-il
dit dans les *Souvenirs de Berlin*, t. V, page 405 ; quand il faisoit chaud, il
ôtoit son col, déboutonnoit sa veste et jetoit sa perruque par terre. » Quoique le
roi de Prusse ait composé l'*Éloge de La Mettrie*, ce philosophe, qui s'étoit
compromis aux yeux mêmes de son parti par son livre de l'*Homme machine*,
a été jugé très-sévèrement par Voltaire, d'Argens et Diderot. « Sa tête, dit ce
dernier, est si troublée et ses idées sont à tel point décousues que dans la même
page une assertion sensée est heurtée par une assertion folle, et une assertion
folle par une assertion sensée. » La Mettrie, qui avoit composé des *Lettres sur
l'art de conserver la santé et de prolonger la vie*, mourut, dit Voltaire, pour
avoir mangé par vanité un pâté de faisans aux truffes.

(Note de l'Éditeur.)

gination, il s'élevoit souvent jusqu'à l'éloquence quand il étoit contredit. La bizarrerie est un fâcheux travers de l'esprit; mais les hommes bizarres, et tu auras plus d'une occasion de t'en apercevoir, ont un immense avantage dans la conversation sur les hommes simplement sensés. Ils n'ennuient presque jamais. — Dans je ne sais quelle occasion où nous devions rejoindre le roi à quelques journées de Berlin, je proposai à La Mettrie de partir avec moi le lendemain à frais communs.

— C'est demain vendredi, répondit-il, et je ne me mets pas en route le vendredi. Pour samedi je suis des vôtres.

Je le regardai fixement pour m'assurer qu'il ne plaisantoit pas. Il étoit fort sérieux.

Nous partimes le samedi. Le hasard avoit réuni à la couchée deux ou trois voitures suivant la cour. Je m'étois arrangé pour souper à table d'hôte.

— C'étoit aussi mon intention, me dit La Mettrie; mais je viens de vérifier que ces messieurs seroient onze, nous ferions treize à nous deux, et nous souperons chez nous, s'il ne vous convient mieux que je soupe seul, car je suis bien décidé à ne pas m'asseoir à une table de treize couverts, quand il me sera possible de faire autrement[1].

Je souris et je fis servir dans ma chambre. Il la parcourut d'un coup d'œil à la clarté des flambeaux qui nous précédoient.

---

[1] D'après le feuilleton que nous avons cité dans une note précédente, Nodier auroit eu aussi ses superstitions. M Dumas, après avoir parlé des réceptions de l'Arsenal, ajoute : « Une fois admis à cette charmante intimité de la maison, on alloit dîner chez Nodier à son plaisir: il y avoit toujours deux ou trois couverts en attendant les convives de hasard. Si les trois couverts étoient insuffisants, on en ajoutoit un quatrième, un cinquième, un sixième; s'il falloit allonger la table, on l'allongeoit. Mais malheur à celui qui arrivoit le treizième! celui-là dînoit impitoyablement à une petite table, à moins qu'un quatorzième ne vînt le relever de sa pénitence... Dans ces dîners charmants, tous les accidents, excepté le renversement du sel, excepté un pain posé à l'envers, étoient pris du côté philosophique. » *(Note de l'Éditeur.)*

— Une araignée! s'écria-t-il en tirant sa montre d'un air soucieux. —Bon, bon, reprit-il aussitôt, le soleil n'est pas tout à fait couché.

Il prit ensuite sa place, après avoir rétabli soigneusement le parallélisme symétrique de sa fourchette et de son couteau, qui étoient tombés en croix, l'un sur l'autre, de la main du domestique. — Nous restâmes longtemps sans rien dire. Je ne pouvois voir dans les circonstances qui m'avoient frappé que le caprice d'un esprit singulier ou l'ironie trop prolongée d'un esprit supérieur qui se joue des folles erreurs du vulgaire, en les exagérant à dessein; mais, comme j'avois à cœur de m'éclaircir de ce doute, je rompis enfin le silence :

— Pourrois-je vous demander sans indiscrétion, mon cher confrère, dis-je à La Mettrie, pourquoi vous ne vous mettez jamais en route le vendredi, si toutefois ce que vous m'en avez dit l'autre jour est autre chose qu'un prétexte en l'air ou qu'un malin persiflage?

— Il n'y a rien de plus vrai, répondit La Mettrie, et je vous en dirai volontiers la raison. Je ne ferai pas valoir l'autorité des vieilles traditions de tous les pays sur la fatalité des jours : elle est universelle, elle est probable, elle s'appuie sur des exemples tellement multipliés qu'ils lui donnent presque la certitude de l'histoire. Mais vous savez que je n'admets, en matière de raisonnement, que ce qui repose sur des faits sensibles. Je ne vous demanderai pas s'il est des jours de votre vie dont vous voyez revenir l'anniversaire avec douleur, au bout d'un quart de siècle que vous avez déjà vécu; mais s'il en étoit autrement, vous ne seriez pas homme, ou vous ne seriez pas digne de l'être. Il faut seulement que vous admettiez que ce sentiment naturel à l'individu n'est pas moins naturel à l'espèce, et qu'il y a des anniversaires calamiteux dans l'histoire des nations comme dans celle de l'homme. Eh bien, avez-vous réfléchi quelquefois sur ce qui s'est passé aux yeux de la terre, il a plus de dix-sept

siècles, dans le petit pays de Judée, et dont l'impression
s'est perpétuée jusqu'à nous, surtout chez les classes
naïves de la société, à travers une soixantaine de générations? Si vous l'avez oublié, je vous dirai ce que c'étoit.
Il y avoit un homme alors, un pauvre et digne homme,
un ouvrier nazaréen, qui avoit lu avec fruit dans son
enfance, qui avoit voyagé pour s'instruire et pour cacher
sa vie, qui avoit pénétré le secret moral de tous les
mythes des religions surannées et qui revenoit après
vingt ans dans le pays de ses pères à la tête d'une douzaine de sages aussi misérables que lui, proclamer le
premier la vérité en face de toutes les tyrannies et de
toutes les religions de l'ancien monde. Ce n'étoit pas une
petite affaire, car on n'a jamais révélé aux esclaves qu'ils
étoient les égaux de leurs maîtres, sans leur donner l'envie de s'en faire des esclaves; mais il enveloppoit ses
leçons d'une morale si conciliante et si douce que les
plus superbes et les plus irrités se laissoient façonner,
en dépit d'eux-mêmes, à l'indulgence de sa pensée. Il ne
fut tiré qu'une épée dans son histoire, et il l'a maudite.
Les riches de la terre se soulevèrent contre lui, l'aveugle
populace le chargea d'ignominies, les prêtres le firent
fouetter de verges, et il se trouva, comme cela se trouve
toujours, un traître pour le vendre et des juges pour le
condamner. On le pendit un vendredi entre deux voleurs,
auxquels il adressoit en mourant des paroles d'amour et
de charité, de la bouche qui venoit de pardonner à ses
bourreaux. Ce fut un grand malheur pour le genre humain, qui ne méritoit d'ailleurs ni une telle loi ni une
telle victime, mais dont il auroit avancé les affaires de
plus de deux mille ans s'il avoit vécu âge d'homme,
comme sa bonne constitution et ses bonnes mœurs sembloient le lui promettre. On refera bien des révolutions
avec ses principes, mais j'ai peur qu'on n'en fasse plus
avec ses sentiments, et c'est ce qui imprimera aux révolutions à venir une tache indélébile de scandale et de fré-

nésie. Vous reconnoissez l'homme dont je vous parle, et vous savez que je ne crois pas sa divinité plus légitime que celle d'aucun des innombrables dieux d'Alexandre Sévère ; mais ce n'est pas ma faute ; et quand nous ferons un dieu à la majorité, comme un académicien de Berlin, sous le bon plaisir du roi de Prusse, il faudra bien se garder d'en prendre un autre que le charpentier de Béthléem.

— Vendredi ! continua La Mettrie avec exaltation, vendredi jamais exécrable, où le généreux patron de l'humanité souffrante a rendu son dernier soupir dans l'opprobre et dans les tortures ! Vendredi fatal, où le soleil auroit dû réellement se voiler de ténèbres, comme le racontent les historiens ecclésiastiques, s'il avoit été autre chose qu'un soleil, c'est-à-dire une masse inorganique, insensible aux douleurs de notre matière organique et sensible ! Vendredi ! qu'il faudroit effacer du nombre des jours, suivant l'expression de Job, sauf à doubler un autre jour de la semaine, s'il y en avoit un qui fût pur de crimes ! Oh ! qu'il meure éternellement le vendredi où le juste est mort, emportant avec lui dans son suaire toutes les vertus de l'espèce et toutes ses libertés !— Ne pensez-vous pas d'ailleurs, mon ami, que ce soit assez de la conviction amère et profonde de cent millions de familles qui gémissent tous les vendredis sur la mort du Christ, depuis Berlin jusqu'au Japon, pour exciter dans une âme d'homme quelque triste sympathie ? Vous n'oseriez sourire dans la famille affligée où la petite fille pleure la perte de sa poupée, et la grand'-maman la mort de son sapajou, et vous seriez sans compassion pour les regrets de cette famille immense qui pleuroit hier sur la mort d'un Dieu ! Quant à moi, pour prendre part aux angoisses de tant d'âmes navrées, je n'examine pas si elles sont fondées en raison, mais si elles sont vives et sincères, et voilà pourquoi je n'entreprends rien le vendredi.

J'écoutois émerveillé cette déclamation de La Mettrie,

dont je n'ai pas retranché un mot, parce que je voulois, avant tout, te donner une idée des formes habituelles de sa logique et de son élocution, pour t'épargner la peine de lire les ouvrages inutiles ou dangereux qu'il a laissés, et dont le moindre défaut est d'être écrits sans goût, sans critique et sans conviction. Je tâcherai d'être plus laconique dans le reste de mon récit.

— C'est sans doute la même idée, lui dis-je, qui vous fait répugner à voir l'image de la croix figurée par une fourchette et un couteau? Ces deux superstitions, — passez-moi le mot, — se touchent du moins de fort près dans l'imagination du peuple.

— La même idée et d'autres encore, repartit **La Mettrie**. Image d'un supplice parricide que la populace de Jérusalem a fait subir au plus sage et au plus doux des philosophes; image plus vivante et plus commune d'un supplice moderne, horrible dans sa cruauté quand il est infligé au coupable, et pour lequel l'indignation n'a pas assez d'anathèmes quand il frappe l'innocent, comment voudriez-vous que cette croix odieuse n'attristât pas pour moi l'appareil du repas où deux amis viennent échanger leurs pensées, et goûter le plaisir d'être ensemble? Si je fuis la croix au théâtre sanglant de nos exécutions homicides, pourquoi me condamnerois-je à la retrouver dans l'intimité du souper? Ce n'est pas tout. Cette figure hideuse est choquante pour un œil amoureux de l'ordre, qui se complaît au repos d'une image régulière, et qu'offusque et révolte la confusion des lignes superposées. Il faut que cet instinct nous soit bien naturel, puisque Pythagore en a fait une des bases de sa philosophie ; et c'est pourquoi toutes les théogonies s'accordent à voir l'emblème de la Divinité dans le triangle parfait, depuis les bergers astronomes jusqu'aux théologiens scolastiques, depuis le *delta* des Grecs jusqu'à la trinité de Tertullien et de Bossuet. Notre goût universel pour les équilatères et pour les parallèles est d'ailleurs le principe fondamental des beaux-arts, et l'homme qui ne le comprendroit pas seroit inférieur à l'abeille même, si invariable dans la construction uniforme de son pentagone. Oui, je conçois qu'un génie chagrin, que cette anarchie linéaire et cette violation du parallélisme affligent trop amèrement, soit réputé superstitieux ; mais je soutiens qu'une organisation que ne remue pas un peu ce barbarisme de laquais n'a rien au-dessus de la brute.

— Avec cette facilité d'émotions et de souvenirs, mon cher philosophe, il ne vous sera pas malaisé de m'expliquer votre antipathie pour le nombre treize, que le peuple, avec son expression pittoresque et figurée, appelle le *point de Judas?*

— Il vous fait horreur comme à moi, et j'en rends grâce à votre raison. N'est-il pas pénible de se rappeler, dans une société de treize hommes composée par le hasard, que, dans un nombre pareil de frères choisis par le juge le plus intelligent du cœur humain qui ait jamais existé, il se trouva un bandit capable de livrer aux bourreaux son bienfaiteur, qu'il regardoit comme son Dieu? Quel sentiment doit s'éveiller en vous alors, à la vue de vos convives? Le moins qu'on puisse se demander, c'est lequel seroit, au besoin, délateur et assassin? Ce nombre se soustrait d'ailleurs à toutes les idées d'ordre, car il exprime le premier des chiffres extra-numéraux du calcul duodécimal, dont le type est emprunté, comme vous le savez, aux douze *lignes* des phalanges de nos quatre doigts, qui sont représentées à leur nombre concret par le cinquième doigt ou par le *pouce*. Or, ces chiffres hétéroclites répugnent à notre esprit de méthode et d'harmonie, comme les lignes qui se détournent de la perpendiculaire. Mais ce n'est pas tout que cela. Les calculs de la probabilité de la vie nous ont prouvé que sur treize hommes de différents âges qui s'égayent autour d'une table, la nature en doit un tous les ans à la mort, sauf le bonheur de la chance. Dans un nombre plus grand,

ce sentiment s'atténue, il se perd dans la multitude ; il
y a ici tout le rigorisme d'une proposition arithmétique
et toute l'exigence d'un problème qui attend sa solution.
Le cadavre est assis au banquet, comme aux fêtes des
Égyptiens. Qu'un tyran qui pousse un million d'hommes
à la conquête de la Grèce réfléchisse douloureusement
sur le destin qu'aura subi avant un siècle cette brillante
génération de soldats, vous le comprenez : et vous voulez
que je me réjouisse à la table ronde où j'échange entre
mes camarades de vie et d'habitudes un toast d'espérance et de plaisir, que dans un an je ne rendrai plus à
tous, ou qui ne me sera plus porté par personne !

— Ma foi, docteur, lui dis-je, ce n'est pas moi qui
serai si exigeant maintenant. Je passe condamnation sur
tout ; mais je parierois cent contre un que vous n'aurez
pas aussi bon marché de moi sur l'apparition d'une araignée après le soleil couché. J'avoue qu'une araignée est
un animal fort désagréable à voir ; mais je suis un grand
sot si l'heure y fait quelque chose.

— Attendez, répondit La Mettrie en riant ; ne faisons
pas si légèrement les honneurs de notre esprit, et surtout ne pariez pas, car vous pourriez perdre. Le peuple
est l'élève du temps passé, et la superstition en est la
philosophie ; ils sont plus savants que vous et moi sur ces
matières. — Vous n'ignorez pas que la nombreuse nation
des araignées se distribue en différents corps d'arts et
métiers, voués à des industries diverses, mais également
hostiles, et parmi lesquels on distingue des filandières,
qui saisissent leur proie dans des réseaux comme l'oise-
leur, et des chasseresses, qui la poursuivent partout où
elle peut se trouver, comme le chien courant ; celles-ci
exécutent leurs évolutions dans la maison du pauvre à
la piste des insectes nocturnes, et leur rencontre clan-
destine, aux heures de l'absence du soleil, n'a rien d'a-
larmant pour l'observateur. Il en est autrement de celles
qui tendent leurs filets, pendant le jour, aux mouches

des appartements et aux myriades de petits volatiles qui dansent dans un rayon du midi. On ne les voit s'éloigner du trou qu'elles habitoient que lorsqu'elles y sont fatiguées par l'obsession de la chambrière dont le balai a brisé plus d'une fois leur tissu industrieux, et cette transmigration s'opère bientôt après, quand il leur reste encore le temps de suspendre ailleurs la trame où leur gibier vient se prendre. L'araignée que j'ai remarquée en entrant, et que vous trouveriez maintenant à la même place, car la lumière artificielle de l'homme fascine presque tous les animaux, appartient à cette habile tribu d'araignées stationnaires qui veillent patiemment au-dessus de leur piége, comme un bourgeois de campagne aux gluaux de sa pipée ou un braconnier à son affût; et je n'ai pas été étonné, en y réfléchissant un peu, qu'elle courût contre son usage, à la manière des Bédouins, sur ces murailles où elle n'a rien à faire, notre installation dans votre chambre ayant dû être précédée de quelque mesure de propreté tardive et paresseuse, assez inaccoutumée dans ces taudis. Quand le soleil est couché, le vagabondage de cette voyageuse dépaysée n'a plus de signification naturelle. Ce n'est plus l'heure du travail ni celle du guet. Il indique alors quelque perturbation inconnue dans son étroit domicile. Vous ne coucheriez pas volontiers dans une vieille maison d'où les rats s'enfuient par légions, parce que vous savez que ce phénomène a toujours annoncé la chute prochaine du bâtiment. Je ne vous expliquerai point les circonstances toutes matérielles qui les en avertissent, et qui se présentent d'elles-mêmes à votre esprit. N'en est-il pas de même de l'araignée?...

— De l'araignée, plus intelligente encore et plus irritable, dis-je en l'interrompant; de l'araignée, si sensible aux moindres ébranlements qu'à la vibration d'un instrument ou d'une voix qui fait frémir sa toile, elle se précipite, ou plutôt se laisse tomber au centre où con-

vergent tous ses rayons, ce qui lui a valu assez ridi-
culement, selon moi, la réputation de musicienne.
Je conçois aisément que, dans la case étroite dont les
parois la pressent de toutes parts, elle soit prévenue
longtemps avant l'homme de l'accident qui menace sa
demeure.

— Puisque vous prenez à votre compte cette superstition du peuple en la développant, reprit La Mettrie, je
n'ai plus besoin de la justifier. Je me contenterai d'a-
jouter qu'il n'est pas bien prouvé que la prescience de
l'araignée se borne à lui annoncer l'accident dont nous
parlions. Nous n'avons pas compté tous les sens et tous
les instincts secrets qu'elle peut avoir acquis, selon sa
nature, pour la conservation de son espèce. Exposée,
dans les interstices de la cloison ou sous le chaume des
masures, aux dangers de toute espèce qui assiégent incessamment les habitations précaires des pauvres gens,
qui nous dit qu'elle n'est pas avisée par quelque organe
inconnu des lents progrès d'un incendie qui se cache encore, comme les oiseaux de marine ou comme nos amies
les hirondelles, de la tempête qui dort dans une nue, à
peine visible, au milieu d'un pur horizon?

— Il faudroit ignorer les mystères les plus communs
de l'organisation des animaux, répondis-je à La Mettrie,
pour nier cette possibilité, qui a même à mes yeux tous
les caractères de la vraisemblance; mais puisque nous
voilà aux hirondelles, dont je ne conteste pas l'infaillible
prévoyance, attestée déjà par Virgile, m'expliquerez-
vous aussi aisément le ridicule préjugé populaire qui leur
attribue une heureuse influence sur le bonheur intérieur
des maisons où elles daignent bâtir leurs nids [1]?

---

[1] La vie de ces oiseaux étoit respectée par les anciens, qui, pour les protéger
plus efficacement, avoient supposé que, lorsqu'on les maltraitoit, elles faisoient
perdre le lait des vaches en leur piquant les mamelles. Les peuples du Nord
regardent aussi comme un très-grand mal de les tuer.

Les familles des hirondelles se prêtent mutuellement du secours entre elles,

— Beaucoup plus aisément, me dit le philosophe ; et vous m'épargneriez cette explication, si vous aviez pris la peine de la chercher un instant vous-même. Heureuse, mille fois heureuse la maison aux nids d'hirondelles ! Elle est placée, entre toutes les autres, sous les auspices de cette douce sécurité dont les âmes pieuses croient avoir obligation à la Providence. Et en effet, sans chercher dans l'hirondelle un instinct merveilleux de prophétie que les poëtes lui accordent un peu trop libéralement, n'est-il pas permis de supposer du moins qu'elle n'est point privée de l'instinct commun à tant d'autres espèces, qui leur fait deviner le séjour le plus assuré d'une famille en espérance ? Ne craignez pas qu'elle se loge sous la paille inflammable d'un toit champêtre ou sous les fragiles soliveaux d'une baraque nomade ! Elle a si grand'peur des mutations qui bouleversent nos domiciles d'un jour, qu'on la voit se fixer de préférence aux édifices abandonnés dont nous sommes fatigués de remuer les ruines, et que n'inquiète plus le mouvement d'une population turbulente. Les hommes n'y sont plus, dit-elle, et elle construit paisiblement sa demeure au lieu qui a déjà vu passer plus d'une génération sans s'émouvoir de leurs ébranlements. Si elle redescend aux villes et aux campagnes, elle ne se fixe qu'à la maison paisible où nul bruit ne troublera sa petite colonie, et à l'abri de laquelle la hutte solide qu'elle s'est si soigneusement pratiquée peut subsister assez long-

---

et Dupont de Nemours cite, page 188 de ses mémoires sur divers sujets, un trait assez remarquable dont il a été témoin à Paris.

Une hirondelle de fenêtre s'étoit pris la patte dans le nœud coulant d'une ficelle dont l'autre bout tenoit à une gouttière du collége des Quatre-Nations. A ses cris, toutes les hirondelles du vaste bassin entre les Tuileries et le Pont-Neuf se réunirent, et elles parvinrent, en donnant successivement un coup de bec sur la ficelle, à la couper et à mettre la captive en liberté.

Dictionnaire des sciences naturelles, Paris, Levrault, in-8, t. XXI, p. 206.

(*Note de l'Éditeur.*)

temps pour lui épargner l'année prochaine de nouveaux
labeurs. Si vous l'avez observée, notre hirondelle se pré-
vient volontiers en faveur des figures bienveillantes;
elle se fie, comme une étrangère de lointain pays, aux
procédés de bon accueil; elle aime qu'on ne la dérange
pas, et s'abandonne à qui l'aime. Je ne suis pas sûr que
sa présence promette le bonheur pour l'avenir, mais
elle me le démontre intelligiblement dans le présent.
Aussi je n'ai jamais vu la maison aux nids d'hirondelles
sans me sentir favorablement prévenu en faveur de ses
habitants. Il n'y a là, j'en suis sûr, ni les orgies tumul-
tueuses de la débauche, ni le fracas des querelles domestiques. Les valets n'y sont pas cruels; les enfants n'y
sont pas impitoyables; vous y trouvez quelque sage
vieillard ou quelque tendre jeune fille qui protége le nid
de l'hirondelle, et j'irois, un million sur la main, y cacher ma tête proscrite, sans souci du lendemain. Les
gens qui ne chassent pas l'oiseau importun et sa couvée
babillarde sont essentiellement bons, et les bons sont
heureux de tout le bonheur qu'on peut goûter sur la
terre.

— Vous vous appropriez de si bonne foi, et avec de si
bonnes raisons, toutes ces croyances du vulgaire, que je
serois étonné de vous trouver des objections contre la
superstition la plus universelle du genre humain. Cependant, je n'ai surpris en vous qu'un sourire de pitié et un
léger haussement d'épaule, quand le garçon de l'auberge
a renversé tout à l'heure la salière sur la table. Voilà au
moins un préjugé dont votre philosophie ne daigne pas
absoudre le peuple?

— Un préjugé! s'écria La Mettrie, un préjugé! répéta-t-il en insistant énergiquement sur le mot. Savez-
vous, mon ami, ce que c'est qu'un préjugé? C'est, ainsi
que l'indique son nom, une chose qui étoit jugée avant
nous, un principe consacré par l'aveu unanime des nations, et contre lequel il ne reste d'arguments que dans

la tête d'un rêveur étourdi et suffisant qui se croit appelé à casser, sans nouvel appel, les arrêts de l'expérience. Vous ne vous êtes pas trompé sur le mouvement que m'a fait éprouver la maladresse brutale de ce maroufle, mais vous en avez mal saisi l'interprétation. Ce pauvre diable, qui n'est peut-être pas méchant de sa nature, fera nécessairement une mauvaise fin. Il est marqué d'une prédestination fatale, dont l'accomplissement ne peut faillir : il a renversé la salière.

— En vérité ! m'écriai-je à mon tour, en restant immobile de stupéfaction.

— Vous n'avez pas remarqué qu'à son entrée dans la chambre il avoit lourdement heurté du pied contre la traverse d'un pouce de hauteur qui garnit la porte, et qu'il tenoit la salière de la main gauche, quoiqu'il ne soit pas gaucher. Quiconque n'a pas prévu l'obstacle qui se présente devant son pied, dans une maison qu'il pratique depuis longtemps, n'en doit jamais prévoir aucun. Il manque de mémoire pour se souvenir des accidents, et de jugement pour s'y soustraire; il ne jouit pas même de la finesse de tact qui dédommage une rosse aveugle de la perte d'un de ses sens. Les Romains rentroient chez eux quand ils avoient buté en sortant, et c'étoit une précaution fort bien entendue contre les événements de la journée. Un homme qui bute a mal dormi, ou se porte mal, ou se trouve dans un état fortuit de préoccupation qui le livre à tous les dangers. S'il emploie sa main gauche, sans y être exercé, à des soins qui exigent de la précision et de la délicatesse, il achève de me révéler le défaut radical de sa malheureuse organisation. Il joint à l'imprévoyance grossière d'un automate l'insolente confiance d'un sot. Toutes les chances favorables de la vie appartiennent à la prévoyance et à la dextérité ; car l'habileté n'est que la dextérité de l'esprit. Comme la main est l'outil essentiel de la fortune, l'infortune est le lot infaillible de l'homme disgracié qui manque d'adresse

et d'exactitude dans les opérations matérielles de la
main. Les Latins étoient si pénétrés de cette idée, qu'ils
n'avoient qu'un mot pour représenter ce qui est gauche
et ce qui est sinistre; et je pose en fait qu'on pourra
reconstruire, par la seule étymologie des mots, tout
l'édifice de la sagesse humaine, quand nos stupides logo-
machies auront achevé de le ruiner. Quoi qu'il en soit,
vous me citerez d'ici à demain, si vous consultez vos
souvenirs, des sourds, des borgnes, des boiteux, qui sont
devenus de grands hommes, des artistes recomman-
dables, d'illustres citoyens, d'heureux pères de famille,
et je vous avoue que je suis encore à en trouver un qui
soit né manchot.

Quant au présage fâcheux qu'on peut tirer du renversement de la salière, continua La Mettrie, c'est une question plus commune et plus facile, et je doute, à vrai dire,
que vous me l'ayez proposée sérieusement.

Comme j'insistois par un sourire qui témoignoit probablement que ma conviction n'étoit pas complète, il
poursuivit en ces termes:

— Le sel a été dans tous les temps l'emblème de la
sagesse, et je ne vous dirai pas aujourd'hui pourquoi;
mais je sais qu'un emblème est une raison, et qu'on n'y
portera jamais d'atteinte qui n'aille derrière lui blesser
une vérité. C'est au point que je partagerois volontiers
la prévention désobligeante du peuple contre une jeune
fille qui a omis le sel dans le service de la table; car il
est rare qu'on se souvienne d'un devoir de conduite
quand on a l'esprit assez négligent pour en oublier la
figure. L'usage du sel n'est pas circonscrit comme celui
du pain; il est de première nécessité partout où il y a
une famille, et c'est pour cela qu'il est devenu le signe
de l'hospitalité parmi ces tribus ingénues ou ingénieuses
que nous appelons sauvages. L'action de répandre le sel
indique chez elles le refus de protection et d'amitié à des
étrangers suspects, en qui on redoute des ravisseurs et

des assassins; et cette pensée m'attristeroit à un festin de Lucullus, dans le cabinet d'Apollon. Vous ne voyez ici que la balourdise d'un mal appris de valet, et je suis de votre avis; car cet affront indirect d'un hôte mercenaire n'est pas le fait de sa volonté. Mais serez-vous sans commisération envers l'être disgracié qui ne sait ni se servir de son pied pour éviter le heurt du seuil, ni se servir de sa main pour trouver le juste équilibre d'une salière, ni se servir de la portée et de l'exercice de son rayon visuel pour la mettre à peu près à sa place? L'infortuné n'a plus qu'à s'aller pendre, s'il lui reste assez de sens pour calculer l'action d'un corps qui gravite au bout d'une corde, et dont la pesanteur s'augmente en raison du carré de sa vitesse. — Et si vous parcourez, dans votre pensée, l'interminable série des accidents plus difficiles à éviter que peut occasionner sa pétulante étourderie, n'éprouverez-vous aucune sympathie pour une pauvre famille qui a de tels domestiques? — Pour moi, je ne craindrois pas d'assurer que la maison où l'on renverse le plus souvent le sel est de toute nécessité la plus malheureuse du monde, parce que c'est celle où l'on a le moins d'ordre, d'économie, d'adresse et de prévoyance, et que les choses que je viens de dire sont les principaux éléments du bien-être des ménages!

— Il n'y a rien de plus véritable, mon bon ami, et j'admets d'avance la même interprétation pour le fâcheux pronostic que les bonnes femmes tirent de la rupture d'une glace.

— Ce présage est encore plus grave, reprit La Mettrie, parce qu'un miroir, fixé entre des châssis solides, est bien moins sujet aux hasards, et que l'éclat de son poli avertit de fort loin la vue des plus distraits. Sa matière oppose d'ailleurs une résistance suffisante aux percussions légères, et on ne le brise guère sans user de violence. Or, on ne peut attendre que d'affreux malheurs

partout où l'imprudence et la gaucherie se compliquent
avec la force et le pouvoir. On étendroit ce principe à
des applications plus importantes, et l'histoire prouve-
roit qu'il est de mise dans l'économie des États comme
dans celle du foyer; mais je vous dois une autre observation qui s'éloignera moins de notre sujet : c'est qu'il étoit
tout naturel que les lésions du miroir réveillassent une
idée de fatalité dans l'imagination des hommes qui se
sont transmis ces vérités d'expérience et de sentiment,
que les philosophes ignorants appellent des superstitions. La répétition limpide et correcte de l'image de
l'homme a par elle-même quelque chose de fantastique, singulièrement propre à frapper les esprits d'une
sorte de vertige; et la mutilation qui multiplie l'effet
du miroir en détruisant son unité produit, de l'aveu
de tout le monde, un effet qui sort de l'ordre des sensations communes. Ceci n'est pas seulement une superstition, pour me servir de leur langage, c'est une
impression.

— Je l'avois éprouvée sans m'en rendre raison, répondis-je à La Mettrie, mais vous m'avez fait revenir
de l'habitude des jugements précipités, et j'oserois à
peine vous proposer de regagner maintenant le salon
des onze convives, puisque notre souper est fini, si la
mèche de nos chandelles, qui plie sous un chapelet de
disques ardents, ne m'annonçoit pas que le cercle de la
table d'hôte a dû s'agrandir d'une nombreux surcroît
de compagnie.

— Vous me faites penser, répliqua La Mettrie en éclatant de rire, que l'homme à la salière a oublié de nous
donner des mouchettes; et je reconnois bien le génie
pernicieux qui le domine à ce défaut de précaution. C'est
peu pour lui de déshonorer la maison de ses maîtres par
sa maladresse, s'il ne l'expose à être brûlée par sa négli-
gence. L'induction dont vous me parlez n'est au reste,
dans le langage du peuple, qu'une de ces périphrases

figurées qui lui sont familières, et qui presque toujours enveloppent un sens exquis. Quand sa chandelle ou sa lampe l'avertit d'une visite prochaine, elle lui fait sentir la nécessité de retrancher le superflu de la mèche, ce qui est à la fois un soin d'ordre et un soin de propreté. Si la visite n'arrive pas, le moucheur de chandelles en est quitte pour un office indispensable que la tradition lui a remis fort à propos en mémoire, et qui sauve peut-être à son toit le malheur d'un incendie. Supposez que cela ne soit arrivé qu'une seule fois depuis qu'on répète à la veillée les vieux enseignements de la sagesse populaire, et dites-moi si vous connoissez beaucoup de théories philosophiques qui àient rendu de pareils services au village. C'est une question que nous soumettrons, quand vous voudrez, à l'académie de Berlin. A présent, poursuivit-il en jetant sa serviette, je vous accompagnerai d'autant plus volontiers au salon que je suis depuis longtemps fatigué des hurlements d'un chien dont le râle funèbre semble menacer le quartier.

— Bon, bon, vous n'êtes pas homme à redouter cet augure, pour lequel la science au moins n'a point d'explication.

— La science en trouveroit dix, si elle cherchoit bien, dit La Mettrie. Vous me direz sans doute qu'il est tout naturel qu'un chien égaré vienne se lamenter à la porte du gîte hospitalier où il a plus d'une fois suivi son maître avant d'en être séparé par quelque fatal accident, et réclamer à sa manière quelque débris d'aliments, rebuts de la table d'hôte et de l'office. J'en conviens très-volontiers, pourvu que vous conveniez à votre tour qu'il en est autrement du chien errant, que son instinct originel appelle de loin sous les murs d'un hôpital, ou à la croisée d'un moribond. Pourquoi ne seroit-il pas pourvu de l'organe qui lui promet une proie, et qui étoit si bien assorti à sa destination, dans les combinaisons presque providentielles de la nature, que l'on voit partout impa-

tiente et attentive à faciliter la décomposition des êtres
dont la vie s'est retirée, comme pour rendre plus vite les
éléments qui les composoient au laboratoire éternel de
ses créations? Le vautour descend de bonne heure de ses
montagnes à la suite des armées; il marque les champs
de bataille d'un œil plus sûr que les capitaines, et longtemps avant l'effusion du sang, il plane avec une horrible joie autour de ce peuple de vivants qui lui doit des
montagnes de morts pour sa curée. Le corbeau s'abat au
sommet d'une potence neuve, et il en prend possession
aussitôt que le bourreau. Le goëland bat des ailes sur les
pas du pêcheur, et prélève en espérance la dîme de ses
filets. Dans les villes de l'Orient, l'enterreur public se
trouve souvent précédé par la hyène, qui rôde, avec son
bâillement affreux, à travers les fosses vides. Dès le commencement de la nuit, elle s'introduit par troupeaux
dans les muraille où des fléaux contagieux exercent leurs
ravages, et attend, la gueule béante, qu'on lui jette des
cadavres. Chez nous, le bœuf est à peine tombé sous la
massue du boucher que l'air s'obscurcit d'un nuage d'insectes dévorants, de scarabées noirs et tannés, et de
mouches vertes et bleues, qui viennent recueillir sur le
lieu du sacrifice leur part de chair et de sang. Si vous
aviez jamais tué une taupe dans votre petit jardin, vous
n'auriez pas tardé à voir se ruer autour d'elle un essaim
bourdonnant d'escargots à la robe lugubre, bardée de
raies fauves comme celle des panthères, qui s'empressent
d'enterrer le quadrupède tout palpitant, pour confier à
ses entrailles encore tièdes le dépôt de leur hideuse postérité. Et vous vous étonneriez que le chien, rendu à son
état primitif par une circonstance fortuite qui l'a dégagé
des devoirs de la domesticité en le privant de ses avantages, recouvrât la prévision funeste sur laquelle reposent
à l'avenir tous ses moyens d'existence! Je ne sais si je me
trompe, mais si je l'entends jamais sous la fenêtre du logis
où j'aurai été surpris par une maladie soudaine, traîner

en longs gémissements ce cri sauvage qui n'est plus familier à son espèce, je comprendrai parfaitement ce qu'il demande.

Ces mots achevés, La Mettrie se dirigea vers le salon où je l'accompagnai, et c'est là que finissent notre conversation et mon récit. Tout ce qu'il me semble à propos d'ajouter, c'est que ce fameux matérialiste mourut peu de temps après, et qu'il mourut chrétien.

— Je n'en suis pas étonné, répondis-je à M. Mauduyt.

Mais ces impressions sont aujourd'hui trop éloignées de moi pour que je puisse dire bien positivement si j'attachois à cette réponse le sens d'un corollaire logique ou si je n'en faisois qu'une épigramme.

Ce dont je me souviens mieux, c'est que nous allâmes prendre du café chez Peyron, qui occupoit alors cet angle de la galerie septentrionale du Palais-Égalité, habité depuis par Lemblin, et qui a conservé, je crois, la réputation de son moka parfumé et de ses liqueurs délicates. La jeune et jolie personne qui siégeait au comptoir d'acajou auroit probablement fait perdre à La Mettrie lui-même le fil de ses hautes spéculations philosophiques. J'y reviens pourtant un moment.

— Ce que vous m'avez dit, mon cher maître, m'a étrangement frappé; mais ce n'est jusqu'ici qu'une dissertation de sceptique à la manière de Bayle. Vous n'avez pas daigné me faire part de vos conclusions.

— J'en tirerois deux pour le moins, me répondit M. Mauduyt; et les voici, puisque tu les demandes :

La première, c'est qu'il ne faut pas juger trop légèrement des choses les plus absurdes en apparence, parce qu'il y a beaucoup de vérités très-positives et très-faciles à démontrer qui échappent aux demi-savants.

La seconde, c'est que les gens d'esprit ne sont jamais embarrassés de prouver tout ce qu'ils veulent.

— Tant mieux, repris-je avec chaleur, les gens d'esprit n'ont d'intérêt qu'à faire valoir les idées bonnes et utiles, et le gouvernement représentatif que nous avons le bonheur de posséder nous a placés sous la direction des gens d'esprit.

M. Mauduyt me regarda fixement encore une fois, replaça ses lunettes dans leur étui, et me tendit le *Journal du soir* des frères Chaigneau, qu'il venoit de parcourir, en m'indiquant du doigt la séance des conseils.

— Vois plutôt! me dit-il.

BAPTISTE MONTAUBAN.

———

—· Je ne sortirai certainement pas de ces montagnes, dis-je à l'hôtesse en arrivant avec elle sur le pas de la porte, sans avoir vu ce bon M. Dubourg dont vous me parlez. C'étoit un des plus tendres amis de mon père. Il n'est que sept heures du matin; trois lieues sont bientôt faites quand le temps est beau à souhait, et je peux disposer d'un jour sans préjudice pour mes affaires. Il me sauroit mauvais gré de n'avoir pas dîné avec lui en passant, n'est-il pas vrai?

— Il ne vous le pardonneroit pas, répondit-elle, puisqu'il n'y a pas de semaine qu'il n'envoie prendre des informations de votre arrivée.

— Je ne me pardonnerois pas davantage d'avoir manqué une occasion de vérifier ce que valent mes prophéties. J'ai prédit il y a cinq ans que sa fille Rosalie, qui n'en avoit que douze, deviendroit une des piquantes beautés de la province, et je suis curieux de savoir si la petite brunette aux yeux bleus m'a fait mentir.

— Tenez-vous assuré du contraire, s'écria madame Gauthier. On iroit à Besançon, et peut-être à Strasbourg (c'étoit pour madame Gauthier l'équivalent des antipodes), sans rencontrer sa pareille ; et avec cela, élevée comme un charme et sage comme une image ; mais n'allez pas vous y laisser prendre, pour rentrer ici au désespoir, comme vous faisiez du temps de l'autre. Tout gentil que vous êtes, vous pourriez en être cette fois pour vos peines et pour vos soupirs, car voilà déjà bien des mois qu'il est bruit qu'on la marie.

— Diable, diable! madame Gauthier, vous me prenez toujours pour un jeune homme, quoique j'aie vingt-quatre ans passés, une fortune établie et une position sérieuse. Croyez-vous qu'un avocat stagiaire au barreau de Lons-le-Saulnier se passionne comme un légiste ou comme un clerc d'avoué?... Rassurez-vous, ma chère dame, et montrez-moi seulement le chemin qu'il faut que je tienne pour parvenir chez M. Dubourg, car j'ignorois même que sa maison de campagne fût si près d'ici.

— Vous ne serez pas embarrassé dans toute la première moitié de la route, répliqua-t-elle. Vous ne perdrez pas un moment le petit sentier bien frayé que vous voyez courir là dans les prés, le long de ce ruisseau bordé de saules ; mais une fois arrivé au pied du coteau qui ferme le Val, ce sera une autre affaire ; vous serez aux bois de Châtillon, qu'il faut traverser pour apercevoir le château, et comme ils ne sont pratiqués que par les bûcherons, qui y ont tracé dans leurs allées et venues bien des chemins qui se croisent, je me suis laissé dire que les gens du pays s'y égaroient quelquefois ; mais il ne manque pas de huttes et de baraques à la rive du bois, et vous n'aurez qu'à hucher pour vous procurer un guide.

Fort pénétré de ces utiles renseignements, je saluai mon hôtesse de la main ; je me mis en route, et je gagnai du pays en faisant des tirades pour le premier acte de ma tragédie, avec la délicieuse et immense préoccupation d'un homme qui se complaît dans ses vers. Aussi

j'étois fort loin, au bout d'une heure, du petit sentier
bien frayé qui court dans les prés le long d'un ruisseau
bordé de saules, et je fus fort heureux, pour retrouver
ma direction, que la colline ne se fût pas avisée de la
fantaisie, à la vérité assez étrange, de se déranger de sa
place.

Après avoir longtemps côtoyé la rive du bois, comme
disoit madame Gauthier, en suivant inutilement un
fourré si épais, que j'aurois à peine compris qu'il pût
ouvrir passage à un lièvre poursuivi par les chiens, je
fus frappé de la vue d'une petite maison toute blanche,
c'est-à-dire assez fraîchement crépie, qui s'adossoit au
bois comme un oratoire couronné de feuillages, et autour de laquelle se fermoit en carré une palissade à treil-
lage fort serré d'où se répandoient de toutes parts des
pampres de vignes, de flottantes guirlandes de liseron et
de houblon, et des rameaux d'églantier chargés de fleurs.
Je fis quelques pas et j'arrivai à l'entrée de ce joli réduit,
qui ne paroissoit guère propre qu'à loger deux ou trois
personnes. Sur un bout de banc joint à la porte du logis,
et qui étoit élevé comme elle d'une marche ou deux au-
dessus d'un potager de quelques pieds de surface, il y
avoit un jeune homme assis. Je pris le temps de le regarder, parce que lui ne me regardoit pas. Il étoit vrai-
semblablement trop occupé pour s'apercevoir de ma
présence.

Je ne dirois pas facilement ce qui, dans ce jeune
homme, excita soudainement ma curiosité, mon intérêt,
mon affection. Je ne suis pas romanesque, on le sait bien;
mais le lieu, la circonstance, la personne surtout, faisoient naître en moi une foule d'idées mélancoliquement
poétiques, dont j'étois presque fâché de faire tort à ma
composition. Je finis cependant par y prendre un plaisir
très-vif et par le goûter en silence.

Ce jeune homme, si absorbé dans ses pensées, qu'un
peu de bruit que j'avois fait étourdiment en m'appro-

chant de lui n'avoit pu un moment l'en distraire, étoit beau comme une de ces figures qu'on rêve quand on s'endort sur une bonne action, et du sommeil d'un homme qui se porte bien. (Ce sont décidément les deux seules manières d'être heureux que je connoisse.) Il sembloit délicat et même foible, et cependant sa blanche et gracieuse figure, qu'inondoient les flots d'une chevelure blonde parfaitement bouclée, ne se seroit peut-être pas refusée à l'expression d'une forte nature d'homme. A travers la suave douceur de ses traits languissants, on démêloit le caractère d'une méditation habituelle et d'une profonde résolution. Cela m'étonna.

— Eh quoi! pensai-je à part moi, envierois-tu dans ton cœur navré les avantages dont te privent les aveugles répartitions de la fortune? Regretterois-tu le droit qu'elle t'a ravi de prendre une part active aux agitations de la multitude, et de l'entraîner par l'amour ou de la soumettre par le génie? Dieu t'en préserve, pauvre ange! continuai-je en m'approchant encore de lui, car je l'aimois déjà beaucoup. Reste doux et pur comme te voilà dans ta force inutile, jouis de ta solitude, et laisse aux ridicules tyrans du vieux monde, conquérant déçu ou roi détrôné que tu es sur la terre, l'empire absurde qu'ils y exercent depuis tant de siècles!

Le jeune homme tourna les yeux de mon côté, et me regarda fixement pendant que je le saluois. Il fit un mouvement pour se lever, je me hâtai de le retenir sur son banc, parce qu'il m'avoit semblé malade.

— Je vous demande pardon, mon ami, lui dis-je, d'avoir interrompu le cours de vos pensées; la rêverie est si belle à votre âge! Pourriez-vous m'indiquer, sans vous déranger davantage, le chemin du bois qui conduit à la maison de M. Dubourg? Elle ne doit pas être fort loin d'ici.

Il me regarda encore, mais sa physionomie avoit subitement passé de l'expression d'une bienveillance timide à celle de l'inquiétude et de l'effroi. Cependant il parut réfléchir.

—La maison de M. Dubourg? répondit-il enfin, comme s'il avoit cherché à recueillir quelques souvenirs très-confus; Dubourg? M. Dubourg? la maison de M. Dubourg?... Ah! ah! continua-t-il en riant, il y avoit autrefois une belle maison de ce nom-là, que j'ai habitée quand j'étois jeune. C'est là que j'ai vu pour la première fois des anges qui avoient pris la figure de femmes, des fleurs de toutes les saisons, et des oiseaux de tous les ramages... Mais ce n'étoit pas dans ce monde-ci.

Ensuite il laissa tomber sa tête sur ses mains, et il oublia que j'étois là.

Je compris alors qu'il étoit idiot ou innocent, suivant le langage du pays. Merveilleuse société que la nôtre, où ces deux êtres d'élection, celui qui vit inoffensif envers tous, et celui qui vit solitaire, sont repoussés avec mépris jusqu'aux limites de la civilisation, comme de pauvres enfants morts sans baptême!

Au même instant, la porte ouvrit près de moi, et j'y vis paroître une femme d'une cinquantaine d'années, qui étoit mieux vêtue que ne le sont ordinairement les paysannes.

—Eh quoi! dit-elle, Baptiste, vous recevez un voyageur sans le presser d'accepter du lait et des fruits, et d'accorder à notre pauvre toit l'honneur de lui procurer un peu d'ombre et de délassement?

—Ah! madame! m'écriai-je, ne le grondez-pas, de grâce! Il n'y a pas encore une minute que je suis à son côté, et son accueil m'a touché de manière à m'en souvenir toujours!

Baptiste n'avoit pas même entendu sa mère. Il étoit retombé dans ses réflexions. Ses bras étoient croisés, sa tête pendoit sur sa poitrine, et il murmuroit des mots confus que je ne m'expliquois pas.

Je suivis la bonne femme dans une pièce assez vaste

28.

et d'une remarquable propreté, qui devoit être la meilleure de la maison. Elle m'y fit asseoir sur une sorte de fauteuil d'honneur, dont le siège étoit assez joliment tressé de paille jaune et bleue, pendant qu'elle congédioit dans la chambre suivante une volée tout entière de petits oiseaux de la montagne et des champs, qui s'étoient à peine effarouchés à mon approche, et qui lui obéissoient avec un empressement charmant à voir, tant ils étoient bien apprivoisés.

Elle renouvela ensuite les offres qu'elle venoit de me faire, et s'assit, sur mon refus réitéré, en me demandant à quoi du moins on pourroit m'être bon dans la maison blanche des bois.

— Je le disois à votre fils quand vous êtes survenue, lui répliquai-je, mais il m'a tout à fait oublié. Le pauvre enfant, madame, est bien affligé! Le voyez-vous depuis longtemps dans cet état?

—Non, monsieur, répondit-elle en essuyant une grosse larme, et cela même n'est pas continuel. Il est toujours triste, aussi triste qu'il est bon, le pauvre Baptiste; mais il ne manque pas de suite dans ses idées et dans ses actions, quand de certains mots que je me garde bien, comme vous pouvez croire, de prononcer devant lui, ne le rendent pas à ses accès. Comment ces mots le troublent, c'est ce que je ne sais pas. Je les évite, et voilà tout. Il étoit né si heureusement, ce cher enfant, qu'il faisoit l'espoir et d'avance l'honneur de mes vieux jours; mais le bon Dieu a changé tout à coup ses intentions sur lui!...

Ses larmes abondèrent à ces derniers mots. Je lui pris la main, en lui demandant pardon de renouveler de telles douleurs.

— Il faut vous dire, puisque vous avez la bonté de vous intéresser à Baptiste, reprit-elle avec plus de calme, que Joseph Montauban, mon mari, étoit le meilleur ouvrier en bâtiment du Grand-Vau. Cela n'empêchoit pas

que nous ne fussions fort pauvres, parce que c'étoit un
bien mauvais temps pour l'ouvrage, et que ma famille,
d'une condition supérieure à celle de Joseph, avoit payé
un tribut plus pénible encore aux événements; mais
cela ne fait rien à l'histoire. Nous ne savions trop à quel
saint nous vouer, quand un riche et respectable particulier de la contrée chargea mon mari de la construction
d'une maison superbe que vous verrez si vous traversez
le bois, car je crois que vous venez d'Aval. Quand la
maison fut bâtie jusqu'aux combles, mon pauvre Joseph
monta lui-même sur le faîte, comme chef d'ouvriers,
pour y planter, selon l'usage, le bouquet et les bande-
roles d'honneur. Il étoit près d'y atteindre lorsqu'une
pièce de la toiture qu'on avoit, à notre grand malheur,
oublié de fixer, lui manqua sous le pied. C'est ainsi qu'il
mourut. M. Dubourg, qui étoit et qui est encore le pro-
priétaire du bâtiment, se montra vivement sensible à
une si cruelle infortune. Il fit construire pour mon fils
et moi ce petit logement sur un terrain assez productif,
qui lui appartenoit, et dont il nous accorda la jouissance, en y joignant même une pension, afin de sub-
venir à l'insuffisance du revenu, et de nous mettre à
l'abri de tout besoin; enfin, non content de cela, il voulut encore se charger de l'éducation de Baptiste, qui
avoit alors cinq à six ans, et qui prévenoit à la vérité
tout le monde en sa faveur par son esprit précoce et sa
jolie figure. Baptiste fut donc élevé chez M. Dubourg
avec les mêmes soins et les mêmes maîtres qu'une aimable fille de son bienfaiteur, qui a trois ans de moins.
Cela dura pendant dix ans, et Baptiste avoit si bien profité, qu'il ne lui manquoit presque rien, au dire des gens
les plus savants, pour se faire un chemin honorable dans
le monde. M. Dubourg prit la peine de me le venir assurer ici, en ajoutant d'un ton sérieux, mais doux : « Vous
comprenez, mère Montauban, qu'il se fait temps d'ailleurs que je sépare Baptiste de ma Rosalie. Il a seize ans,

elle en a treize et davantage. Ces jeunes gens touchent à l'âge où vient l'amour; quoique élevés comme frères et sœurs, ils savent bien qu'il en est autrement, et je n'ai peut-être que trop longtemps tardé à détourner ce piége de leur innocence. Il faut donc reprendre chez vous votre fils, ma bonne amie, en attendant que je lui aie procuré la position favorable dont il s'est rendu digne par ses études et par ses succès, dans quelque famille encore plus opulente que la mienne, ou dans quelque pensionnat en crédit. Il faut davantage, si vous m'en croyez : il faut que nos enfants s'accoutument à né pas se voir, pour sentir moins péniblement cette privation quand ils seront séparés tout à fait. J'ai mes raisons pour cela, quoique rien ne m'ait indiqué entre eux d'autres rapports que ceux d'une pure et naturelle amitié. — Baptiste est un ange de tendresse et de soumission. Dites-lui que je ne cesserai jamais de l'aimer, et faites-lui entendre, avec votre cœur et votre esprit de mère, que j'ai quelques motifs de le tenir éloigné de moi. Vous ne manquerez pas de prétexte; et si vous parvenez à le convaincre que mon bonheur y est intéressé, je ne suis pas en peine de sa résolution. Cependant, s'il n'y avoit pas d'autre moyen, rappelez-lui mes propres paroles. Dites-lui alors que la réputation des filles est le trésor le plus précieux des pères, et que la voix publique m'imposeroit bientôt un sacrifice plus rigoureux pour nous tous, si je ne prenois prudemment un peu d'avance sur le temps. Exigez de lui qu'il ne revienne pas à Château-Dubourg; je l'en tiendrai pour reconnoissant, et non pour ingrat. — Un mot encore, continua-t-il. — Comme la vue de ma maison pourroit lui inspirer des regrets qui troubleroient son doux repos auprès de vous, obtenez de lui qu'il ne s'éloigne de la forêt de ce côté que jusqu'à cet endroit qu'on appelle la Bée, parce que le bois y prolonge à droite et à gauche deux longues ailes de futaies qui cernent la route des voitures, à l'endroit où elle est

fermée en demi-cercle par le cours de l'Ain. Vous savez
que-les premières clôtures de mon parc ne se montrent
qu'après qu'on a quelque temps suivi ce détour.—Quant
à son obéissance, je vous le répète, ne vous en inquiétez
pas! Il mourroit plutôt que de manquer à sa parole!... »

« J'avois écouté M. Dubourg tout interdite, parce que
mon esprit ne s'étoit jamais occupé du danger qui l'effrayoit, et cependant ce qu'il disoit me paroissoit si raisonnable, que je me bornai, pour lui répondre, à des
expressions de remerciement et de déférence.

« Je comprends, continua-t-il en se levant, que vos
charges vont augmenter à mesure que les miennes di-
minueront, mais cela ne durera pas longtemps, car Baptiste est connu de mes amis sous les rapports les plus
avantageux, et j'attends tous les jours la nouvelle qu'il
est convenablement placé. En attendant, recevez de mon
amitié ces cent louis d'or pour vous procurer à tous
deux, dans votre petite solitude, quelques douceurs auxquelles il est accoutumé, et comptez toujours sur moi. »

En parlant ainsi, M. Dubourg laissa la bourse et partit, sans vouloir, malgré mes instances, se déterminer à
la reprendre.

C'étoit l'époque où Baptiste venoit chaque année passer quelques semaines avec moi; il apportoit alors ses
livres, ses herbiers, ses ustensiles de science. J'étois bien
heureuse! Il ne trouva donc pas étonnant son déplace-
ment d'habitude ; j'aime à croire qu'il l'auroit même désiré cette fois-là comme à l'ordinaire. Jamais il n'avoit
été plus beau, plus animé, plus satisfait de vivre, quoique naturellement porté à la tristesse depuis son enfance; et cela fut bien pendant quelques jours. Seulement je m'affligeois qu'il travaillât tant, de crainte,
comme il n'étoit que trop vrai, que sa santé ne pût pas
tenir à une si continuelle occupation. « Tu as bien le
temps, lui dis-je un soir, de feuilleter et de refeuilleter
tes auteurs! Nous ne nous quitterons plus que lorsque tu

auras une place, et on n'en trouve pas à volonté dans un
pays où il y a tant de savants, surtout depuis la révolution. » Là-dessus je lui racontai ce que m'avoit dit
M. Dubourg.

Quand j'eus fini, Baptiste sourit, ne répliqua pas, fit
la prière, m'embrassa, et alla se coucher fort tranquille.

Le lendemain et les jours suivants, il me parut abattu.
Il ne parla pas. Je ne m'en étonnai point; je l'avois vu
souvent de cette manière.

Au bout d'une semaine cependant (il y a quatre ans
de cela), je crus m'apercevoir que son esprit se troubloit. Mère infortunée! c'étoit ce que j'avois prévu quand
il s'opiniâtroit malgré moi dans ses études. Il renonça
dès ce moment à ses livres, mais il étoit trop tard. Il
disoit des paroles qui n'avoient point de sens, ou qui si-
gnifioient des choses que je ne comprenois plus. Il rioit,
il pleuroit sans motif; il n'étoit bien que seul; il s'adressoit aux arbres, aux oiseaux, comme s'il en avoit été
entendu; et ce qu'il y a d'extraordinaire, mais que je
n'oserois vous raconter si vous ne veniez d'en voir la
preuve, c'est qu'on croiroit que les oiseaux le comprennent, à la facilité avec laquelle ils s'en laissent prendre.
Ne seroit-il pas possible, monsieur, que le bon Dieu, qui
a donné un instinct à ces petits animaux pour éviter
leurs ennemis, leur eût permis aussi de reconnoître l'innocent qui est incapable de leur vouloir du mal, et qui
ne les aime que pour les aimer?...

Ce récit m'avoit grandement ému, et je crois qu'il
auroit produit le même effet sur vous, si je m'étois
trouvé assez de puissance pour vous le rendre, ainsi que
je l'ai entendu, dans son éloquente simplicité. Je passai
ma main sur mon front comme pour en écarter les soucis
qu'il y avoit fait descendre, et puis j'en couvris mes yeux
pour me dispenser d'une explication douloureuse et d'un
entretien inutile.

— J'ai abusé trop longtemps de votre patience, reprit

la mère de Baptiste. Revenons, je vous en prie, à ce que vous pourriez désirer de nous. Il n'y a rien ici qui ne soit à votre service.

— Rien, rien, lui répondis-je avec attendrissement. Je n'avois à vous demander que le chemin de la forêt qui conduit chez M. Dubourg et qui en ramène, car il faut absolument que je rentre ce soir.

— Vous êtes aussi bien tombé que possible pour vous en instruire, monsieur ; nous y touchons, mais il n'est pas fort aisé. Baptiste va vous conduire. Il ne vit pas un jour sans aller à la Bée de l'Ain , jusqu'à un certain endroit que je lui ai défendu de passer, et voici justement l'heure où il se met en chasse. Je vous prie seulement de vouloir bien ne pas lui parler de cette maison, parce qu'il me semble que le souvenir de son ancien séjour chez son bienfaiteur n'est pas bon à la raison de mon enfant.

— Quel témoignage de ma reconnoissance pourrois-je vous offrir pour ce service ?

— Oh ! pour ce qui est de cela, répliqua-t-elle en sursaut, vous ne sauriez en parler sans me mortifier. Nous n'avons besoin de rien, et nous sommes au contraire en état de faire quelque chose pour des voyageurs peu favorisés de la fortune, qui se présentent rarement dans ces chemins écartés. Bien plus, — mais c'est une condition nécessaire, — l'unique grâce que j'attends de vous, c'est de n'avoir aucun égard aux sollicitations de ce genre que Baptiste oseroit vous adresser, parce que leur objet accoutumé m'inquiète. Me le promettez-vous ?

Je n'hésitai pas. — Au même instant, elle frappa deux fois des mains, et tous les petits oiseaux que j'avois vus un moment auparavant s'empressèrent à la porte avec des gazouillements confus.

— Eh ! ce n'est pas encore vous, continua-t-elle, impatients que vous êtes ! vos grains ne sont pas triés et vos mangeoires ne sont pas nettes.

Ensuite elle frappa un troisième coup.

A ce dernier signal, Baptiste entra, salua, s'approcha de sa mère, s'assit sur ses genoux, et lia un bras caressant autour de ses épaules.

— Vous voilà donc bien sage et bien beau! dit la mère de Baptiste en le baisant sur le front. Voyez, monsieur, si je n'ai pas un aimable enfant! un doux et docile enfant, qui sera mon enfant toute la vie, comme si je l'avois gardé au berceau? Pensez-vous que je sois à plaindre?

Elle pleuroit pourtant.

— Ce n'est pas tout, Baptiste; il faut vous récréer un peu, car vous n'avez pas encore pris d'exercice aujourd'hui, bien que l'air fût si tiède et le soleil si riant! Jamais on n'a vu tant de papillons! Vous savez, d'ailleurs, que nous avons deux serins verts des dernières couvées qui n'ont point de femelles, et il y a longtemps que vous pensez à remplacer votre vieux chardonneret, qui. est mort d'âge!

Baptiste fit entendre par des gestes et des cris de joie que sa mère alloit au-devant de ses désirs.

— Allez donc mettre vos guêtres de ratine rouge et votre toque polonoise à gland d'or pour faire honneur à monsieur, et conduisez-le jusqu'auprès de la Bée de l'Ain, où vous l'attendrez en chassant à votre ordinaire. Je n'ai pas besoin de vous dire que vous me feriez de la peine en l'accompagnant plus loin.

Je regardois Baptiste avec un intérêt curieux pour savoir quel effet produisoit sur lui cette défense, car je croyois avoir pénétré une partie de son secret dans le récit de sa mère. Je ne m'aperçus pas que le nom de la Bée d'Ain lui rappelât rien autre chose. Il alla mettre sa toque polonoise et ses guêtres de ratine rouge, revint, embrassa la bonne femme, et courut devant moi en sifflant, tandis que tous les oiseaux du bois se hâtoient à chanter et voleter autour de lui. J'imaginai sans peine qu'ils se seroient posés à l'envi sur la toque et sur les épaules de Baptiste, si son compagnon ne les eût effrayés.

Après une demi-heure de marche, nous traversâmes les baraques des bûcherons. Les enfants s'amassèrent sur notre passage.

— Oh! voilà, crioient-ils, l'innocent aux rouges guêtres, le fils à la mère Montauban, qui va chasser sans filets. — Bonne chasse, brave Bâti! rapportez-nous quelque oiseau, un gros geai bleu à moustaches, un beau compère-loriot noir et jaune, ou un de ces méchants piverts qui font des trous dans nos arbres; — et ne fût-ce qu'un verdier.

— Non, non, leur répondoit Baptiste, vous n'aurez plus de mes oiseaux comme par le passé, et je me repens bien de vous en avoir donné quelquefois. Vous les emprisonnez dans des cages, au lieu de les retenir par des caresses. Vous leur coupez les ailes et vous les faites souffrir! Vous n'aurez plus de mes oiseaux. L'esprit de Dieu est dans l'oisillon qui vole; il n'est pas dans le cruel enfant qui le garrotte, qui le mutile, qui le tue et qui le mange. Vous êtes une race méchante, et les petits oiseaux du ciel sont mes frères.

Et Baptiste reprit sa course au milieu des éclats de rire de ces misérables enfants, qui s'étonnoient sans doute de le trouver tous les jours plus stupide et plus insensé!

Je les aurois volontiers frappés, car je ne pouvois me défendre d'aimer Bâti de plus en plus.

Quand nous fûmes arrivés à la Bec d'Ain, Baptiste s'arrêta comme si une barrière de fer s'étoit opposée à son passage; il recula même de quelques pas, et se retourna du côté de la forêt en appelant ses oiseaux.

— Oh! oh! dit-il, où êtes-vous, les jolis, les mignons, les bien-aimés?... Où êtes-vous, les jeunes serines du taillis? où êtes-vous, Rosette? où êtes-vous, Finette? Faut-il croire que vous ne m'aimiez plus, ingrates que vous êtes, et plus mauvaises que des femmes, si le hibou ne vous a mangées! Venez, petites, venez, mes belles! j'ai des maris à vous donner, deux serins verts d'une couvée!... — Tenez, continua-t-il, en jetant sur le gazon sa toque polonoise, qui laissa ses grands cheveux blonds se répandre sur ses épaules ; dormez là dedans, mes filles, sans rien craindre des hommes, des oiseleurs et des serpents, car je veille sur vous comme une mère sur ses petits.

Pendant qu'il parloit ainsi, je m'étois un peu plus avancé. Je plongeois mes yeux dans cette belle eau si claire et si limpide qui baigne, mon cher Jura, le pied des nobles montagnes qui font ta gloire, et où il n'y a de trop que des villes et des habitants! L'Ain est un autre ciel dont l'azur n'a rien à envier à celui où nagent les soleils, et le Timave peut-être est le seul digne de lui être comparé sur la terre.

Le langage de Baptiste me tira de ma contemplation. Je m'approchai de sa toque à pas timides et suspendus, mais en souriant intérieurement de ma crédulité. — Les petites serines y étoient cependant. Elles s'accroupirent en se pressant l'une contre l'autre, hérissèrent et dressèrent leurs plumes pour s'en mieux couvrir, comme la phalange en tortue qui se cache sous ses boucliers, et laissèrent à peine briller au dehors un œil inquiet qu'elles auraient bien voulu rendre menaçant. Je n'ai pas besoin de vous dire que je me retirai soudainement pour ne pas les effrayer davantage.

— Quoique votre chasse, dis-je à Baptiste, me paroisse heureuse et complète, il est probable que vous ne retournerez pas ce matin à la Maison-Blanche des Bois. Votre mère vous a recommandé de l'exercice, et j'espère encore vous trouver en revenant. En tout cas, j'ai assez bien remarqué mon chemin pour ne pas m'y tromper, et je serois fâché de vous retenir ici contre votre gré. Mais, si je ne dois pas vous revoir, Bap-

tiste, j'aurois du regret de vous avoir quitté sans vous
laisser quelque souvenir de mon amitié. Gardez en
mémoire de moi cette montre d'argent, si vous n'aimez mieux une double pièce d'or pour acheter quelque
chose qui vous convienne davantage. — Et ne me refusez pas!

— Une montre! dit l'innocent en me prenant la
main... Croyez-vous donc que le soleil s'éteigne aujourd'hui? — De l'or? ma mère en a encore pour
nos pauvres. Que saurois-je en faire au milieu de mes
oiseaux?

— Vous n'avez donc rien à désirer, Baptiste?

— Rien, car ma mère ne m'a rien refusé... si ce n'est
un méchant couteau!...

Cette idée me glaça le sang. Je me rappelai ce que
m'avoit dit sa mère.

— Dieu me garde, Baptiste, de vous donner un couteau. Ma bonne nourrice, qui vit encore, m'a répété cent
fois que ce triste cadeau coupoit les attachements. —
Et d'ailleurs, les gens tels que vous et moi, mon ami, ne
portent pas de couteau... Je ne me suis jamais muni
de cette arme de l'homme carnassier, du boucher et de
l'assassin.

Baptiste se rassit à côté de sa toque polonoise, et se
remit à parler à ses serines.

Je l'observois un moment avant de poursuivre ma
route, quand je m'entendis nommer par un groupe de
cavaliers qui la suivoient dans la direction même que
j'allois prendre.

— Maxime ici! dirent-ils, Maxime au bord des eaux
bleues de l'Ain! Que le ciel en soit loué! Mais arrive
donc! les amis de Dubourg ne doivent pas manquer à
la bénédiction nuptiale de sa belle Rosalie, et il est déjà
plus de midi!...

— Malheureux! pensai-je, et d'abord je ne répondis
pas. Baptiste m'occupoit trop. Il avoit en effet tourné

sur eux des yeux fixes, mais sans expression déterminée. J'attendis; je crus le voir sourire, et puis revenir à ses oiseaux. Je me flattai qu'il n'avoit pas entendu ou qu'il n'avoit pas compris, et je me joignis à mes nouveaux compagnons de voyage, sans le perdre tout à fait de vue. Il paroissoit tranquille.

La noce fut gaie comme une noce. Les hommes n'ont jamais l'air si heureux que le jour où ils abdiquent leur liberté. Rosalie étoit charmante, plus charmante que je ne me l'étois faite, mais plus soucieuse encore que ne l'est ordinairement une jeune fille qui se marie. Son âme entretenoit sans doute un souvenir vague de ces beaux jours de l'enfance où elle avoit dû rêver d'autres amours et un autre époux. J'en ressentis un secret plaisir !...

Quant au marié, c'étoit le type complet du gendre de convenance dont les familles se glorifient, c'est-à-dire un grand garçon d'une constitution forte qu'aucune émotion n'avoit jamais altérée; doué de cette assurance imperturbable que beaucoup de fortune et un peu d'usage donnent aux sots; parlant haut, parlant longtemps, parlant de tout, riant de ce qu'il disoit; forçant les autres à prendre part en dépit d'eux à la satisfaction qu'il avoit de lui-même; gros industriel, teint superficiellement de physique, de chimie, de jurisprudence, de politique, de statistique et de phrénologie; éligible par droit de patente et de capacité foncière; du reste, libéral, classique, philanthrope, matérialiste, et le meilleur fils du monde : — un homme insupportable !

Je partis aussitôt que j'en fus le maître, dissimulant adroitement mon évasion à travers la confusion des plaisirs et des fêtes. J'étois pressé de revoir Baptiste.

Lorsque j'arrivai à la pointe du bois, près de l'endroit où la Bée de l'Ain s'enfonce profondément dans les terres, je fus un moment surpris de voir la rivière parcourue par quelques petites barques fort agiles que je n'avois pas remarquées le matin. Je supposai qu'elles appartenoient à des gens du canton qui s'efforçoient d'approvisionner Château-Dubourg pour les festins du soir et du lendemain. Tout à coup les barques se rapprochèrent, les paysans descendirent, et un groupe assez épais se forma autour de quelque chose. Je ne suis pas curieux. Je ne sais pourquoi je courus.

— C'est bien lui, murmuroit un vieux pêcheur, c'est le pauvre innocent aux rouges guêtres, c'est le garçon à la mère Montauban, qui se sera noyé en poursuivant une hirondelle au vol, sans se rappeler que la rivière fût là, — s'il ne l'a fait d'intention, ce que Dieu veuille épargner à son âme! Bâti, le bon, l'honnête Bâti! regardez ce qu'il est devenu. Le malheureux enfant ne me demandera plus de couteau!

— Attendez, attendez, dis-je en reprenant le sentiment et la pensée, et en me précipitant vers le cadavre... Il n'est peut-être pas encore mort!...

— Mais comment voulez-vous, mon brave jeune homme, repartit un autre pêcheur, qu'il ne soit pas encore mort, puisque c'est un de nos petits qui étoit où nous sommes, et qui a vu de loin quelqu'un se jeter dans l'Ain, à l'instant où la cavalcade des amis de M. Dubourg a commencé à déborder la pointe du bois? Nous sommes venus au cri du petit, nous avons mis sept heures à chercher l'homme, et voilà que nous le trouvons. Alors il est mort! et il n'est que trop mort à toujours!...

— Quel bonheur? s'écria un joli petit garçon d'une dizaine d'années en s'élançant dans le bois. — Je sais, moi, où il a laissé sa toque polonoise, qui est toute pleine, comme un nid, de jeunes serines vertes!...

J'ai repassé depuis dans le pays. Je n'ai pu obtenir aucun renseignement sur la mère de Baptiste; il faut qu'elle soit morte ou retournée dans son village.

La maison des bois a changé de forme. Elle est deve-

nue fort grande, fort peuplée et fort bruyante. Aussi les
petits oiseaux n'y viennent plus; ils s'en gardent bien. Le
gendre de M. Dubourg y a établi une école d'enseignement mutuel, où les enfants apprennent à s'envier, à se
haïr réciproquement, et puis à lire et à écrire, c'est-à-
dire tout ce qui leur manquoit pour être de détestables
créatures. C'est un enfer [1].

---

[1] Il y a ici, de la part de Nodier, une exagération qui se retrouve plus d'une
fois dans ses œuvres Nous avons donné, dans les *Souvenirs de la Révolution*,
une note qui témoigne que notre auteur étoit dans la pratique moins hostile à
l'instruction qu'il ne l'étoit dans la théorie. Ce qu'il combattoit surtout, c'étoit
la fausse direction imprimée aux études de l'enfance et les tendances égoïstes
de l'éducation universitaire. On peut voir, en rapprochant ses opinions, qui for-
ment un système complet : *De l'origine de l'enseignement mutuel et des
applications dont cette méthode est susceptible*. La partie théorique et historique de ce curieux morceau est reproduite dans les *Souvenirs de la Révolution*,
t. I, sous ce titre : *La Révolution et l'éducation nationale*. On peut consulter
encore : *De l'utilité morale de l'instruction pour le peuple*.

(*Note de l'Éditeur.*)

LA FILLEULE DU SEIGNEUR [1].

———

Il y a un an que mes recherches botaniques me conduisirent aux environs d'un petit village qui n'est pas
éloigné de Loudun. Une femme d'une quarantaine d'années me rencontra sur la montagne, et s'imagina que je
cueillois des simples. J'observai qu'elle avoit envie de
me parler, et sans deviner ce qui pouvoit donner lieu à
ce désir, j'entrepris moi-même la conversation. Elle me
dit alors qu'elle étoit bien malheureuse, qu'elle avoit
une jeune fille qui étoit sa seule consolation, qu'elle ché-
rissoit plus qu'elle-même, et qu'elle étoit près de la
perdre, car elle étoit malade et abandonnée des médecins. Ensuite de cela, elle me pria en pleurant de la
visiter et de ne lui pas refuser mes secours. Il auroit été
inutile de m'en défendre ; et pourquoi d'ailleurs lui ravir
le charme de ce moment d'espérance, dédommagement
stérile, mais si doux, de plusieurs mois d'incertitude et
de larmes ?

[1] Cette petite nouvelle a paru pour la première fois dans *Les Tristes*, ou *Mé-
langes tirés des tablettes d'un suicide*, publiés par Ch. Nodier. Paris, Demon-
ville, 1806, in-8. Elle est intitulée dans ce recueil : *La nouvelle Werthérie*. Ce
titre, dans les réimpressions subséquentes, a été remplacé par celui que nous
avons reproduit nous-même : *La Filleule du Seigneur.*

Je marchai derrière elle à travers les genêts fleuris et
les buissons de landiers, jusqu'à ce que nous eussions
gagné le hameau. Enfin, elle me montra le seuil de la
cabane, et j'entrai dans la chambre où sa fille reposoit
sur un vieux lit de sangles, entre deux rideaux verts.

Elle étoit appuyée sur un de ses bras ; ses yeux étoient
hagards, ses joues rouges et brûlantes, sa bouche hale-
tante et pâle. Elle paroissoit avoir seize à dix-sept ans
au plus, mais ses traits avoient peu d'agrément; on y
remarquoit seulement cette expression touchante et passionnée qui a le pouvoir de tout embellir.

— Suzanne, lui dit sa mère, voilà un monsieur de
grand savoir qui guérira sûrement ton mal.

Elle se tourna vers la muraille en souriant doucement.

—Suzanne, continuai-je en m'emparant de sa main,
ne vous abandonnez pas à une défiance injuste; il y a des
remèdes pour tout.

Elle souleva sa tête, et me regarda fixement.

— En examinant quelque temps les caractères de votre
maladie, je trouverai sans doute les moyens de vous soulager.

Elle sourit de nouveau et retira sa main de la mienne
avec un léger effort.

Sa mère sortit.

Je ne sais quel trouble s'étoit emparé de moi. Je marchois à grands pas dans la chaumière, et mon imagination ne saisissoit que des pensées sans harmonie et sans
ordre.

Cette jeune fille m'intéressoit.

Je revins près d'elle, et je m'assis. J'entendis un
soupir.

Je cherchai la main qui m'avoit quitté. La mienne
étoit ardente; elle la pressa.

— Suzanne, m'écriai-je en l'appuyant sur son cœur,
Suzanne, c'est là que tu souffres.

Ses paupières s'abaissèrent avec un calme mélancolique; elles étoient enflées et tendues. Les cils réunis par faisceaux brilloient encore de l'humidité des pleurs.

— Tu aimes, ajoutai-je à demi-voix. Sa poitrine se gonfloit.

Elle glissa ses doigts dans une boucle de ses cheveux noirs, et la ramena sur son visage.

Je l'enveloppois d'un de mes bras. Je la rapprochois de mon sein avec un chaste intérêt. Mon haleine effleuroit ses lèvres.

Elle parla; je l'entendis à peine. — Ce n'est pas lui, disoit-elle.

— Non, ce n'est pas lui, répondis-je; mais ne doit-il pas venir?

Et Suzanne balança sa main autour de sa tête.

—Peut-être le verras-tu demain. Elle ne répondit pas.

Je craignis d'aigrir sa peine, et je gardai le silence. Elle me regarda encore, et moi je pleurois.

Il y avoit une larme sur ma joue; elle l'essuya du dos de sa main.

Une autre étoit tombée sur sa main, elle la recueillit avec sa bouche.

— Tu es bien heureux, me dit-elle; je crois que tu as pleuré.

Et puis, en m'observant davantage, elle ajouta : — Je t'aimerai, car tu as une âme d'ange. Dis-moi cependant si tu es noble?

J'hésitois à l'avouer. Cela coûte à dire devant la vertu couchée sur le grabat de la misère.

— Oh ! reprit-elle, noble et homme; il y a une méprise. Mais tu es trop jeune encore... Je suis contente de te voir rougir.

— Explique-moi... Je ne prononçai point ces paroles : qu'avois-je besoin d'un éclaircissement douloureux pour lui donner ma pitié? Nous nous entendions bien comme cela.

Un peu plus tard, je revis sa mère, et elle attendoit les mots qui alloient m'échapper comme un oracle sauveur. — A-t-elle aimé? lui demandai-je.

— Hélas! jamais. De riches partis se sont offerts; et malgré notre indigence, on a sollicité avec ardeur l'amour de ma Suzanne. Elle a été indifférente pour tous. Elle auroit voulu qu'il y eût des cloîtres pour y ensevelir sa jeunesse, parce que le monde lui étoit importun, et qu'elle trouvoit la vie longue et difficile. Je crois que nul homme n'a obtenu un seul baiser de Suzanne, si ce n'est cependant son parrain. Il a douze ans de plus qu'elle, et c'est le fils de l'ancien seigneur du village. Tandis qu'il étoit absent pour le service du roi, elle disoit : Je sais que mon parrain reviendra, parce que Dieu me l'a promis; et quand il reviendra, mon Frédéric, je lui donnerai un agneau tout blanc avec des rubans bleus et roses, et des tresses de fleurs suivant la saison. Elle alla en effet à sa rencontre, et quand il la vit, il descendit de cheval pour la baiser sur le front. Voyez, dit-il, comme Suzanne est jolie! Je ne veux pas qu'elle conduise des troupeaux le long des haies et qu'elle hâle son teint aux ardeurs du soleil, car je l'aimois comme ma sœur.

Le lendemain, je revins dès le point du jour. Je la trouvai plus mal.

— Écoute, me dit-elle en m'embrassant, tu dois être bon comme tu es beau, et je vais te demander quelque chose de meilleur que la vie. Engage ma mère à me donner ma robe blanche, ma cornette de mousseline et ma jeannette de cristal. Cueille-moi un barbeau dans le jardin et une iris près du ruisseau. C'est aujourd'hui l'anniversaire de ma naissance.

Je fis ce qu'elle m'avoit demandé, et sa mère l'habilla. Mais en descendant de son lit, elle tomba en foiblesse.

La cloche sonnoit tout vis-à-vis, car c'étoit en face de l'église. Sa mère lui dit : Vois-tu bien, c'est le mariage de Frédéric; et si tu n'étois pas malade, tu danserois, comme les demoiselles, dans les grandes salles du château. Pourquoi ne prends-tu pas courage?

Elle n'entendoit plus, Suzanne, la pauvre Suzanne! Elle nous dit qu'elle étoit mieux.

Nous nous approchâmes de la porte, sa mère et moi, pour voir passer les fiancés. La femme choisissoit, avec une attention craintive, l'endroit où elle devoit poser ses pieds, pour ne pas flétrir les broderies de sa chaussure. Tous ses mouvements étoient pénibles et apprêtés; tous ses gestes superbes et dédaigneux. Dans ses pas, dans ses regards, dans l'arrangement de ses cheveux, dans les plis de ses vêtements, il n'y avoit que symétrie. Oh! que les soins d'une fête simple et d'une cérémonie commune lui inspiroient de dégoût!

Frédéric venoit après. Ses grands sourcils étoient baissés, sa parure négligée, sa démarche lente et soucieuse.

En passant devant la maison, il y jeta les yeux d'un air sombre et mécontent; il recula d'un demi-pas en se mordant les lèvres, effeuilla un bouquet qu'il tenoit dans ses mains, et puis reprit sa route, et l'église s'ouvrit.

J'étois demeuré seul, et je réfléchissois sur cela, quand j'entendis un long cri.

Je courus. La mère étoit à genoux. La fille étoit couchée.

— Êtes-vous sûre? — Regarde, me dit la mère...

Suzanne étoit morte, roide, sans couleur, déjà tout inanimée. Je la touchai, elle étoit froide. Je prêtai l'oreille encore pour m'assurer qu'elle ne respiroit plus.

Voilà ce que j'ai vu dans ce village aux environs de Loudun.

L'HOMME ET LA FOURMI[1].

APOLOGUE PRIMITIF.

Quand l'homme arriva sur la terre, les animaux y vivoient depuis des siècles sans nombre, chacun selon ses mœurs, et ne reconnoissoient point de maîtres.

L'année n'avoit alors qu'une saison qui surpassoit en douceur les plus beaux printemps. Toute la terre étoit chargée d'arbres qui prodiguoient quatre fois par an leurs fleurs aux papillons, leurs fruits aux oiseaux du ciel, et sous lesquels s'étendoit un ample et gras pâturage, infini par son étendue, perpétuellement vivace dans sa riche verdure, dont les quadrupèdes, grands

[1] Nous ne croyons pas nous tromper en disant que ce morceau est, dans son originalité, l'un des plus parfaits de la littérature du XIXe siècle. Nodier y parle des animaux aussi bien que La Fontaine, du néant et de l'orgueil aussi bien que Joseph de Maistre. Il est impossible de s'inspirer plus heureusement, d'une part, des poëtes antiques, pour rajeunir l'âge d'or ; de l'autre, des poëmes bibliques, pour mettre en action l'inévitable châtiment qui poursuit cette race humaine, coupable, suivant la belle expression de Nodier, d'avoir *inventé la mort*. Comme dans La Fontaine, l'apologue est ici un poëme complet.

(*Note de l'Éditeur.*)

et petits, avoient peine à émonder la luxuriante abondance.

Le sol était parfaitement égal et uni, comme s'il eût été poli à la roue du tourneur, parce qu'il n'avoit encore été ni remué par les tremblements de terre, ni bouleversé par les volcans, ni ravagé par les déluges. Il n'y avoit point de ces sites âpres qui font naître de tristes pensées, comme il n'y avoit point de ces besoins dévorants qui développent des passions farouches. Il n'y avoit point de bêtes féroces ni malfaisantes d'aucune espèce. Pour quiconque se seroit trouvé une âme, c'étoit alors plaisir de vivre. Le monde étoit si beau avant que l'homme fût venu!

Quand l'homme arriva sur la terre, nu, inquiet, peureux, mais déjà ambitieux, convoiteur, impatient d'agitation et de puissance, les animaux le regardèrent avec surprise, s'éparpillèrent devant lui, et le laissèrent passer. Il chercha de nuit un lieu solitaire; les anciennes histoires racontent qu'une femelle lui fut donnée dans son sommeil; une race entière sortit de lui, et cette race, jalouse et craintive, tant qu'elle étoit foible, se parqua dans ses domaines et disparut longtemps.

Un jour enfin, l'espace qu'elle occupait ne suffit plus à la nourrir. Elle fit des sorties fugitives autour de ses enceintes pour surprendre l'oiseau dans son nid, le lièvre dans son gîte du soir, le chevreau sous ses buissons, le chevreuil sous ses grands ombrages. Elle les emporta palpitants au fond de son repaire, les égorgea sans pitié, et mangea de la chair et du sang.

Les mères s'en aperçurent d'abord. On entendit pour la première fois dans la forêt un bruit immense de gémissements qui ne pouvoit se comparer à rien, car on ne connoissoit pas les tempêtes.

L'homme étoit doué d'une faculté particulière, ou, pour s'exprimer plus justement, Dieu l'avoit frappé, entre toutes ses autres créatures, d'une infirmité propre

à sa malheureuse espèce. Il étoit intelligent. Il pressentit
bientôt que les animaux irrités deviendroient dangereux
pour lui. Il inventa des piéges pour traquer les imprudents et les maladroits, des amorces pour duper les foibles, des armes pour tuer les forts. Comme il tenoit surtout à se défendre, il s'entoura de palissades et de rem-
parts.

Le nombre de ses enfants s'accroissant de jour en jour,
il imagina d'élever leurs demeures au-dessus de la surface des basses terres. Il bâtit des étages sur des étages,
il construisit les premières maisons, il fonda la première
ville, que les Grecs ont appelée *Biblos*, par allusion au
nom de *Biblion*, qu'ils donnoient au livre, et il est probable qu'ils firent ainsi pour représenter par un seul mot
l'origine de toutes les calamités du monde. Cette ville fut
la reine des peuples.

On ne sait rien d'ailleurs de son histoire, si ce n'est
qu'elle vit danser les premiers baladins, approvisionner
la première boucherie, et dresser le premier échafaud.

Les animaux s'effrayèrent en effet des accroissements
de cette espèce ennemie qui avoit inventé la mort; car,
avant elle, la cessation de l'existence ne passoit que pour
ce qu'elle est réellement, pour un sommeil plus long et
plus doux que l'autre, qui arrivoit à son terme, et que
chaque espèce alloit goûter à son tour dans un lieu retiré, au jour marqué par la nature.

Depuis l'avénement de l'homme, c'étoit autre chose.
L'agneau manquoit au bêlement d'appel de sa mère, et,
quand elle cherchoit à retrouver sa trace aux débris de
ses toisons, elle flairait du sang sur les herbes à l'endroit
où il avoit cessé de les brouter.

Elle se disoit : l'homme a passé là.

On s'assembla pour remédier aux malheurs qu'amenoit avec lui ce nouvel hôte de la création, destiné par
un instinct fatal à en troubler l'harmonie. Et comme les
idées les plus indulgentes prévaloient toujours dans le

sage conseil de ces peuples innocents, on avisa d'envoyer
vers l'homme des ambassadeurs choisis parmi les plus
intelligents et les plus graves, l'éléphant, le cheval, le
bœuf, le faucon et le chien. On chargea ces notables personnages d'offrir au nouveau venu la domination de la
moitié du monde, sous la condition qu'il s'y renfermeroit
avec sa famille, et qu'il cesseroit d'épouvanter le reste
des êtres vivants de son aspect menaçant et de ses
sanglantes excursions.

— Qu'.. vive, dit le lion, mais qu'il respecte nos droits
et notre liberté, s'il ne veut pas que je fasse sur lui, comme
il l'a fait sur nous, l'épreuve de mes ongles et de mes
dents! C'est le meilleur parti qu'il puisse prendre, si j'en
crois ma force; car les lâches avantages qu'il a usurpés
jusqu'ici reposent sur des artifices indignes du vrai courage.

Et en même temps le lion apprit à rugir, et battit ses
flancs de sa queue.

— Il n'y a point d'avantages que nous ne possédions
bien mieux, dit la biche. Il s'est vainement fatigué à
poursuivre le plus petit de mes faons, celui dont la tête
s'élève à peine au-dessus des plus modestes bruyères,
et je l'ai vu tomber, haletant et rebuté, après quelques
efforts maladroits.

— Je construirai comme lui, quand il me plaira, dit le
castor, des maisons et des citadelles.

— Je lui opposerai une cuirasse qui ne redoute pas ses
atteintes, dit le rhinocéros.

— J'enlèverois, s'il m'en prenoit envie, ses nouveau-
nés dans les bras de leur mère, dit le vautour.

— Il ne me suivra pas dans les eaux, dit l'hippopo-
tame.

— Ni moi dans les airs, dit le roitelet. Je suis foible et
petit, mais je vole.

Les ambassadeurs, assurés des dispositions de leurs
commettants, se rendirent à la demeure de l'homme

qui les attendoit, et qui s'étoit tenu en mesure de les recevoir.

Il les accueillit avec cette perfidie caressante et fardée
qu'on a depuis appelée de la politesse.

Le lendemain, il mit un chaperon au faucon, un mors
et une bride au cheval, au bœuf un joug, des ceps à l'é-
léphant, et il s'occupa de construire sur son dos une tour
pour la guerre. C'est ce jour-là que cet exécrable mot fut
inventé.

Le chien, qui étoit de son tempérament paresseux,
glouton et couard, se coucha aux pieds de l'homme,
et lécha indignement la main qui alloit l'enchaîner.
L'homme jugea le chien assez méprisable pour le trouver
bon à devenir son complice. Mais, comme tout méchant
que fût le dernier des animaux créés, il avoit du moins
apporté avec lui quelque vague sentiment du bien et du
mal, il imprima, au nom de son vil esclave, un sceau
éternel d'infamie qui ne s'est effacé dans aucun langage.

Ces conquêtes achevées, il s'enhardit au crime par la
facilité de le commettre. Il fit profession de la chasse et
de la guerre, inonda du sang des animaux la riante parure des prairies, et n'épargna pas même dans sa rage
ses frères et ses enfants. Il avoit travaillé un métal meurtrier qui perçoit et coupoit la chair; et il lui avoit donné
des ailes en le munissant des plumes de l'oiseau. Il ne
négligeoit pas, pendant ce temps-là, de s'envelopper de
nouvelles forteresses, et les enfants qui sortoient du
monstre alloient plus loin construire d'autres villes et
porter d'autres ravages.

Et, partout où l'homme arrivoit, la création désolée
poussoit des hurlements de douleur.

La matière inorganisée elle-même parut sensible à
l'affreuse détresse des créatures. Les éléments se déchaî-
nèrent contre l'homme avec autant de fureur que s'ils
avoient pu le connoître. La terre qu'il avoit vue encore
si paisible et si magnifique fut incendiée par des feux

30.

souterrains, foudroyée par les météores de l'air, et noyée par les eaux du ciel.

Et quand le phénomène avoit disparu, l'homme se retrouvoit debout.

Le petit nombre d'animaux qui s'étoient soustraits à ces désastres, et qui ne faisoient pas partie de ceux que l'ennemi commun avoit soumis, n'hésitèrent pas à se soustraire à son dangereux voisinage par tous les moyens que leur donnoient leur instinct et leur génie. L'aigle, heureux d'avoir vu surgir des rochers inaccessibles, se hâta de placer son aire à leur sommet; la panthère se réfugia dans des forêts impénétrables; la gazelle, dans des sables mouvants qui auroient aisément saisi des pieds moins vites et moins légers que les siens; le chamois, dans les franges bleues des glaciers; l'hyène, dans les sépultures. La licorne, l'hippogriffe et le dragon firent tant de chemin qu'on ne les a jamais revus depuis. Le bruit commun dans l'Orient est que le griffon s'en alla d'un vol se cacher dans la fameuse montage de Kaff, qui est la ceinture du monde, et que les navigateurs cherchent encore.

L'homme croyait avoir asservi tout le reste. Il fut content.

Un jour qu'il marchoit en grande pompe dans son orgueil insolent (c'étoit un dieu de ce temps-là), un jour donc, fatigué de carnage et de gloire, il s'assit sur un cône assez grossier que ses ouvriers paroissoient avoir élevé à dessein dans la campagne. La construction en étoit régulière, solide, assez compacte pour résister au marteau, et rien n'y manquoit pour seoir commodément le maître du monde.

— Eh bien! dit-il, que sont devenus les animaux que mes pères ont rencontrés? Les uns ont fui ma colère, et je m'en inquiète peu! Je les retrouverai bien avec mes chiens et mes faucons, avec mes soldats et mes vaisseaux, quand j'aurai besoin de leur duvet pour mes sommiers

ou de leur poil pour mes fourrures. Les autres se sont
dévoués de bonne grâce au pouvoir de leur maître légitime. Ils ouvrent mes sillons, traînent mes chars, ou servent mes plaisirs. Ils fournissent leurs molles toisons
à mes vêtements, leurs plumes diaprées à ma parure,
leur sang à ma soif et leur chair à mon appétit. Je
n'ai pas trop à me plaindre. Je suis l'homme et je
règne. Est-il un seul être animé, sur tout l'espace où je
daigne étendre mon empire, qui m'ait refusé son hommage et sa foi?...

— « Oui, dit une voix grêle, mais aigre et sifflante,
qui s'élevoit en face de lui du haut d'un grain de sable;
oui, tyran, tu n'as pas encore dompté la fourmi Termès
qui se rit de ton pouvoir, et qui te forcera peut-être demain à t'enfuir de tes cités, et à te livrer nu, comme tu
es arrivé, à la mouche de Nubie! Prends garde, roi des
animaux, car tu n'as pensé ni à la mouche, ni à la
fourmi!... »

C'étoit une fourmi en effet; et l'homme s'élançoit pour
la tuer, quand elle disparut dans un trou. Longtemps il
le cerna de la pointe de son fer; mais il eut beau soulever
le sable à une grande profondeur : la galerie souterraine
se prolongeait en s'élargissant, et il s'arrêta d'épouvante
et d'horreur en sentant le sol s'ébranler sous ses pieds,
tout près de l'entraîner dans un abîme horrible à concevoir, pour y servir de pâture à la famille de la fourmi
Termès.

Il appela ses gardes et ses esclaves. L'homme en avoit
déjà; car l'esclavage et l'inégalité sont les premières
choses qu'il ait inventées pour son usage. Il fit retourner,
il fit labourer, il fit creuser la terre. Il fit renverser à
grand'peine tous ces monticules artificiels sur l'un desquels il s'étoit reposé. La bêche et la sape lui découvrirent partout des trous pareils à celui où la fourmi
Termès s'étoit précipitée à ses yeux. Il calcula en frémissant de terreur que le nombre de ses sujets rebelles

excédoit, dans une proportion infinie, celui des grains de sable du désert, puisqu'il n'y avoit pas un grain de sable qui n'eût son trou, pas un trou qui n'eût sa fourmi, pas une fourmi qui n'eût son peuple. Il se demanda sans doute avec un ressentiment amer pourquoi le vainqueur des éléphants n'avoit point de pouvoir sur le plus vil des insectes de la nature! Mais il étoit déjà trop avancé en civilisation pour être resté capable d'attacher une solution naturelle à une idée simple.

« Que me veut-elle enfin? s'écria-t-il, cette fourmi Termès qui abuse de sa bassesse et de son obscurité pour insulter à ma juste domination sur tout ce qui respire? que m'importe qu'elle murmure dans les retraites où elle se sauve de ma colère, et où je suis peu jaloux de la suivre? Toutes les fois qu'elle se retrouvera sur mon chemin, je l'écraserai du talon. C'est à moi que le monde appartient. »

L'homme rentra dans son palais. Il s'endormit à la vapeur des parfums et au chant des femmes.

La femme, c'est autre chose. C'étoit la femelle de l'homme; une créature ingénue, vive et délicate, irritable et flexible; un autre animal plein de charmes dans lequel l'esprit créateur avait suppléé à la force par la finesse et par la grâce, et qui caressoit l'homme sans l'aimer, parce qu'elle croyait l'aimer; une espèce crédule et tendre que Dieu avoit déplacée à dessein de sa destinée naturelle pour éprouver jusqu'au bout son dévouement et sa pureté; un ange tombé par excès d'amour qui achevoit son expiation dans l'alliance de l'homme, pour subir tout le malheur de sa faute. L'amour d'une femme pour un homme; Dieu lui-même ne l'auroit pas compris! Mais il se jouoit, dans les ironies de sa haute sagesse, des déceptions d'un cœur qu'il avoi formé à se laisser surprendre aux apparences de quelque beauté, à la foi de quelques serments, à l'espérance d'un faux bonheur.

La femme n'étoit pas de ce monde matériel; c'est la première fiction que le ciel ait donnée à la terre.

L'homme parvint donc à se distraire ainsi, entre les molles voluptés et les jeux cruels qui se partageoient sa vie, du regret de n'avoir pas assujetti une fourmi à sa puissance, et il se reprocha même le mouvement passager de douleur qu'il en avoit ressenti, comme une foiblesse indigne de la majesté souveraine.

Pendant ce temps, la fourmi Termès, descendue dans ses chemins couverts, avoit convoqué son peuple entier; elle continuoit, avec une infatigable persévérance, à ouvrir de loin mille voies convergentes vers la principale ville de l'homme. Elle arriva, suivie d'un monde de fourmis, sous les fondations de ses édifices, et cent mille noires légions, plus pressées que des troupeaux de moutons, s'introduisirent de toutes parts dans les pièces de charpente, ou allèrent fouiller la terre autour de la base des colonnes. Quand les pierres angulaires de tous les bâtiments ne s'appuyèrent plus que sur des plans inclinés d'un terrain mobile et perfide; quand les poutres et les solives, rongées intérieurement jusqu'à leur épiderme, et vides comme le chalumeau flétri d'une paille sèche, n'offrirent plus qu'une vaine apparence d'écorce, la fourmi Termès se retira subitement avec son armée de mineurs en bon ordre.

Et, le lendemain, tout Biblos tomba sur ses habitants.

Elle poursuivit ensuite son dessein, en dirigeant ses troupes d'impitoyables ouvriers sur tous les points où l'homme avoit bâti ses villes : et, pendant qu'il fuyoit, éperdu, devant son invisible vainqueur, il n'y eut pas une de ses villes qui ne tombât comme Biblos. Après cela, l'empire de l'homme ne fut plus qu'une solitude, où s'élevoient seulement çà et là des constructions de peu d'apparence, qui annonçoient aux yeux la demeure du conquérant définitif de la terre. Ce grand ravageur de cités, cet envahisseur formidable à qui demeuroit, du droit royal de dernière possession, la propriété des immenses pays qu'il avoit parcourus, ce n'étoit ni Bélus, ni Sésostris : c'étoit la fourmi Termès.

Les foibles débris de la famille humaine qui échappèrent à la ruine des villes, aux obsessions opiniâtres de la mouche homicide et aux ardeurs du seymoun, furent trop heureux de se réfugier dans les contrées disgraciées qui ne reçoivent du soleil que des rayons obliques, pâlis par d'incessantes vapeurs, et de relever des villes pauvres, fétides, pétries de fange ou d'ossements calcinés délayés avec du sang, et fières, pour toute gloire, de quelques ignobles monuments qui trahissent partout l'orgueil, l'avarice et la misère.

Dieu ne s'irrite que dans le langage des orateurs et des prophètes auxquels il permet quelquefois d'interpréter sa parole ; il sourit aux erreurs qu'il méprise, aux fureurs mêmes qu'il sait réparer ; car rien de tout ce qui a été n'a cessé d'être qu'en apparence ; et il ne crut pas que la création eût besoin d'un autre vengeur qu'une pauvre fourmi en colère. « Patient, parce qu'il est éternel, » il attendit que la fourmi Termès se fût creusé des routes sous les mers, et qu'elle vînt ouvrir des abîmes sous les cités d'une espèce qu'il ne daigneroit pas haïr, s'il étoit capable de haine ; il la croit assez punie par sa démence et ses passions.

L'homme bâtit encore, et la fourmi Termès marche toujours.

TABLE DES MATIÈRES

FIN DE LA TABLE.